谨以此书献给中国的基础教育工作者们!

ZHONGGUOJICHUJIAOYUJIBENLILUN
YULUOJITIXIYANJIU

中国基础教育基本理论与逻辑体系研究

冉亚辉 著

江西人民出版社
Jiangxi People's Publishing House
全国百佳出版社

图书在版编目（CIP）数据

中国基础教育基本理论与逻辑体系研究 / 冉亚辉著 .
— 南昌 : 江西人民出版社 , 2018.10
ISBN 978-7-210-10881-8

Ⅰ . ①中… Ⅱ . ①冉… Ⅲ . ①基础教育－研究－中国
Ⅳ . ① G639.2

中国版本图书馆 CIP 数据核字（2018）第 239800 号

书名：中国基础教育基本理论与逻辑体系研究
冉亚辉　著

责任编辑：曾　杨
书籍设计：邓珊珊
出　　版：江西人民出版社
发　　行：各地新华书店
地　　址：江西省南昌市三经路 47 号附 1 号
编辑部电话：0791-86898283
发行部电话：0791-86898815
邮　　编：330006
网　　址：www.jxpph.com
E-mail：jxpph@tom.com　web@jxpph.com
2018 年 10 月第 1 版　2018 年 10 月第 1 次印刷
开　　本：185 毫米 ×260 毫米　1/16
印　　张：17.75　　　字　数：350 千字
ISBN 978-7-210-10881-8
定　　价：48.00 元
承 印 厂：南昌市红星印刷有限公司
赣版权登字—01—2018—817

目录

教育作为人类社会的重要构成部分，在任何一个社会中都具有重要地位，对社会发展发挥着重要作用。因为文化、历史与哲学的差异，人类社会的教育呈现出多种实践范式的存在。在基础教育领域，中国基础教育、美国基础教育、英国基础教育、日本基础教育、德国基础教育等，都有着自己独特的实践范式。对于不同教育实践范式之间的差异和缘由，历史是一个答案，文化是一个答案，社会可能是另外一个答案。

第一节　追寻中国基础教育的逻辑

今天的人类社会，因为现代交通工具的发展和互联网的出现，地球逐步演变为地球村，人类社会在诸多领域呈现出显著的趋同性，如计算机、互联网、手机、食品、饮料等等。但我们也必须看到，仍然有相当多的领域呈现出差异和多元化的趋势，如价值观、生活方式、宗教信仰等，在这些领域同时还存在牢固的传统性的一面。那么一个非常重要的问题则是：教育，属于趋同性发展的一类，还是属于多元化发展的一类？

一、一个问题：中国基础教育是否具有自己的逻辑体系

现代科技高速发展的时代背景决定了任何一个国家都难以自外于世界发展潮流，世界经济、技术、文化和生活方式的密切交流是必然趋势，从这个角度上看，世界会变得越来越平。[①] 因为现代传媒的高效和经济发展的驱动力，世界一方面呈现出经济与技术领域中“世界

①［美］托马斯·弗里德曼著，何帆等译：《世界是平的》，湖南科学技术出版社 2007 年版，第 49–170 页。

越来越平”的一面，另一方面又呈现出不同社会基于文化传统而导致的发展差异的一面。如何在这种趋同性与差异性同时并存的时代，理解中国基础教育的实践范式及其背后的基本理论，还有基本理论背后的逻辑体系，这是理解中国基础教育、发展中国基础教育、改革中国基础教育的基本学术前提。

任何一种教育范式的存在都不会是无缘无故的，也不会是社会胡乱选择的结果。在任何一个社会中，教育都是参与人群广泛，受社会各阶级和阶层影响，并基本符合教育规律的选择结果。教育领域并不会呈现出完全的“世界是平的”的景象，因为教育不只是教育自身逻辑发展的结果，还受文化传统、社会哲学、社会结构等诸多领域的影响。英国学者迈克尔·赛德勒爵士一个著名的观点就是：反对把一个国家的教育制度直接引进到另一个国家。他坚持认为，一国的教育制度需要首先联系它所根植的文化和社会来理解。① 从这个角度上看，教育可能并不拥有先验真理式的具体教育实践范式。

教育范式的存在本身应该是社会在教育领域的选择结果，这种选择必然有其基本的选择过程、选择智慧和选择理性。这种选择也许不是完美的，但一定是理性的，并符合社会基本需要的。从这一角度上看，选择教育范式更多的是一种现实的理性主义，也许更合适地说，是一种经验主义。因为这种选择，既要符合社会的现实需要，又要能够被社会各阶层基本接受。当然，教育范式要让所有阶层全部满意是不能实现也是不可能的，但这种教育范式的选择至少要得到大多数人或者支配阶层的同意。简而言之，教育范式的选择不只是教育的理论逻辑发展的结果，本身还可能有着背后的社会原因，即教育的社会逻辑。

二、中国基础教育实践范式背后的基本理论体系与逻辑体系

中国基础教育在实践上有着惊人的趋同性，在具体的教育教学各个环节，全国各地的中小学都有着显著的同质性。这一方面证明了中国基础教育范式的现实存在，这种存在既是一种物质结构上的，也是精神价值观层面的。另外一方面，这种教育范式的同质性同时也充分证明了：该教育范式必然有着背后的支撑理性和理论逻辑，并符合中国社会对教育的基本期望和定位。否则，中国基础教育不会呈现出如此惊人的趋同性，并且还能得到中国一千余万名中小学教师的现实教育教学行为的支持。

基础教育的基本理论体系指的是关于基础教育原初性的教育假设、教育价

① [加] 卡伦·芒迪等编，徐辉等译：《比较与国际教育导论：教师面临的问题》，教育科学出版社 2009 年版，第 4 页。

值判定、教育价值观、教育伦理等维度。这些维度本身的影响范围极广，涵盖基础教育的实践领域、政策领域和组织结构等。它们既能够通过刚性的教科书、考试选拔制度等方式影响基础教育，也能够通过柔性的价值观、教育理想、教育文化影响基础教育阶段的学校教育教学。

基础教育的逻辑体系指的是关于基础教育的外在逻辑和内在逻辑。逻辑指的是相关的规律、推理和理性。外在逻辑则涵盖基础教育相关的哲学思维逻辑、文化逻辑、社会逻辑、历史逻辑等。这些外在逻辑决定了教育本身在社会中的基本地位、基本定位和发展方向，并提供了相关社会资源和社会意识形态的支撑。内在逻辑指教育的理论逻辑和实践逻辑。理论逻辑主要由基本理论体系构成，所以基本理论体系又可以表述为教育逻辑体系。实践逻辑则指教育在具体实践中所体现的理性、规律和选择。教育理论逻辑体系决定了教育的内在组织结构、知识体系和教学范式等基本指向和基本构成。教育实践逻辑体系则深刻影响教师与学生在具体的教育教学中的理性、价值和选择。

不管是基本理论体系，还是逻辑体系，其背后都是一种理论体系的建构和选择，这种建构和选择都不可能是无缘无故产生的，其中必然有其智慧、理性和逻辑。中国基础教育基本理论与逻辑体系，是中国哲学社会科学的重要构成部分。本书的目的正是为了理解和呈现中国基础教育范式的实践智慧、教育理性和教育逻辑，以此服务于中国特色哲学社会科学体系的建构。

第二节　研究的理论基础

教育作为人类社会的重要构成部分，对社会的发展有着重要影响力。教育伴随着人类社会的演进而不断发展，在不同时期有着明显的时代特色和发展差异，但作为一种独特的社会现象，教育一定存在着自身的基本定律，并区别于政治、经济和文化等社会其他领域。

一、教育及其基本定律

在人类社会的各个领域，必然存在该领域的基本定律，问题只是该定律是否已经被人类发现。定律是为社会实践和客观事实所证明，反映事物在一定的条件下发展变化或者存在的客观规律的论断。定律的内涵至少由以下几个维度构成。

其一，定律已经得到现实证明。这种证明来自于该领域中广泛存在的社会实践和客观事实。

其二，定律反映的是客观规律。这种客观规律主要分为两种：一种是事物存在状态的规律，可以称为该事物存在的规律；另外一种是事物发展状态的规律，可以称为该事物发展变化的规律。

其三，定律必须是论断，也即具有判断性的论点。这种论断是对事物发展变化或者存在状态的清晰说明，是指向事物发展的方向性或者存在的质量等的具体判断或者说明，而不能仅仅是描述。

需要特别说明的是，定律本身是一种理论体系的建构，具有自身的适用范围，它主要被用以描述特定领域、特定条件下的现实世界，在其它情况下可能会失效或者不准确。任何一种定律都是人类对客观世界的一种探索，这种探索本身就具有风险性，所以不能奢望所有的定律都是终极意义上的真理。定律正是在人类发展中逐步修正，从而实现人类认识客观世界的理想。

作为人类社会的重要领域，教育存在自身基本定律，主要基于以下几个前提性的逻辑：

其一是人类教育明显地区别于其他领域。这种区别是客观存在的，这就决定了教育至少具有存在性维度的基本定律。

其二是人类教育的发展中逐步实现了一些基本理念的共识。这种共识既是教育基本属性的展现，同时也体现了教育的基本发展规律。这决定了教育存在发展方向维度的基本定律。

其三是教育的存在仍然需要有道德性的判断。人类社会的几乎所有社会性领域都存在道德基础，作为社会领域的重要维度，教育也必然存在自身的道德性基础。这既是教育的道德判断定律，也是教育的基本伦理构成。

在内涵上，社会领域中的基本定律与自然科学基本定律存在一定差异。两者的重要差异在于社会领域中的基本定律指向的是有生命的人，而非普通的事物。人的复杂性决定了社会领域中的基本定律并不是对运动状态和存在状态的完全机械准确的判断，而是一种广泛意义上的基本规律的论断。

教育基本定律仅适用于教育领域，存在以下几个维度的内涵：

其一，基本定律在任何教育行为中均不可违背。

其二，基本定律普遍适用于教育的一切领域。

其三，基本定律是教育领域中最为重要的规定和属性，是最一般的存在，并存在内在的逻辑结构。

二、教育三大基本定律

教育领域存在着三大基本定律，适用于人类的所有教育领域，并使得教育区别于其他领域，最终决定并影响着教育的现实存在和发展。以下是教育三大基本定律：

第一基本定律，教育在实施中必须发展学生的天赋（学生的发展天赋是教育存在的前提性基础）。此即天赋原则（Talent 原则），简称为 T 原则。

第二基本定律，教育在发展上必须适应社会的发展（推动社会发展是教育的方向性规律）。此即社会性原则（Sociality 原则），简称 S 原则。

第三基本定律，教育在价值基础上必须尊重人性（符合人性是教育的道德价值基础）。此即人性原则（Humanity 原则），简称 H 原则。

Education=Talent+Sociality+Humanity

公式可以简写为：

Education=T+S+H

教育的第一基本定律是教育在实施中必须发展学生的天赋。也即，学生的天赋是教育存在的前提性基础。

教育的作用载体是个体，不存在能够直接作用于全社会的教育，因为社会本身并不是一个独特的个体，并没有超出个体的人的存在，所以在教育意义上，利维坦也仅仅只是霍布斯的想象。[①]教育本身并不适合于大而泛的目标，因为任何教育都只能也必须通过对个体的作用而实现自身的职能。这一点决定了教育在任何时候都必须做到眼中有人，不能无视个体的存在。任何企图将教育提高或者夸大为对社会的整体作用的教育都需要警惕，因为这往往是一种理想主义或者政治浪漫主义的口号。在教育中需要的不是口号，而是面对学生个体的实实在在的行动。

人类对教育发展个体天赋的职能认识深刻，柏拉图的教育哲学的基本理念就是：教育的基本任务就是发现个体的天赋，并对个体施加训练和影响，以发展个体的天赋并服务于社会。[②]教育在其基本职能上，首先是指向学生个体的天赋发展，不指向学生个体天赋发展的教育是没有载体的。教育不能仅仅满足于社会性的培养，因为教育的指向是学生个体发展，学生个体天赋的发展是教育需要实现的基本任务也是终极目标。教育如果不能促进个体的发展，那么教育对于个体就是没有意义的，这样的教育就失去了自身存在的意义。另外，学生个体天赋的发展是教育的终极目标，是因为教育的价值不能简单地归于社会的整体发展，教育对于社会的发展影响必须通过对个体作用而实现。如果失去了

---

①［英］霍布斯著，黎思复、黎廷弼译：《利维坦》，商务印书馆 1985 年版，第 132 页。

②［美］杜威著，王承绪译：《民主主义与教育》，人民教育出版社 2001 年版，第 98 页。

学生个体这个教育对象，那么教育也就失去了自己的目标。

教育的目标是发掘学生个体的天赋。教育的目标必须作用于个体身上，其效果和目标就体现在教育能否高质量地发掘和发展个体的天赋。离开教育，个体仍然具有发展自我的能力，所以简单地认为教育是发展个体甚至唯一能发展个体的外部因素，这无疑是过高估计了教育的能力。既然个体也能自我发展，那么教育的存在必然要求能够更高质量地发展个体的天赋。如果教育不能发掘和发展个体的天赋，那么教育就失去了自身存在的价值，这种教育可能就是无能的教育。教育需要激发学生个体的求知欲，提升其思维能力和判断力，并提升其运用知识解决问题的能力，最终实现良好的自我发展。[①]教育的质量本身在很大程度上就依赖于其能够发掘个体天赋的质量，在个体的智力、能力、知识、经验、情感价值观等多维度发展个体的天赋。

尊重学生个体的天赋是人类教育领域中的基本共识。柏拉图认为学生具有不同的天赋和能力，所以对学生的教育范式必须适应学生的个体天赋。[②]杜威高度重视教育的个体性，认为教育本身必须适应学生的天性和本能，一切一般的和终极的教育目的都是值得怀疑的，因为这种一般和抽象的教育很容易形成对学生个性和天赋的压制。[③]

学生个体的发展是教育的基本目标的实现途径，“教育的绝对规定就是解放以及达到更高解放的工作”[④]。怀特海认为：“通往智慧的唯一途径是在知识面前享有绝对的自由。”[⑤]教育的基本目标必须着眼于个体的发展，这种发展不能仅仅是社会的发展，还必须是对个体的天赋的尊重和发展。如果教育不尊重个体的天赋和发展自由，个体的发展就极容易受到社会的压制，所以，在教育中自由具有特殊的价值和意义，这是尊重个体天赋的重要基础。

教育的第二基本定律是教育在发展上必须适应社会的发展，也即推动社会发展是教育的方向性规律。

教育是一种现实性的社会存在，也是社会的基本构成维度之一，所以教育必须适应社会发展的需要。一方面，教育是社会的产物，本身来源于社会的需要；另外一方面，教育是社会的基本构成维度，必须服务于社会发展。教育在自身发展中，必须适应社会的发展，任何脱离了社会发展的教育都违背了教育的存

---

①［英］怀特海著，庄莲平等译：《教育的目的》，文汇出版社 2012 年版，第 7 页。
②［美］诺丁斯著，许立新译：《教育哲学》，北京师范大学出版社 2008 年版，第 8 页。
③［美］杜威著，王承绪译：《民主主义与教育》，人民教育出版社 2001 年版，第 119 页。
④［德］黑格尔著，范扬、张企泰译：《法哲学原理》，商务印书馆 1961 年版，第 202 页。
⑤［英］怀特海著，庄莲平等译：《教育的目的》，文汇出版社 2012 年版，第 41 页。

在目的。

教育必须适应社会发展的一个基本判断依据是：教育本身是服务于人类社会发展的。教育的产生奠基于人类社会的发展需要，那么教育的最终发展方向和发展动力也应该是服务于人类社会的发展，任何无视社会的发展需要的教育都可能是病态和危险的。教育在一定程度上是实现社会目的的一个社会手段，社会需要借助教育保障自己的延续，教师是社会文化传递的重要环节，也是社会的代理人，通过教育和教师，社会培养出符合社会发展需要的个体。①

教育的起源和存在，主要是基于人类社会发展所需要。教育本身具有自己的工具性，这种工具性是教育者也许不喜欢的，但必须认识到，这种工具性的职能是无法避免的。②教育在任何阶段，都需要倾听社会的声音，虽然我们不能简单认定为教育一定要完全服从社会的所有发展需要，但至少教育不能忽视社会的需要。

需要强调的是，教育适应社会发展并非等同教育服从于社会发展。教育适应社会发展主要指的是教育发展的主体方向，而并非所有细节。因为社会的发展具有多向度，也具有曲折性，如果完全用社会的发展来界定教育的发展范式和发展方向的话，可能会扼杀教育发展的活力和创造性。如果简单地将教育认定为要服从于社会的所有需要，可能使教育陷入难堪的境地。因为社会本身是复杂的，社会的要求也是复杂和多元的，简单地将教育认定为要服从于社会的所有要求，可能会导致教育无所适从。但我们必须要承认，教育至少要倾听社会发展的声音和要求。这种倾听是一种有着教育视野和教育可能的倾听，而不是简单的社会要求什么，教育就满足什么。这种完全听取社会要求的教育将无所适从，并且丧失自身的立场和基础。

从总体上讲，教育的社会性是无可争辩的，这种社会性并不是将教育认定为各种社会性的简单组合，而是指教育本身的存在是一定社会性的体现。这种体现虽然我们不能简单地认同于是某一种或几种社会性的作用结果，但教育受社会影响是确凿的。教育本身也许是社会的一种综合投射，这一论点包括三个维度：其一是教育中的社会内容是社会中的主要社会关系在教育中的投射；其二是教育范式和方法是社会中的主流意识形态和哲学在教育中的投射；其三是教育中的体制或者管理是社会结构在教育中的投射。

① [法]涂尔干著，陈光金等译：《道德教育》，上海人民出版社 2001 年版，第 16 页。

② 陆有铨：《理想的教育与教育的理想》，钟启泉等编：《革新中国教育》，教育科学出版社 2004 年版，第 118 页。

第二基本定律存在一个危险性倾向，即可能过度在乎社会的整体需求而忽视个体，这一点需要教育的第三基本定律的价值底线的矫正。在思想史上，有一个基本规律就是：大多数强调社会秩序和规范的思想家过于重视个体在社会中的关系，即个体与个体之间的等级定位与关系调适，而对个体存在状态的自由程度有所忽视。[①] 所以，这里有一个可能存在的陷阱，即过度重视教育的社会发展的要求，可能导致教育对个体的过度限制，并危及教育对个体天赋的发展（第一基本定律）。

教育的第三基本定律是教育在价值基础上必须尊重人性，也即符合人性是教育的道德价值基础。

教育必须尊重人的价值，这一点是教育的价值底线。教育奠基于人类社会的发展需要，着眼于推进个体天赋的发展，还必须尊重个体的基本价值。如果教育失去了对人性的尊重，失去了对个体的人的主体性的理解，那么这种教育也就失去了教育的意义，而蜕变成为一种反人性的压制工具。教育首先是一种有目的培养健康社会个体的活动，其基本追求和价值基础都是建立在必要的人性假设基础之上的。近代以来，对西方教育影响最大的人性假设莫过于人本自由，最终人的自由发展成了西方教育的基本追求。这一点既源自于古希腊的古典自由教育，也与卢梭的现代自由教育思想关系密切。[②] 而在中国，“道”与“理”一直都是传统教育中人性假设的重要内容。

教育存在人性是教育的基本特点，也是教育的价值底线，失去了这个底线，教育极可能沦落为对个体的压制，成为一种过于强势的对个体的工业化的思维范式的教育。这种教育将个体视为一种随意摆布的材料，将教育设置为一种为所欲为的机器，最终用这种工具化的教育去强制改造个体，导致个体天赋的丧失。如果将人视为工业材料一样的物体，那么教育就沦落为工业流水线的层次，马克斯·韦伯和马克思都对此深表忧虑。马克斯·韦伯认为这种工具理性盛行的直接后果，就是社会意义以及个体自由的丧失；而马克思也认为这种现代生产方式的教育范式可能导致生命的异化。[③] 自由和个性缺失的工具化的教育，将导致简单的人的复制，使社会失去个性和创新可能，这种教育范式是一种典型的反教育，因为教育的存在的基本价值和理由就是对人的天赋的发掘和自由发展。

个体具有自己的个性是教育的基本特点之一。教育是一个过程，这个过程

---

① 葛兆光：《中国思想史》（第一卷），复旦大学出版社 2007 年版，第 181 页。

② 涂艳国：《人的自由本性与教育的基本追求》：《华中师范大学学报》（人文社会科学版）1999 年第 9 期。

③ 石元康：《当代西方自由主义理论》，上海三联书店 2000 年版，第 259 页。

是社会个体在共同的社会生活中发展自己的天赋，并借助社会资源，最终形成完整和和谐的个性和社会性的过程。[①] 个性的张扬，才能促使人类社会发展的多样性，这种多样性的存在本身也是社会创造性的重要来源。如果教育成为扼杀个体个性的工具，那么这种教育就成为一种反教育的教育。

教育还必须服务于人类的价值观体系的建构。教育必须有着自身的道德使命，必须服务于人类价值观体系的建构，不能无视人类社会的道德需求。教育在任何时代都有着张扬社会主流价值观或者正向价值观的使命，不能简单地将个体天赋的发掘和自由发展扩展为任意发展，自由是有一定限度的自由，至少不能是反人类社会的发展。如果教育迂腐到认同个体的反人类社会的发展，那么这种教育无疑是危险并且有严重问题。教育在任何时代都需要张扬同时代的人类主流精神，同时扩展个体的自由发展空间，两者的协调，正是教育的艺术性所在，也是教育本身的难度所在。

当代社会发展对教育的第三基本定律威胁极大，特别是人类社会现代性的过度扩张，要维护教育的人性，必须要警惕教育的过度现代性和工具化趋势。加拿大道德哲学家泰勒曾对现代性做出深入分析，强调过度现代性的三大严重问题：其一是个体存在意义的丧失，其二是工具理性主义的盛行，其三是个体自由的逐步丧失。[②] 人类本身应该通过教育来获取精神的提升和寻找生活的价值和意义，但工业主义的教育却仅追求效率，导致教育对人的精神的完整建构的忽视，并可能导致对人性的压制。[③]

教育本身是人的发展，也是人性的发展，这是教育中的人本主义的基本意义。人本主义强调个体的个体与个性，注重个体的尊严、自由和发展，强调个体的本体论意义。[④] 当然，对人性的尊重并非代表教育需要完全剥夺社会性规范的权力，必须认识到：仅仅只有自由的教育也并非是优秀的教育。在怀特海眼中，自由和训练是教育的两个不可缺少的要素。在一个理想的教育体系中，应该让自由因为训练而得到更丰富的机会，让训练成为自由选择的自发结果。[⑤]

三、教育三大基本定律的内在逻辑

教育三大基本定律决定了教育自身的存在状态，背离基本定律的教育将陷

---

① 项贤明：《泛教育论——广义教育学的初步探索》，山西教育出版社 2004 年版，第 40 页。
② [加] 泰勒著，程炼译：《现代性之隐忧》，中央编译出版社 2001 年版，第 1–14 页。
③ 方兰然：《“第二手的教化”：工业时代的教育价值观及其批判》，《前沿》2009 年第 10 期。
④ 毛亚庆：《从两极到中介》：北京师范大学出版社 1999 年版，第 74 页。
⑤ [英] 怀特海著，庄莲平等译：《教育的目的》，文汇出版社 2012 年版，第 41 页。

入危机和困境，并直接威胁着教育的存在质量和健康发展。

三大基本定律中，第一基本定律“教育在实施中必须发展学生的天赋”是教育的纯粹理性定律，是基于教育存在的逻辑而必然遵守的定律。教育的存在首先在于学生天赋的存在。如果学生不存在学习天赋，那么教育就没有实践的路径和可能的发展空间。因为教育在任何时候都是指向学生个体的，个体天赋的存在决定了教育存在的基本意义。

第二基本定律“教育在发展上必须适应社会的发展”是教育的实践理性定律，是教育现实逻辑必须遵守的定律。教育在人类社会中的存在首先是一种社会性存在，教育内容、教育过程和教育价值都存在明显和必然的社会性，教育作为人类自我延续和发展的构成，有着工具性的一面，同时也存在一定的功利性。教育必须适应社会的现实发展，不适应社会发展的教育必然会被社会所强制改造。这一点既是教育现实存在的需要，也是教育的基本实践理性的逻辑使然。

第三基本定律“教育在价值基础上必须符合人性”是教育的伦理性定律，是教育在价值观上必须遵守的基本定律。教育是人类社会中的存在，也是面向人类个体的现实社会活动，必须符合人类的基本价值观，简言之，必须符合人性。因为教育的功利性和工具性的存在，教育本身有着理性的可能的狂妄，也存在被政治力量或者其他社会力量压制而变异的可能。因此教育的存在必然有着基本价值领域的界限，不能简单地将教育的异化视为教育的必然状态，这种变异的教育实质上不再是教育，而是奴役或者压制。

在适用范围上，教育的三大基本定律适用于教育的基本相关领域，包括学校教育、家庭教育、社会教育等领域，并延伸到教育的相关空间形态，并在教育理论、教育实践和现实教育体系中均适用。其定律的内在边际即具体的内容边界存在变化性，第一基本定律的个体的天赋随个体变化，第二基本定律的社会发展的方向存在时代的差异，第三基本定律的人性也存在不同时代的理解。三大基本定律在同一时代具有密切的内在逻辑联系，人性是建构于个体的天赋之上，并最终构成整个社会的发展方向。三者共同构成教育的基本定律，直接决定着教育的发展方向和发展空间。

第三节　研究的基本假设与核心概念

理论研究必然有自己的基本理论假设，基本理论假设是理论研究的核心命题。研究基本假设在理论上是研究的核心构成，在逻辑上是研究的基本存在依据。基本假设一方面是研究的直面对象，同时也支撑了研究的整体框架和理论逻辑。

一、研究的基本假设

本研究的基本假设主要如下：

第一，中国基础教育在理论上和实践上是一种具有中国特色的教育范式。这种教育范式既表现在基础教育阶段的教育教学实践上，也表现在基础教育的基本假设、基本价值观、基本方法体系等领域，最终构成了一个具有自己的基本理论体系和逻辑体系的中国基础教育范式。“在科学研究中，关键的一步就是把一个想法概念化并进一步形成一个有研究价值的问题。提出问题的目的是为了填补现有知识的空白或发现新的知识，找出一些现象的原因，或是规范的验证一个假设。”[①] 本书认为存在一种独立于他国教育范式并自成体系的中国基础教育范式，这是本书最重要的一个假设。

第二，教育范式的内在构成包括基本理论和基本逻辑。研究的基本假设认为，任何一种教育范式，不管是基础教育领域，还是高等教育领域，都存在该种教育范式的基本理论体系和基本逻辑体系。教育基本理论体系指的是该种教育范式在教育基本假设、教育目标、教育基本伦理基础、教育教学方法论等领域的构成。教育基本逻辑体系指的是该种教育范式存在着哲学思维逻辑、文化逻辑、历史逻辑、社会逻辑等外在逻辑，同时还存在着教育实践逻辑、教育方法论等内在逻辑。

第三，教育范式本身是社会智慧和实践理性选择的结果。研究的基本假设认为，任何一种教育范式本身并不仅仅是教育自身逻辑发展的结局，用更开放视野看，教育范式应该是该社会的文化结构、历史传统、哲学思维范式、社会阶层结构等多种因素复杂作用的结果。这种选择一方面是社会在教育领域中的智慧积淀，是实践理性选择的结果，同时也是教育自身发展的结局。本书并不认同教育范式仅仅只是教育自身理论逻辑发展的结果，而是强调在研究教育范式的同时，必须关注教育背后的社会、哲学、文化和历史等因素。

二、研究的基本方法论

本研究的对象是中国基础教育基本理论体系与逻辑体系，所涉及的研究对象除了中国基础教育之外，还包括基础教育背后的文化、社会、历史、哲学等支撑性构成，因此本研究的分析方法不限于教育学研究方法，还包括哲学、历史学和社会学等学科的分析方法和相关理论。在分析教育的时候，会注重教育

① [美] 理查德·沙沃森、丽萨·汤编，曹晓南、程宝燕等译：《教育的科学研究》，教育科学出版社 2006 年版，第 3 页。

的分析逻辑。在涉及社会其他要素时，将扩大研究和分析的理论视野，并将注重比较文化和国际理解的视角，注重从人类社会的视角和发展视野理解中国基础教育的逻辑。

在具体分析中，本书不仅仅注重中国基础教育基本理论体系的建构，还将重点关注基本理论体系背后的逻辑体系。同时，本书的重要特点还在于，注重从社会现实教育实践中追寻教育的实践智慧和实践经验，在研究过程中会重视一定程度上的实践理性和实践哲学的方法论，这是本书研究方法论的最具特色之处。

为了理解现实中的中国基础教育的实践智慧和实践经验，本书将致力于理解中国基础教育实践中的中国教育和中国教师的选择逻辑和选择智慧，以及其背后的经验和问题，并关注中国教育所承受的现实压力、所取得的现实经验和成绩。从这种实践逻辑的视角，能够更深刻地从中国教育内在构成的视角理解中国基础教育的逻辑。所以，一定程度上讲，本书会摆脱教育研究的纯学院派理论路径，而强调现实中国基础教育中的革命性力量与内在生命力，并理解现实中国基础教育的生存状态。一方面努力在理论视角建构中国基础教育基本理论体系和逻辑体系；另一方面建构中国基础教育的实践智慧和实践经验体系，以此建构中国基础教育的实践逻辑体系。这两方面共同构成本书的两大逻辑体系，前者决定了本书的理论深度和理论贡献，后者决定了本书的现实实践逻辑分析的深入度，也将是本书的特色所在和希望有所突破的领域。

三、相关核心概念

（一）中国基础教育

基础教育在中国教育部的政策层面，包括幼儿园、小学和中学阶段的教育。在学术界，《教育大辞典》对基础教育是如此定义："基础教育亦称'国民教育'。对国民实施的普通文化知识的教育，是培养公民基本素质的教育。也是为继续升学或就业培训打好基础的教育"。[①]

本书中的中国基础教育，既包括实践体系中的中国中小学学校教育，也包括抽象体的中国基础教育法律法规和政策文件体系，还包括中国教育行政理念和中国家庭教育理念与观点体系。对中国基础教育的分析，不仅是对实体中小学学校的教育教学的分析，还包括对弥漫于社会中的教育理念和观点体系的分析，两者统一到中国基础教育研究之中。

① 顾明远主编：《教育大辞典》：上海教育出版社 1998 年版，第 627 页。

（二）教育基本理论

本书中的教育基本理论，指基础教育领域中，围绕教育教学、教育政策、教育管理和学校德育等领域中存在的哲学层面的基本前提和基本假设，包括人性假设、伦理基础、价值观体系、学习观、个体发展路径预设等。这些都是影响基础教育存在状态和发展状态的核心构成。任何教育范式都有着自己的基本理论体系，这种哲学体系既对基础教育发展影响深远，同时也在现实学校教育教学中无处不在。要理解一个社会中的教育，首先需要理解其基本理论。如果不能理解教育范式的基本理论，其结局必然是见树不见林。

本书中的中国基础教育的基本理论体系，不仅是中国教育基本理论的历史传统的延续，同时也是近代以来学习西方教育的结果。对于中国基础教育的基本理论，本书认为它既是一种现实实践层面的存在，也是一种精神层面的存在。虽然在研究中，将追溯基本理论体系及其源头，但更重要的在于，本书会致力于分析其存在的缘由和价值，以此理解中国基础教育蕴含的智慧。

（三）教育基本逻辑

本书中的教育基本逻辑，指的是在教育中，影响教育本身存在状态和发展状态的社会、哲学、历史和文化等领域中的支撑性构成和影响因素而形成的一种结构性的规律、推理和理性。

这些外在的构成和影响因素最终会形成对教育范式的一种结构性存在，这种结构性存在既是教育范式存在的前提，也是教育范式存在的外在构成合理性因素。对基础教育的研究，需要有超出基础教育的视野，才能从社会、哲学、历史和文化等视角，理解基础教育范式的外在智慧和内在结构。

四、研究的理论框架

本书在分析研究理论维度，主要采取一种复杂的多元理论研究路径。在分析理论上，既采取苏格拉底和柏拉图为代表的理性主义分析哲学，即强调追寻事物背后的真理的分析路径，同时，在实践研究维度，也采取中国孔子和英国培根为代表的经验主义分析工具，强调深入具体情境，具体分析和理解选择主体的经验逻辑。前者的目的在于从理论视角建构中国基础教育的基本理论体系，后者强调追寻和理解中国基础教育的实践智慧和实践经验，并注重将研究主体——中国基础教育，放在一个复杂的时空环境中分析。在时间上注重追溯历史传统，从时间轴的角度，理解中国基础教育的演变轨迹。在空间上，强调中国基础教育的现实实践是多因素综合作用的结果，不局限于纯教育的视角，而是强调以教育为主的内在逻辑和以历史、文化、社会、哲学等多因素构成的外在逻辑。

本书采取复杂系统理论的分析理论，其根本原因在于本书认为教育范式本身不是复合系统，而是复杂系统，教育范式本身具有强大的自组织能力。复合系统与复杂系统存在重大差异，复合系统虽然有大量的内在组成成分，也可能具有承担复杂的任务和职能，但能够被精确地加以分析。复杂系统则是由错综复杂的非线性关系和反馈回路所构成，并有着难以精确预测的自组织能力。[①]“自组织是复杂系统的一种能力，它使得系统可以自发的、适应性的发展或改变其内部结构，以更好地应付和处理它们的环境。”[②]

在对复杂系统的分析中，需要注意的是复杂系统不只是组成成分之和的构成，还包括了这些组成成分之间的内在错综复杂的关系。[③]而教育范式正是如此，教育不只是简单的教师与学生的复合，而存在教师与学生、学生与学生、学生与社会、教师与社会等一系列的复杂关系。任何将学校教育系统进行简单的分解和分析的研究，都是需要慎重的。因此复杂性思维是教育研究中的一个非常重要的分析思维，需要去理解学校教育系统中的自组织能力，理解教育发展的复杂性和不确定性，同时改变把教育简单化的思维。[④]在理解教育范式的存在上，既需要理解教育的外在影响因素，即外在教育逻辑，同时还需要理解教育本身的结构以及其内在的自组织性质，这是教育的内在逻辑。

第四节　国内外研究概况

相对于教育理论其他领域，中国基础教育基本理论并没能得到实际上的注意和实质上的探索，已有的研究成果主要集中于教育基本理论中。事实上，即使是中国基础教育基本理论体系，其相关研究也非常薄弱。导致这一现象的主要原因可能是部分学者并不认同中国基础教育具有自己的基本理论体系。这种原因其一在于近代以来中国国力的衰弱，让部分国人对自己的教育失去自信；其二可能是近代以来西方社会范式以及其文化、教育在全世界的强势地位，导致部分中国学者强调西方范式的教育理论才能称为理论。

---

①［南非］保罗·西利亚斯著，曾国屏译：《复杂性与后现代主义：理解复杂系统》，上海世纪出版集团上海科技教育出版社 2006 年版，第 4 页。

②［南非］保罗·西利亚斯著，曾国屏译：《复杂性与后现代主义：理解复杂系统》，上海世纪出版集团上海科技教育出版社 2006 年版，第 125 页。

③［南非］保罗·西利亚斯著，曾国屏译：《复杂性与后现代主义：理解复杂系统》，上海世纪出版集团上海科技教育出版社 2006 年版，第 2 页。

④ 李政涛：《论当代中国基础教育改革的思维方式》，《基础教育》2009 年第 10 期。

事实上，不能简单地认为西方教育范式才具有教育理论，正如不能仅仅将苏格拉底的哲学范式认为才是哲学一样。苏格拉底的哲学范式仅仅是雅斯贝尔斯认为人类社会的四大哲学范式之一，另外还有中国孔子儒家哲学范式、耶稣的基督教哲学范式和释迦牟尼的佛学哲学范式。[①] 所以中国基础教育在实践、思想和理念等诸多领域中存在着与欧美教育范式的重大差异，必然有其基本理论和基本逻辑。对中国基础教育基本理论和基本逻辑的认同和自信，既是教育学术领域中的理论自信和文化自信，同时也是对中国基础教育现实实践的一种正视。

一、国外研究概况

西方对中国基础教育研究较少，但对相关中国社会和伦理研究较多。较有代表性的研究主要有：雅斯贝尔斯将孔子哲学范式划为人类四大哲学范式之一，认为西方苏格拉底哲学范式与孔子伦理哲学同样伟大但存在重要差异；汤因比通过历史比较，认为注重秩序和和谐的中国社会范式对人类发展具有重大意义；郝大维、史华兹、安乐哲等美国学者通过分析中西伦理差异，认为中国不同于西方自由主义传统，是典型社群主义范式。

对于具体的中国基础教育研究，西方学者重点关注有：中国基础教育中的道德价值观（T.C.Kao，2005），中国基础教育在文化传承和社会伦理领域中的侧重点（Gregory P Fairbrother，2004），还关注到中国基础教育中的德育与政治教育、意识形态教育密切相关（费正清，1992；Wing On Lee，2005）。另外有学者重点关注了教育的民族文化与教育全球化问题（Andy Green，1997）[②]，提出了民族国家教育传统的问题；有学者研究了民族国家之间的社会风俗和价值观念对基础教育的影响（Gomathi Mani，1991），另外很多学者关注到了西方教育的文化殖民问题（Susantha Goonatilake，1995），提出了教育的本土化问题。还有学者关注了教育体制与思想体系的关系（Pierre Bourdieu，2002）。

二、国内研究概况

近年来，国内学者对我国基础教育基本理论和基本逻辑的相关研究在实质内容上很少，主要集中于外围研究，如对教育理论本土化的思考、对教育理论西方中心主义的批判、对中国教育实践的关注等。

---

① [德] 卡尔·雅斯贝尔斯著，李雪涛等译：《大哲学家》，社会科学文献出版社 2010 年版，第 64 页。

② Andy Green,Education :《Globalization and the Nation State》，St. Martin's Press, inc，New York，1997 年版。

在中国基础教育基本理论方面，有学者比较研究认为欧美教育哲学强调个人主义，推崇自然教育，在思维上注重理性，强调分析，中国教育哲学在思维上注重实践，强调经验（顾琳，2007）。[①] 中国历史上，教育与科举密切相关，导致中国教育的教育内容、教育目的和教育组织均具有明显的精英主义导向，并且教育的目的主要是为社会补充政治和管理人才（金生鈜，2000）。[②] 在教育的人格培养上，西方人强调个体的自由独立性，而中国社会则追求内圣外王和群体独立精神，在教育过程中，西方注重培养智性，而中国注重培养德性，最终导致在基础教育中，西方教育注重自由品性的养成，而中国教育则更为注重教育的伦理精神（黄书光，2001）。[③] 在教育方法论上，西方注重天人相分的分析思维，提倡科学理性和实验精神，中国则注重天人合一的整体思维，并强调道德体悟（黄书光，2001）。[④] 在教育话语体系的研究中，有学者指出中国基础教育具有四种话语体系：意识形态话语、知识精英话语、平民实践话语和大众诗性话语（张荣伟，2009）。[⑤] 在中国基础教育改革的相关研究中，有学者提出了中国基础教育中的"文化阻滞"现象（吴康宁，2010）。[⑥]

在教育理论本土化方面，有学者强调教育理论本土化是"令中国的教育理论自立于世界之林的正确道路（姚玉香，2013）。"[⑦] 并指出教育基本理论的本土生长既需条件，也需正确的方法论。同时中国教育理论的原创性也是教育理论发展的重要基础，叶澜教授强调原创性应该以本国教育发展需要和问题为研究本源，通过不同手段获取原始性素材，或作原始性（相对于验证性）的深入研究，进而得出在国内或国际范围内具有独特性和创新性的理论，并指出中国教育研究的原创性至少由问题的原发性、研究素材的原始性、结论的独特性和创新性等要素综合构成，强调中国教育理论应当是从中国这块独特的文化土壤和现时需要中生长出来的珍品（叶澜，2009）。[⑧] 另外有学者强调原创的产生需要关注本土的教育现实，通过关注本源文化、直面本土对象、聚焦本真问题、创造本土话语来寻找教育基本理论原创的路径，以此建构我国的教育基本理论体

---

① 顾琳：《"建构主义热"的冷思考》，《当代教育科学》2007 年第 11 期。

② 金生鈜：《精英主义教育体制与重点学校》，《教育研究与实验》2000 年第 4 期。

③ 黄书光：《论中西融通对中国当代基础教育改革的意义》，《比较教育研究》2001 年第 5 期。

④ 黄书光：《论中西融通对中国当代基础教育改革的意义》，《比较教育研究》2001 年第 5 期。

⑤ 张荣伟：《论中国基础教育改革的四种话语类型》，《中国教育学刊》2009 年第 10 期。

⑥ 吴康宁：《中国教育改革为什么会这么难》，《华东师范大学学报》（教育科学版），2010 年第 4 期。

⑦ 姚玉香：《本土生长：教育基本理论的创生之路》，《教育研究》2013 年第 2 期。

⑧ 叶澜：《世纪初中国教育理论发展的断想》，《华东师范大学学报》（教育科学版），2001 年第 3 期。

系（闫世贤、扈中平，2013；杨进，2004）。[①②] 有学者提出了教育学的民族性，强调基于文化价值观的差异而导致的中国教育学的民族性存在（顾玉军、吴明海，2014）。

在对教育理论的西方中心主义的批判方面，目前已经基本达成共识，大多数教育学者都认识到西方教育理论的逻辑、概念体系等方面在实质上成为我国教育学的重要基础，导致我国被西方教育理论所束缚，失去了自我，并认为这是中国教育学的异化（杨进，2004）。[③] 所以在教育研究中，不能仅仅局限于西方教育理论的体系之中，而需要重新审视中国鲜活的一线教育实践。中国教育学者必须勇敢地解构教育理论领域存在的根深蒂固的西方中心主义，只有走出西方教育理论的阴影，才能建设具有中国特色的教育理论（李强、鄢一龙，2014；吉标，2005）。[④⑤] 因为中国教育范式异于西方教育范式，而西方的教育与文化在当今世界教育学术界具有压倒性强势地位，所以对中国教育基本理论需要敢于探索，敢于坚持。"教育理论要敢于直面实践，形成多样化的理论形态。"[⑥] 有学者指出，今天的中国教育发展具有三个方面的发展，其一是走向教育理论自身的批判，其二是走向丰富的教育实践，其三是走向多维的综合。[⑦]

在对中国教育实践的关注方面，关注中国教育基本理论和基本逻辑的学者大都充分认识到中国教育实践在建构中国教育理论中的基础作用，认为建构当代中国教育理论的主体性，必须和中国当前教育实践紧密结合，尽管教育基本理论和基本逻辑本身在很大程度上取决于教育基础理论学科的发展和创新，但同样离不开坚实的教育实践基础（吉标，2005），[⑧] 并强调研究者需要采取理论与实践互相观照，树立知行合一的学科建设立场，通过关注中国本土教育实践，深入反思教育理论本体，这样才可能提出有理性穿透力、有普遍说服力的学科

① 闫世贤、扈中平：《教育理论的"本土生长"：社会人类学的观照》，《教育发展研究》2013年第15期。

② 杨进：《基于本土的教育理论原创研究》，《东北师大学报》（哲学社会科学版），2004年第5期。

③ 杨进：《基于本土的教育理论原创研究》，《东北师大学报》（哲学社会科学版），2004年第5期。

④ 李强、鄢一龙：《中国特色教育现代化与全面现代化》，《教育理论与实践》2014年第13期。

⑤ 吉标等：《教育理论：走向交往和对话——关于重塑我国教育理论主体地位的思考》《教学研究》，2005年第1期。

⑥ 郑金洲：《中国教育理论研究的世纪走向》，《华东师范大学学报》（教育科学版）2003年第2期。

⑦ 郑金洲：《中国教育理论研究的世纪走向》，《华东师范大学学报》（教育科学版）2003年第2期。

⑧ 吉标等：《教育理论：走向交往和对话——关于重塑我国教育理论主体地位的思考》，《教学研究》2005年第1期。

体系（柳海民、王澍，2013）。[①] 同时也有学者强调中国教育经验研究是中国教育研究的重要方式和起点。中国教育基本理论和基本逻辑的发展，必须改变当前教育基本理论研究与经验研究一定程度上失衡的局面，对中国教育经验进行有高度和深度的概括和提炼（侯怀银，2011）。[②]

三、已有研究评述

总体上看，学界对中国基础教育基本理论的研究涉及较多，实质性建构很少。但为何实质性建构很少，这是一个值得思考的问题。导致这一状况的可能的原因是：其一，学界可能过度谨小慎微，不敢提出中国基础教育基本理论体系，甚至不敢承认中国基础教育具有自己的基本理论体系。其二，教育学界受西方教育理论影响很深，缺乏跳出西方教育理论体系，建构中国教育基本理论体系和基本逻辑体系的勇气，并且在研究的框架、结构、基本假设、价值倾向都复制西方教育理论的情况下，也难以提出中国基础教育基本理论体系和基本理论体系。其三，近代以来中国教育、经济、社会发展远落后于西方社会，在内心深处已经丧失了理论上的自信，所以不敢也没有想过中国基础教育具有自己的基本理论体系和基本逻辑体系。

但需要注意的是，近十余年来，对于建构中国特色教育的基本理论体系和基本逻辑体系的重要性和必要性，已成为中国学界的基本共识。这一点既是近年来中国国力复兴、国人恢复自信的结果，也是中国哲学社会科学发展的必然结果。对此，习近平同志强调："要按照立足中国、借鉴国外，挖掘历史、把握当代，关怀人类、面向未来的思路，着力构建中国特色哲学社会科学，在指导思想、学科体系、学术体系、话语体系等方面充分体现中国特色、中国风格、中国气派。"[③]

第五节 研究目标与定位

本书的核心目的，是分析中国基础教育理论范式和实践范式，初步建构中国基础教育基本理论体系和基本逻辑体系，理解和探索中国基础教育的内在理性和实践智慧。

---

① 柳海民、王澍：《重大成就：教育基本理论的创新发展》，《教育研究》2013 年第 2 期。
② 侯怀银、王霞：《五年来中国教育基本理论发展之路》，《中国人民大学教育学刊》2011 年第 3 期。
③ 习近平：《习近平谈治国理政》（第二卷），外文出版社 2017 年版，第 338 页。

一、研究的核心目的

本书的核心目的是追寻和发掘中国基础教育现实实践中的理论与智慧，其具体目的和意义主要如下：

（一）理解中国基础教育基本理论

哲学并不像科学那样涉及具体的发现事实、整理事实、从事实中推断另一些事实，也不像形式学科那样涉及符号模式的组织。哲学本身主要从事的是系统阐释那些真正的问题。之所以是真正的问题，仅仅是因为觉得它们是真正的问题，并且是通过由问题本身的性质、由它提出的那类要求、由它造成的那类困惑所决定的专门方法来解决这些问题。"不管是有意还是无意，最杰出的哲学家们对问题的阐述和解决，是通过改变看待问题的角度，是通过转移重点、通过置换、通过转换被迷惑者的视角，使他们看到以前看不到的差别，或者认识到他们曾十分强调的差别实际上并不存在，或是出自混乱或缺乏洞见。"①

中国基础教育不仅仅存在于教育话语体系中，还存在于现实的鲜活的基础教育实践中，不能简单地认定中国基础教育缺乏理论，正如物理学中的定律一样，不管人类是否能够发现，物理定律一直都在那里，问题只在于，你是否能够发现罢了。中国基础教育的基本理论本身也是存在于中国基础教育实践之中，问题只在于是否能够发现。要理解中国基础教育，首先必须深入基础教育实践，既需要理论深度，也需要理论自觉，否则就可能重蹈纯理论的经院主义覆辙，对现实中国基础教育实践视而不见，建构一个自在的理论框架。其次是必须具有基础教育的现实实践经验，否则就可能是雾里看花终隔一层，难以理解现实中国基础教育实践中的智慧和逻辑。

（二）掌握中国基础教育的基本经验

人类社会本身是建立于经验之上的，理论并非完全与经验相悖。在具体的人类社会生活中，理论仅占据极小的一部分，当然这部分也许属于最重要的一部分。但在现实生活中，经验，特别是教育经验，是现实学校教育中的重要构成部分，其重要性不逊色于理论。经验是人类世代以来的智慧结晶，在传承中并时刻接受社会发展的检验，在这种检验中，经验在时时修正。这种经验的重要性在于，它是世代以来人类社会中的天才跨越时空的积淀，其内在的真理性不言而喻。不能奢望简单的一两个人就轻易否定这种群体天才智慧的结晶，在批判这种经验的时候，在任何情况下，都需要慎重。

①［英］以赛亚·伯林著，潘荣荣、林茂译：《现实感》，译林出版社 2004 年版，第 68 页。

（三）建构国际教育比较的自信

不了解中国基础教育，是难以具备国际教育比较的自信。近代以来随着中国国力的衰弱，导致国人对中国社会中的一切几乎均不自信，最终导致在多个领域中的全盘西化复制。这种一定程度上的病急乱投医也有其优点，因为这种对西方教育的浪漫化，有利于减少中国社会改革发展中的阻力。但正如孙子兵法所云：知己知彼者，百战不殆。[①] 要改革发展中国基础教育，首先必须深入认识和理解中国基础教育，才能够建立国际教育比较的自信。否则，连中国基础教育都不理解，而盲目学习和复制西方基础教育，这是现代版的愚蠢的买椟还珠。

对中国基础教育的基本理论和基本逻辑的研究，不在于追寻浪漫主义的中国教育特色，而在于从现实感的视角，去把握中国基础教育的实际存在状态。研究中国基础教育基本理论体系和逻辑体系，实质上也不是一种主观建构，因为这种基本理论体系和逻辑体系，是现实中国基础教育中存在的。本书的研究目的在于对其发掘和分析，在于从现实的中国基础教育实践中追寻其蕴含的智慧和逻辑。本书不是一种居高临下的指导式研究，而是一种自下而上、自实践而理论逻辑的研究和分析路径。面对中国基础教育，本书是一种尊敬式的理解，而并非一种简单肤浅的批判。

二、研究的自我定位

首先，研究是对中国基础教育基本理论体系的探索。研究指向的是中国基础教育基本理论体系，并不是中国基础教育理论体系的全部，而只是研究中国基础教育理论体系中最基本、最核心和最重要的构成部分。这种探索本身就是一种尝试，力求能够更深入认识和理解中国基础教育的智慧，寻找其内在缺陷和问题。当然，很多智慧和缺陷本身也可能就是一体两面的，严谨的背后，也可能就是呆板，自由的背后，也可能就是混乱。但这种认识既是必要的，也是有着重要现实意义的。

其次，本研究是对中国基础教育逻辑体系的解析。今天的中国基础教育，一定是经过中国社会和中国精英们慎重选择和实践，最终形成的成果。我们首先需要去认识其背后的逻辑，理解其背后的哲学体系，弄清楚其哲学的依据。“无论是在教育、物理、人类学、分子生物学或是经济学，科学研究都是一个连续而严密的推理过程。这一推理过程的基础是研究方法、理论及研究结果的有机

① 孙子：《孙子兵法》，北京燕山出版社 2001 年版，第 30 页。

结合，这样的推理使我们的理解建立在可检验的模型及理论的基础之上。”[①] 在具体的研究中，本书将分析中国基础教育的社会逻辑，了解其社会结构对基础教育的定位；明晰中国基础教育背后的文化逻辑，定位中国基础教育的文化源头；梳理中国基础教育的历史逻辑，理解中国基础教育的历史智慧。在此基础上，可能能够更深入理解中国基础教育的实践智慧。

最后，本研究力争对中国基础教育基本理论体系进行初步建构。这是本研究的一个大胆尝试，不管其本身的真理性与否，至少能够初步建立一个基本的中国基础教育基本理论框架，这个理论框架至少能够成为中国哲学社会科学理论界批判的理论靶子。任何真理都是在反思批判的基础上不断前进的，但首先需要有反思批判的理论靶子。“哲学社会科学的特色、风格、气派，是发展到一定阶段的产物，是成熟的标志，是实力的象征，也是自信的体现。”[②] 任何事业都是做出来的，都是需要实实在在的实践探索的，而并非能够通过空谈而实现。本研究，至少会成为一项中国教育理论体系建设的前沿探索。

---

① [美] 理查德·沙沃森、丽萨·汤编，曹晓南、程宝燕等译：《教育的科学研究》，教育科学出版社2006年版，第2页。

② 习近平：《习近平谈治国理政》（第二卷），外文出版社2017年版，第338页。

第一章 中国基础教育基本理论构成

任何一种教育范式的实践背后，都必然存在该种教育范式的基本理论。中国基础教育明显区别于其他国家，其背后既有历史、文化、社会等外在逻辑，也在基本理论领域存在明显的教育理论逻辑。教育的改革与发展，必须建立在对教育基本理论的深入理解和分析的基础上。对中国基础教育范式的现实实践领域的研究，研究者既要知其然，也要知其所以然。

教育基本理论不只是对教育理论界至为重要，同时，教育基本理论的研究，对于中国基础教育实践界也是极为重要的。“不识庐山真面目，只缘身在此山中。”（苏轼：《题西林壁》）基础教育实践界的教育管理者和教育教学工作人员，如果不能深入认识中国基础教育的基本理论体系，就认识不到教育基本假设、教育基本价值观、教育基本理念等领域中的问题，而这些领域又在基础教育中是至为重要的，并且几乎是无处不在的存在。在现实生活中，一个人做同一份工作时间过长，大多都很容易陷入思维定势和经验主义的泥潭，在实践中止步不前。如果不能从哲学维度理解中国基础教育范式内在的哲学和逻辑，就可能产生对中国基础教育认识上的结构性问题。教育基本理论研究的目的，正是在于分析和理解中国基础教育中的基本理论体系，以提升中国基础教育的理论高度和理论自觉。

第一节 基础教育中的教育基本理论

教育基本理论是教育研究者对教育现实的抽象表述和对教育世界的理论表征，主要指教育中起着基础性、全局性和理念性的教育观念、教育假设和教育思想，其构成要素大都对该教育范式起着潜在、全面和持久的影响。基础教育的基本理论则是指基础教育阶段或者对基础教育阶段起决定性作用的相关教育基本观念、教育假设和教育思想。一般而言，任何一种基础教育的基本理论都将是一个多理论的集合，既包括外围的相关哲学、社会、文化等基础性理论，也包括内在的教育相关理论。这种多种理论的集合，最终形成一个对该种基础教育范式起决定性影响的基本理论体系，这种基本理论体系具有内在的理论逻辑，并将形成复杂多元并不断发展演变的理论体系。这种基本理论体系一方面会深刻影响基础教育的发展和演变，同时基础教育本身的实践也会反作用于基本理论体系，通过在教育实践中的重新选择、更新理论、重新建立基本假设等方式，最终可能在历史长河中改变原有的基本理论体系，实现教育实践和教育基本理论体系两个层面的共同发展。

本书中的基础教育主要指的是现代学制中的初等教育和中等教育阶段，基础教育之前是学前教育，之后是高等教育。具体而言，基础教育包括小学教育和中学教育两个阶段。在中国，中学教育又被分为初级中学和高级中学两个阶段。目前中国主要采取的学制是六三三制，即小学教育阶段六年，初级中学阶段三年，高级中学三年。基础教育共计十二年，历经学生儿童、少年和青年前期三个重要阶段，也涵盖了国家义务教育阶段。中国义务教育目前为九年义务教育制，包括小学阶段六年和初级中学阶段三年，共计九年。为了不影响分析的准确性，本书中的基础教育指普通基础教育，不涵盖中等职业技术教育。

教育观念对教育实践具有重要影响力，教育观念大多已经成为教育实践中的潜意识般的基本构成，是教育实践者可能并不知道，但却构成为教育实践行为的直接影响因素。在中国基础教育中，“师者，所以传道、受业、解惑也”[①]，这是构成中国教师职业要求的基本教育观念。另外，“学而优则仕”[②]“建国君民，教育为先”等，[③]都对中国基础教育的实践范式有着重要影响。这种潜意识般存在的教育观念，大多是基础教育中重要、持久和稳定的教育基本理论构成。这些教育观念一方面塑造了现实的教育实践，另一方面也是社会审视教育存在的合理性的重要评价视角和标准。

教育假设主要是在教育实践中存在的对于教师、学生、教学内容、教育评价等维度的存在状态的一种基本预设，同时也是一种评价标准。如中国基础教育中对于教师的基本假设的重要构成就是：学高为师，身正为范。这既是对教

① 韩愈：《师说》，载于《古文观止》，中华书局 2001 年版，第 553 页。
② 孔子：《论语》，《子张》章，山西古籍出版社，1999 年版，第 211 页。
③ 孔子：《礼记》，中华书局，2017 年版，第 697 页。

师职业素养的基本要求，也是中国社会评价教师的基本标准，还是教师自我发展的理想目标。另外，成绩好的学生才是好学生，也是中国基础教育中存在的重要基本假设。[①] 中国社会对学生成绩有着天然的追求，不只是学校教育中如此重视学生成绩，学生家长和社会同样高度重视，并且学生家长和社会甚至更为重视。最终形成了中国好学生的基本标准就是学习成绩优秀。这种教育假设的存在无论是否具备真理性，但其存在本身是一种现实。教育基本理论研究就需要对这些教育基本假设进行深入研究，以揭示和理解其对学校教育的影响。

教育思想是影响教育现实存在的重要理论构成，也是决定教育实践范式的基本框架和基本过程的教育基本理论重要构成。教育的每一次革命性的进步，其背后都是教育思想的演进。孔子的教育思想奠定了中国传统教育的基本构成，包括教育方法、教育理念、教育目标和教育价值等，其有教无类、因材施教等教育思想直到今天，仍然闪耀着真理的光芒。卢梭的自然主义教育思想，对西方教育的发展演进具有极为重要的推动作用。自然主义教育提出的儿童中心论，直到今天，仍然在西方基础教育中真理般的存在。要理解一个国家的基础教育，必须首先理解其背后的教育思想。

教育的外围哲学还包括历史哲学、道德哲学、文化哲学、社会哲学、思维哲学（认识论）等，这些对教育的发展存在重要影响力。这些教育的外围哲学在很大程度上决定了社会审视教育的视野、设定教育的地位、评价教育的质量、赋予教育的历史使命等，并对教育的道德性、价值观体系都有着直接影响。简而言之，教育不只是教育自身逻辑的发展结果，还是历史、文化、社会等外围哲学综合影响的结果。要理解教育基本理论，必须扩展研究的学科视野，去理解教育的外围哲学构成。

在教育的现实发展中，教育基本理论与教育实践存在相互影响作用，教育基本理论一方面能够影响教育实践的基本价值、基本目标和基本假设，同时教育实践也在发展中对于教育基本理论进行不断改造和发展。作为教育理论研究者，既需要去理解教育基本理论，也需要理解其教育实践背后的实践理性。教育本身的发展，既有现实层面的教育实践发展，也有着理论层面的教育基本理论发展，两者在发展中既相互调适，也相互验证，最终会形成一种基本理论与基本实践的现实结合体，也就是一种相互影响并成为复杂系统的具备现实理性的教育实践范式。

---

① 冉亚辉：《成绩好的学生才是好学生：审视基础教育的基本假设》，《当代教育与文化》2014 年第 2 期。

第二节　教育基本理论体系的主要构成

基础教育的基本理论构成主要是涵盖于基础教育教学现实实践各个环节和目标领域中的理论构成。从一定程度上说，这种基本理论体系既存在也不存在。存在指的是任何一种基础教育范式都一定具有自己的教育思想、教育目标和教育基本假设，任何一种教育实践，都是一种实质上的教育选择，这种教育选择必然有着教育主体的内在选择缘由。不存在指的是，教育基本理论并不是如同教科书、教学楼一样物质性的存在，这种存在一方面是理论性的和精神性的存在，在教育实践发展中不断演变，不同的教育群体之间的教育基本理论还存在分歧与矛盾，甚至学校教育主体的教师都不一定愿意或者认识到教育基本理论的存在。从这个角度上看，教育基本理论或许是不存在的。

“哲学的任务在于理解存在的东西，因为存在的东西就是理性。”①但存在的东西能否被真正理解或者深入理解，这就是哲学的魅力和能力。科学研究的目标之一，就是在普通人视而不见的领域寻找出内在的真理和定律。苹果千百年来都是从树上向下掉，在普通人眼中，这背后不存在任何真理。但苹果掉在牛顿头上，一切都变得不一样。开水壶中的水烧开后，水汽冲开水壶盖，这在普通人眼中属于理所当然，是很简单的事情，但在瓦特眼中，这并不简单。

教育也是如此，教育研究者需要在普通大众视为理所当然的教育行为、教育选择中寻找到背后的基本理论，这种寻找和分析是对教育自身的一种发现和再发掘，其目标不是为了简单的认识，而是上升到理论层面，通过哲学、社会学和教育学等的分析，去理解为何是这种教育选择和教育目标。理解是改革和改造的前提，也是知己知彼中的知己。

一般而言，基础教育的基本理论体系主要由以下部分构成。

一是基础教育的价值观体系。这是决定基础教育非常重要的基本理论构成部分，价值观在很大程度上决定了一切选择的道德伦理标准，在基础教育中也同样如此。什么样的教育是优秀的教育，什么样的教师是优秀教师，什么样的学生是优秀学生，什么样的基础教育是成功的基础教育，学校教育教学中的哪些教育方法是合法或者是道德的，这些都是教育中最重要的问题，而决定这些问题的答案主要是价值观体系。任何一位进入基础教育界的教师都具有自己的价值观体系，不管其价值观体系是否正确，其教育教学行为在法律之外，主要由其道德价值观决定了该教师的教育选择。在具体分析基础教育价值观体系中，

---

①［德］黑格尔著，范扬、张企泰译：《法哲学原理》，商务印书馆1961年版，第12页。

既需要分析教师的价值观体系，也需要分析学生的价值观体系，还需要分析以家长为代表的社会公众的教育价值观体系，而这三者往往还是矛盾和对立的。价值观是文化的核心构成部分。马克斯·韦伯认为：如果说我们能够从经济发展史学到什么，那就是文化会使局面几乎完全不一样。[①]简言之，文化价值观可能导致一切都不一样。这个结论也基本适用于教育领域。价值观几乎决定一切，教育价值观的不同选择，很可能导致教育实践的巨大差异。

二是基础教育人性假设。这是具体基础教育阶段中小学教育中社会性领域中最为直接的教育基本理论，决定了教育过程中的受教育群体——学生的教育发展模式的选择。不同的教育人性假设会导致不同的教育发展模式，如学生是自己自由发展的，还是在教师指导下发展的，或者是主要由教师教育教学决定的，这三种不同的选择，可能形成三种差异较大的教学模式。如果认同学生是自己发展成长的教育模式，会高度尊重学生的自由选择和自由发展，并给予学生极大的自由空间。如果认同学生是在教师指导下发展的，会强调教师的主导作用，同时会削弱学生的自由空间，在教育过程中会强调教师的经验作用。如果认同学生发展主要是由教师教育教学决定的，那么在教育模式上，会高度强调教师的中心作用，因此会形成一种教师权威型的教学模式。同时，人性的善恶假设也会导致学校德育的巨大差异，而德育本身就是基础教育的重要构成部分。如果认定人性本善，那么德育会重视学生的自由发展空间和多元选择，减少规范性教育。如果认定人性本恶，那么德育会高度重视对学生的规范和管理，注重对学生问题行为的防范。如果认定学生的人性是白板，那么在教学中将更为重视对学生的发展引导，同时注重道德环境的建构。如果认定学生的人性假设亦善亦恶，那么教学中则会扬善抑恶。不同的人性假设，会影响基础教育中对学生不同的基本判断，而这种判断大多是贯穿整个基础教育阶段的，并深远地影响整个社会的发展模式。

三是基础教育的方法论基础。基础教育的方法论基础是基本理论的重要构成部分，在任何教育模式中，教育方法都是其重要构成部分，不同的教育模式会采取不同的教育方法体系，在教育方法体系的背后，还将逐步形成教育方法论。这种方法论层面的基本假设最终会构成基础教育在精神和理念层面的重要影响因素，并直接支配现实中小学教育教学实践。教育方法论可以分为建构主义倾向、行为主义倾向、自由主义倾向和权威主义倾向等多种类型。建构主义倾向的教

①［美］戴维·兰德斯：《文化使局面几乎完全不一样》，塞缪尔·亨廷顿、劳伦斯·哈里森主编，程克雄译：《文化的重要作用——价值观如何影响人类进步》，新华出版社2010年版，47页。

育方法论会高度重视学生的自我体验和自我发展，强调让学生自我建构教育经验和社会经验，最终实现学生自我发展。行为主义倾向的教育方法论会重视对学生的教育训练，注重在教师指导下的学生训练，以提升学生思维模式，改造其社会经验，实现教育的规范和发展目标。自由主义倾向的教育方法论，高度重视教育和教师的自我限制，注重学生的自由发展和多元发展，教育和教师在很大程度上是无为而治，形成自由主义的教育教学模式。权威主义的教育方法论模式，注重成人社会的经验和知识，强调学校教育教学的知识权威性和道德尊严感，强调教师和学校教育对学生的必要规范和引导，其特点是高度强调学校教育的神圣性，以及教科书的权威。也许社会公众会觉得权威主义的教育方法论模式不符合儿童发展的人文主义，但事实上，在儿童发展的过程中，如果面临不佳的社区状态和不良的成长环境，家庭和学校采取权威主义的教育方法论模式，儿童的成长健康度是最好的，因为这种教育模式能够让儿童在成长过程中面临最少危险。

四是基础教育评价标准和基础教育目标体系。教育评价标准和教育目标体系是基础教育基本理论的现实实践层面的最重要的构成，是直接影响学校教育和教师行为的重要因素。人大多是理性的动物，都会思考何种行为对自己有利，教育评价标准和教育目标体系通过直观和固定的模式，直接影响着学校教育的所有层面。教育评价标准包括两个层面：其一是对学生的评价标准体系，其二是对教师的评价标准体系。学生层面的评价标准体系涵盖了优秀学生的标准、问题学生的标准、毕业标准、选拔标准、升学标准等等，这些都是基础教育中学生发展非常重要的认定标准，会直接决定学生的行为选择和努力方向，同时也是政府和社会对学校教育的基本评价依据，其影响力巨大而深远。教师的评价标准涵盖了优秀教师的标准、合格教师的标准、教师的准入机制、教师的晋升路径、教师的基本考核等多个重要维度，将通过学校考核最终影响所有教师的教育行为和教育方法的选择，并会直接影响教师精力的分配、教学职业生涯的规划等。教育目标体系则是直接影响学校教育教学方向和目标的影响因素，既有国家层次的教育目标，也有学校层面的教育目标，还有家庭层面的教育目标。这种教育目标通过教育政策法规和教育行政管理，最终影响基础教育的发展方向和发展重点，形成每一个家庭和每一名学生接受学校教育的具体目标，并反过来推动学校教育的发展。从这个层面上看，学校教育很多情况下并不能完全把握自己的发展方向，因为一方面国家通过教育政策法规和制度体系推动学校教育发展，另一方面通过个体教育目标的假设，通过家庭和学生对学校教育施加压力，最终促使基础教育朝着教育目标体系的规定方向发展。

五是基础教育内在教育逻辑体系构成。这是基础教育的教育逻辑，也是基础教育的基本理论的重要构成部分。基础教育本身正如一部机器或者一个有机物一样，需要内部各构成部分的协调，如价值观体系、目标体系、评价体系、方法论体系等等，这些部分需要统一到现实的学校教育教学实践之中来。如何协调各个构成部分的矛盾，在具体的现实学校教育实践中，如何进行随时面临的教育方法和教育内容选择，这就需要基础教育建构内在的教育逻辑。

基础教育的内在逻辑，主要由现实学校教育教学的实体构成部分和精神理念层面两部分构成。在具体分析中，每个学校均有其内在的教育逻辑，国家层面的基础教育也具有其内在的教育逻辑，这种内在的教育逻辑将以一种教育智慧和教育经验的方式呈现出来，并为相关领域人员所理解，最终在教育教学行为中形成自己的教育逻辑。在外在表现形式上呈现为校风、学校理念、学校办学特色、学校文化、学校发展思路等，并以此统一该领域中的教师群体和教育从业人员的教育哲学，形成精神理念和实践层面的两位一体的教育存在。

第三节　基本理论与逻辑体系

中国基础教育有着自己的基本理论体系，主要指影响和奠定中国基础教育实践范式的系列基本理论。在基本理论体系背后，还有着基础教育的逻辑体系。逻辑体系指的是中国基础教育理论和实践上的各个构成部分之间，以及中国基础教育与外部的社会、历史、文化、哲学思维等领域的基本规律和基本结构关系。这种逻辑体系是中国基础教育在理论上的基本依据和实践层面的支撑。逻辑体系又分为外在逻辑和内在逻辑。外在逻辑指的是中国基础教育与外部社会、历史、文化和哲学思维的逻辑关系，内在逻辑指的是在中国基础教育内部各系统、各构成部分之间的逻辑关系。外在逻辑和内在逻辑共同构成了中国基础教育的逻辑体系，要理解中国基础教育，必须追寻其逻辑体系，逻辑体系实质性彰显了中国基础教育的实践理性和实践智慧。

一、中国基础教育的基本理论体系

中国基础教育的基本理论体系主要由以下几部分构成：一是中国基础教育人性基本假设；二是中国基础教育个体发展理论基础，涵盖基础教育行为范式和学习范式；三是中国基础教育中的学习方法论；四是中国基础教育知识观研究；五是中国基础教育价值观体系和伦理基础；六是中国基础教育的师生观。

中国基础教育人性基本假设是基本理论的基石之一，任何一种教育范式都有其人性基本假设，人性基本假设在人性预设层面决定了教育范式的基本理论与实践。但中国基础教育的人性基本假设有其复杂的一面，其中既有着中国传统儒学的积淀，同时还受近代以来马克思主义的重要影响。中国传统儒学和马克思主义有着共同的一个特征，就是都有社群主义倾向，所以中国基础教育的人性基本假设更倾向于从社会视角定义和判定善恶，强调教育应该是对学生个体的社会化，这一点具有明显的确定性。人性基本假设主要通过对人性原初状态的判定、对人性善恶的假设、对个体道德素养发展路径的设定、对教育道德性的规定等领域影响基础教育的具体理论与实践范式。要理解中国基础教育范式，必须通过对中国基础教育领域中的人性假设做深入研究。同时，必须明确的是，这种人性假设是在中国基础教育领域的教师、学生及其家庭、社会舆论、国家政策与法律等领域中共同呈现的。人性假设不是某一个人、某一部法律具体规定的，而是中国基础教育中的一种现实存在，这种存在既广泛，又强大。

中国基础教育个体发展理论基础是决定基础教育具体教育教学范式的理论假设，主要由基础教育行为范式和基础教育学习范式两部分构成。行为范式指的是在中国基础教育中，如何判定和假设学生个体行为的发展变化路径，在学生个体行为的发展变化中，哪些因素起决定性作用，以及其发展路径的核心和重点构成。行为范式一方面实质性规定了该种教育范式中的学生主要发展路径和发展方向，同时也决定了学校教育教学在学生行为发展中所能掌控的力量和将这种力量实施的决心和实施的力度。对一个国家的基础教育来说，这种行为范式的基本假设大多决定了该国社会个体的基本行为选择策略和选择方向，所以对社会发展起很重要的影响。学习范式对于基础教育范式的影响甚至更加重要，因为学校本身是基于教学而产生的，没有教学需要就没有学校的存在。学习范式主要指学生个体在学校教育教学中，其学习的主要假设和主要判定依据。具体而言，包括学生个体是如何实现学习的，是主要依靠教师教学，依靠教科书，还是依靠学生自己。这种基本假设对学校教学非常重要，因为这种假设决定了教师可能采取怎样的教学方式，并在具体的教学过程中，教师将据此决定自己的行为在学生学习发展中的影响力。如果在基本假设中，学生学习主要依靠学生自己建构，那么教师将在教学中退居二线，并强调学生的自由建构和自由学习，在教学过程中，教师会克制自己的影响力，以免影响学生的自我判断。但如果基本假设是学生的学习主要依靠教师指导，那么教师将在教学中居于强势地位，强调学生在教师指导下的学习。在教学过程中，教师会注重对学生的指导，有意识地扩大自己的影响力。所以一定程度上说，不同的学习范式的基本假设，决定了不同的学校教育教学模式的走向。

中国基础教育中的学习方法论主要是学校教育中的教学方法体系以及方法体系的倾向、假设和思维。学校教学中一个非常重要的构成部分就是教学方法和学生的学习方法，这在学校教学中是普遍、常规和广泛的存在，也是基础教育范式的基础性构成部分之一。学习方法论分为两部分：其一是教师教学方法论，其二是学生学习方法论。教师教学方法论既包括学校教育中教师群体的具体教学方法，也包括教学方法选择倾向和思维特征。教师教学方法论的构成是教师群体对教育的基本假设的外在表现，也是在学校教学中实质性影响学生认知、行为和思维发展的重要因素。如对讲授法和讨论法的不同比例设置，就明显地会形成学校教学范式的差异。讲授法强调教学中的直接、效率和确定性，而讨论法则注重学生经验、教学过程和学生自主。学生学习方法论在学校教学中占据非常重要的地位，因为学校教育的核心是让学生掌握社会交付给学校的知识、品德和行为目标，所以学生的学习方法论很大程度上决定了学生的学习模式，并直接影响了学生在各个领域的可能发展成就。学生学习方法论包括学生学习方法体系和学生学习方法背后的哲学、思维和倾向。特别是学习哲学和学习思维，很大程度上决定了学生在学校中学习的效率、深度和主动性，从长远角度上看，还决定了学生的个人学习品质。特别是学生个体是否具备终身学习的能力和品质，这主要由学习方法论所决定。

中国基础教育知识观是基础教育基本理论的重要构成部分，知识观决定了教师和学生对学校教育目标的认识，对学校教学过程的设定，以及对教学内容的判定。知识观可分为绝对真理知识观和相对真理知识观，两者对知识的认识有着明显的差异。绝对真理知识观强调知识的真理性、准确性和确定性，这种知识观影响下的学校教学会非常注重教科书的权威性，强调书本知识的准确性，强调教师教学的权威性。而相对真理知识观则与此相反，强调知识的真理性的相对性，强调任何知识都需要并值得怀疑，一切知识和真理都具有不确定性，需要在学习和认识的过程中批判反思，并可能需要再建构。相对真理知识观指导下的学校教学强调在教学中的批判反思，不强调教科书的权威性，并会避免在教学中和教科书中武断给出结论，注重教学过程中的学生个人体验和经验建构，强调教师的协调性而不是指导性，强调教师的引导性而不是权威性。从这个视角上看，知识观不一样，学校教学的风格就变得不一样。

任何一种学校教育教学中都必然涉及价值观和伦理，所以中国基础教育的基本理论的重要构成部分就是中国基础教育价值观体系和伦理基础。价值观不一样，一切都变得不一样，价值观体系在学校教育外部基本决定了学校教育的道德标准，在学校教育内部则直接构成德育教学内容和学生行为规范。价值观体系通过学校文化、学校校纪班规、学校传统和学校活动等影响学生。同时，价值观体系还构成了学生对社会生活世界的基本判断，并直接影响教师在教育教学行为中的具体选择。不管是在课堂、校园活动、教学方法选择、教学目标评定、学校办学特色等多个领域，价值观体系都深刻影响了基础教育的各个层面。而伦理基础则是通过道德思维、道德哲学等领域影响基础教育的道德评定，既包括社会各个领域对基础教育的道德评定，也包括基础教育中的教师和学生对教育教学行为的评定。所以，伦理基础既构成了基础教育的道德想象，同时也是基础教育的道德评价哲学标准。

师生观是任何一种学校教育中的决定性的基本假设。学校教育中的主体就是教师与学生，学校教育生活也基本由教师与学生构成，如何设定或者判定教师与学生在学校中的存在，两者的相互关系，以及学校教育中两者的作用范围和关系模式，都是教育范式中必须设定的构成内容。师生观主要设定的是教师与学生在学校教育教学活动中的地位、相互影响范式和强度。师生观如果注重教师中心，则强调教学中教师的权威性，强调教学中的确定性，并强调学生的秩序和纪律，注重学生在教师指导下完成相关训练和任务，实现学习发展。而如果师生观注重学生中心，则强调教学中的学生学习自由和行为自由，强调教学中的自由度，注重学生的活动和探索，强调学生在学习中的自我经验建构和自我探索，并会注重消除教师的权威性和消除教师的过度干涉。一定程度上讲，师生观与伦理基础存在很大的相关性，注重社群伦理的社会大多注重教师的权威性，而注重个人主义伦理的社会则强调学生的自由与自主。

二、中国基础教育的逻辑体系

中国基础教育的逻辑体系主要由两部分构成：其一是基础教育的外在逻辑，其二是中国基础教育的内在逻辑。在外在逻辑维度，一是中国基础教育背后的哲学逻辑，包括思维范式逻辑和伦理学逻辑；二是文化逻辑；三是历史发展逻辑；四是社会逻辑。内在逻辑既有中国基础教育范式的内在理论逻辑，也有中国基础教育的实践逻辑。实践逻辑主要指中国基础教育实践中的方法论和经验构成，还涵盖基础教育面临的实际环境、压力、目标和要求，以及基础教育的具体应对中的教育智慧和实践理性。

中国基础教育的哲学逻辑，主要包括思维范式逻辑和伦理学逻辑两个部分。思维范式逻辑决定了中国基础教育阶段教育教学中的思维理性，如理性主义还是经验主义，对教育教学影响很大。理性主义强调规律和建构理论，而经验主义则重视具体的实践结果，通过实践结果的差异而不断改变教育教学行为的选择。伦理学逻辑主要是分析中国基础教育的外在伦理基础，强调社群主义倾向还是个人主义倾向，强调主观价值观还是客观价值观，这些都影响了社会对基础教育的基本判定立场。哲学思维逻辑对基础教育的影响是深刻和广泛的，并且大都是基础教育所无力改变的，简单地说，哲学思维逻辑主要影响基础教育的基本思维和基本立场，并且几乎是先验的，其影响力非常强大，很难改变。

文化逻辑主要是指中国基础教育的文化基础。任何一种基础教育都存在基本的文化想象，对中国基础教育的基本文化想象就是中国文化中的教育预设，如孔子的儒学，如韩愈的《师说》等等。这种文化逻辑还包括具体的教学内容，如历史传统的经典著作：四书五经，四大名著等，这些构成了社会对教育和教师的基本想象，并且难以改变。所以现实中的中国社会对中国基础教育的评价，大多是基于文化角度的历史经验，这种评定倾向非常强大，基础教育必须注重这种文化底色的逻辑。

历史发展逻辑则是指中国基础教育在教育教学上的传承逻辑，这种传承不是中国基础教育所能够轻易忽视的。任何一种学校教育本身都是在旧有的学校教育体系上的发展变革，空白纸式的教育基础是不存在的，因为人类社会中的人群本身就具有基本的历史性。中国基础教育历史逻辑需要追溯中国古代学校教育的传统、近代中国学校教育的变革、中国教育改革的现实逻辑，这三者构成了中国基础教育的历史逻辑。对历史逻辑的考察目的，是认识中国基础教育范式上沉淀的历史智慧和历史经验，以此服务于当代中国基础教育的改革与发展。

教育本身是社会的构成部分，所以中国基础教育必然有其背后的社会逻辑。其社会逻辑主要指社会的现实构成阶层、价值观、行为选择和发展预设对中国基础教育的现实影响力，并考察在这一影响过程中，中国基础教育是如何选择行为改变、方向转向和教育教学范式的转型。今天中国社会逐步由复制型转向为创新型，这是中国社会对基础教育发展非常大的一个压力和推动力。在这一过程中，中国基础教育如何转型，仍待中国基础教育新时代的回应。

中国基础教育的内在逻辑也非常重要，特别是实践逻辑。实践逻辑主要包括中国基础教育实践中的方法论和经验构成，需要研究中国基础教育面临的现实社会环境、基础教育压力、基础教育目标等。

中国基础教育实践理性主要指中国基础教育的现实学校教育教学中的具体选择背后的逻辑性。任何一种选择倾向性法则的建构都是一个理性的结果，不管是“应试教育”，还是统一高考，其背后都必然有其逻辑性。对这种逻辑性的探索，就是建构中国基础教育的实践理性。

教育智慧则是指具体的中国基础教育学校中的教师行为的智慧分析。这种智慧既是一种现实性的存在，同时也是中国基础教育本身的一种经验性的构成。要理解中国基础教育的微观状态，必须理解中国基础教育中的教育智慧。

在内在逻辑中，还包括中国基础教育的方法体系。方法体系的重要构成包含中国基础教育的方法论基础，这一点既是中国教育的基本理论内容构成，同时也是重要的内在构成理论逻辑。另外还有中国基础教育的基本方法构成，中国基础教育的基本路径，中国基础教育的基本手段，以及中国基础教育的基本工具与载体。这些领域都能够体现出中国基础教育的选择逻辑，同时也是中国基础教育教学中的具体实践性逻辑，体现出中小学教师对中国基础教育的理解。

第四节　分析的价值基础与影响边际

本书对中国基础教育基本理论的研究方法论，强调以哲学分析为基础，但注重多学科的结合，以历史为纵向逻辑，以伦理、社会、文化为横向逻辑，共同解析中国基础教育的基本理论结构和逻辑结构。

一、研究的分析价值基础

研究的方法论是基于中国基础教育本身的特殊性，因为基础教育本身并非是单一教育的逻辑使然，其背后有着哲学、政治、历史、文化、社会等诸多因素的作用，也是一个综合的产物，所以本研究强调中国基础教育基本理论研究是一个多学科理论的具体实践，涵盖哲学、教育学、政治学、社会学、发展心理学、伦理学等多学科的理论，分析中国基础教育相应的理论维度和实践范式。任何一个教育现象的出现或产生，都有着背后的教育理论支撑，以及在实施中同样需要具有主观能动性的教育工作者的参与，所以在对教育基本理论进行分析的过程中，不能无视教育背后的社会环境、政治意识形态、思维习惯和道德伦理。

没有一种教育范式能够仅仅存在于自己的想象中，现实的教育和理论的教育往往是相互交织和相互影响的。教育基本理论同样既是一种社会理论存在，也会在教育实践中体现出来。所以，从这个角度上看，教育基本理论的分析应当是多维度的，并且不能仅仅局限于单一学科理论之中。

同时，在研究中，本书还强调比较的视野和结构化的思维方式，注重在中国基础教育的不确定性的多维存在中寻找其内在的确定性。当代世界是一个国际化的时代，既需要国际视野，也需要国际理解，中国基础教育也在不断吸收世界教育精华，所以理解中国基础教育的国际智慧的一面，是理论研究的必须。

因为试图建构中国基础教育基本理论体系，这是一个基本理论框架，是一个结构化的存在，所以在研究中需要具备这种整体意识和结构意识，以实现研究的整体协调。

中国基础教育处于历史发展的流变之中，并且一直会处于流变之中，在现实实践中，会受到不断的改革，吸取外来的理论精华，并在实践中不断产生教育实践经验。所以从这个角度上看，中国基础教育是不确定的。但在基本理论体系研究中，需要从不确定性中寻找出其确定性，这种确定性，才是基本理论体系的构成部分。

在中国教育基本理论的历史发展中，深受欧美教育哲学、苏联教育哲学的影响，当然还有一直存在并且塑造了中国社会对教育的基本想象的中国传统教育哲学。在教育基本理论的分析中，只有用比较的视角，才能够理解中国基础教育基本理论本身的结构性和复杂性。其结构性在于，中国基础教育虽然深受欧美教育哲学的影响，但中国基础教育与欧美基础教育在基本理论领域仍然存在诸多差异。如中国基础教育基本理论中的学以致用的教育哲学，严谨的教育风貌，注重学业成绩的教育倾向，都是有其鲜明的中国教育特色。同样，中国基础教育也与苏联基础教育差异很大，虽然深受凯洛夫《教育学》的影响，但中国基础教育仍然有着中国文化的鲜明特色，注重因材施教，注重教师的德才兼备，注重教学中的全面性。当然，结构化研究的背后，需要有比较视角，理解中国基础教育基本理论的核心构成，以及其背后的理论逻辑，这才能够从比较的视角建立中国基础教育基本理论体系。

基础教育基本理论研究的分析价值基础将是实践理性，即追求其内在的真理价值，也包括其实践智慧。因为教育本身是一种社会实践，本研究指向的是中国基础教育基本理论体系，而不是教育基本理论体系。教育理性也有着不同的发展趋向，既有认识维度的合乎理性，也有价值维度的合乎教育价值，以及实践维度的合乎现实经验。[①] 本研究强调实践理性，需要三者兼备，但在具体分析中会注重现实存在的教育理性。

如果研究教育基本理论体系，可以采取理论理性的分析价值基础，注重理论的完备性和完美性，可以体现理论研究中的浪漫主义倾向。但研究中国基础教育基本理论体系，这是直面现实中国基础教育的存在和发展的理论研究，其生命力和真理性都在于实践理性，所注重的是背后的实践智慧和选择逻辑。任

---

① 曹雁飞、侯洁：《趋向“合理”的基础教育发展实践范式》，《教育理论与实践》2017年第7期。

何一种选择都是有缘由的选择，在教育实践中更是如此，而如果中国基础教育在某一些领域中出现共同倾向的选择，这就说明了这种选择可能是中国教育工作者的集体智慧的选择。在教育理论分析中，我们需要理解其背后的理论逻辑，而不是武断地否定其真理性。即使是在教育基本理论本身的发展中，也更多的是一种发现，这种发现是建立在这种基本理论本身存在的基础上的，而研究的目的只是发现。正如重力是一直存在的，而牛顿只是发现了地球的重力，进而发现了万有引力定律。在教育贴近实践的领域，对于任何单纯的教育理论和思想的建构，都需要慎重。因为理论可以追求完美，可以理想主义和浪漫主义，但教育实践的不完美则是永恒状态。任何教育选择，不管理论上能够呈现出多少种选择，在现实的教育实践中，同一时空中只有也只存在实践中的一种选择。所以在教育实践中，并没有想象中的理想主义，而更需要的是一种实践理性和实践智慧。这种实践理性和实践智慧，当然是教育基本理论的重要构成部分。

二、中国基础教育基本理论的影响深度与边际

对中国教育基本理论体系的研究，其目的首先在于对教育实践的自我审视。任何一种教育实践都不可能是胡乱选择的，其背后都有着其选择逻辑。或者是教学的逻辑，或者是知识的逻辑，或者是教师或学生的逻辑，或者是社会的逻辑。研究的目标是认识这些逻辑，理解并建构其逻辑结构体系。对教育基本理论体系的建构是对现实中的教育实践相关领域的一种分析，不是一种仅凭理论上的想象和逻辑推理结构，其目的是推进教育实践的自我理解，并发现中国基础教育中的实践智慧。

其次，研究的目的是厘清教育研究思维。教育研究不能仅仅局限于教育学科理论内部，还需要兼容并包的勇气，与教育相关的学科的理论维度和实践维度，都需要关注。这种以教育学科为对象，多学科的兼容并包的研究学科视野，或许能够更深入理解教育本身的发展逻辑。教育领域的研究如果局限于教育学科理论内部，在视野上可能会丧失广度，在对教育本身的存在和指向上可能会失去深度。教育本身是社会中的一个构成，要理解教育，也必须将教育置于人类社会中的多学科视野之中。

最后，研究的目的还在于推进中国基础教育改革的基本认识。近年来，中国基础教育的改革是中国社会中的一个重要事件，但基础教育改革向何处改、怎么改、改革的后果等，均存在很多基本的理论问题和现实问题。中国基础教育范式的存在，本身也是一个历史的结果，在改革中，必须审视这种历史的智慧。只有先厘清对中国基础教育的认识，才能更理性地推进教育改革。如果本身都

不能认识中国基础教育中的逻辑和智慧，那么改革就难以具有必要的智慧和逻辑，可能会用另外一个错误来代替原来的错误，甚至可能错得更远。在教育的基本理论研究上，有着明显的保守主义的思维特征，因为教育基本理论是指向现存的教育实践范式，以及其背后的理论支撑，而不是指向理想中的教育范式。保守主义强调现实存在本身的内在真理性，对现实存在的事物的基本态度是：如果还可以用，或者还有明显的价值，那么就先继续沿用，因为其存在本身就是历代以来的智者们的选择的结果，其背后肯定有其自身的道理和智慧。保守主义强调对现实的尊重，而不是对现实进行简单的推倒重建。在发展上，保守主义更倾向于渐进式的改革，而不是推倒重建的革命。在基础教育改革与发展中，可能需要适度的保守主义。这种适度的保守主义不是反对改革，教育在发展中必须要改革，而是强调改革本身的科学性，不过快过频改革，避免“折腾”。这也是习近平同志强调“治大国如烹小鲜”的理念。[①]

三、基础教育基本理论的影响边际

在教育参与者的维度，基础教育基本理论的影响边际主要有教育实践群体、教育研究群体、教育行政管理群体，以及社会中的教育相关从业者。基本理论本身既是一个理论的结果，也是一个实践的结果。教育实践者主要包括校长和教师，这是基本理论的实际实践群体。教育实践者体现的教育基本理论，一方面直接决定了自身的教育行为的选择，另外一方面也构成了对教育的评价标准体系。在具体的教育实践行为中，教育实践者都面临着多种可能和多种路径选择，具体怎么选择、选择的标准、选择的目的等，都取决于教育实践者的教育基本理论的倾向和构成。从整体上看，教育实践者在教育基本理论领域，主要体现出实践理性的特点，但在话语体系等领域，受教育研究群体的影响较大。

教育研究者对教育基本理论的影响很大。一方面教育基本理论大都是教育研究者所研究的或者建构的对象，另一方面教育基本理论又可能因为教育研究者本身的理论倾向而导致呈现出可能的理想化和结构化。教育研究者本身也是一个庞杂的群体，其内部也有着自己的学术流派或者学术特色。教育基本理论要避免远离教育实践，偏离教育实践的教育基本理论建构可能导致严重的理论缺陷，甚至会误导教育实践界。特别是在教育理论界掌握教育的话语体系的情况下，需要保持对教育实践的尊重。

教育行政则是另外一种教育基本理论形式的存在。教育行政主要指政府对

① 习近平：《习近平谈治国理政》，外文出版社2014年版，第409页。

教育的行政管理，主要通过教育局或教育委员会执行，在国家层面则是教育部。教育行政有着天然地追求简单、标准和高效的倾向，其教育基本理论呈现出明显的实用主义色彩，注重教育效益，强调教育为社会服务。教育行政追求简单是要求在教育管理中力求简洁和直接，这样有利于大范围的指挥和管理，管理中大多会避免过于复杂的行为，因为这很容易导致混乱。追求标准则是管理的本能使然，因为标准的存在，才能促使学校教育的正规化和便于考评，通过这种考评促进学校教育的发展。而高效则是教育行政的另外一个维度的追求，教育行政需要强调经费使用的最大效益，强调学校区位的合理性。客观地看，教育行政的这些基本倾向，都是其地位和使命的体现，但必须承认的是，教育行政的管理倾向需要用教育基本理论来进行适当地中和与矫正，因为简单化、标准化和高效率本身并不是教育的基本规律，也并非教育的基本理论。简单化的教育管理会危及学生个体发展的个性化，而个性化以及其背后的天赋，则是学生创造性和创新能力的核心基础。教育管理标准化的问题则是会削弱学校办学的特色，中国基础教育学校的同质性严重，其背后就有过度标准化的问题。而高效率在教育中则更为麻烦，教育本身更应当追求公平，这是社会建设的重要基石。过度追求高效率，建设重点中小学，导致基础教育领域中学校之间差异巨大，学生在成长过程中面对诸多的不公平竞争，最终产生的后果之一，就是并非最有天赋的学生获得最合适的教育机会，则实际上导致了整个社会的教育低质量。

教育基本理论的学科影响边际，主要涵盖教育哲学重构、教育理论体系建构和教育逻辑体系解析等。在教育哲学维度，对中国基础教育基本理论进行重新认识，深入分析和建构中国基础教育基本理论体系，这当然是中国教育哲学的重要构成部分。在教育基本理论体系维度，主要涵盖课程与教学论、德育论、教育管理学三个学科领域。教育基本理论需要分析中国基本教学论、中国学生个体发展路径，这是课程与教学论的核心构成部分。教育基本理论要理解中国基础教育基本人性假设、中国基础教育伦理等，这是德育论的核心构成。基于对中国基础教育的教育目标、实践范式的研究，这涉及到教育管理的领域。在教育逻辑体系维度，教育基本理论涉及到教育社会学、教育政治学、教育文化学等学科领域。基础教育基本理论要分析其外在的社会逻辑，这涉及教育社会学；需要分析教育的外在政治逻辑，这涉及到教育政治学；需要分析基础教育的文化逻辑，这涉及到教育文化学。

第二章 中国基础教育人性假设

对于学校教育来说，在任何一个教育阶段和教育领域，人性假设都是极为重要的前提性基础。“人性是人类最基本的倾向和情感。”[①] 不同的人性假设预判会导致学校教育的教学方法、教学路径和行为规范截然不同。人性假设不只是体现于具体的教育教学行为之中，还体现在国家层面的教育法律法规和政策中，以及学校层面的校园文化和学校建设中。中国基础教育的人性假设基于历史文化传统的延续，并受近代以来的西方文化影响，最终形成了当前比较稳定的基本人性假设。如何认识中国基础教育人性假设，把握人性假设的演变，并通过比较视野理解中国基础教育人性假设的存在，是中国基础教育基本理论体系研究的重要构成部分。

第一节 人性假设对中国基础教育的影响

人性假设是对学生作为自然人或者生物人，而在人性原初维度的预设或者假设，主要涉及人性的善恶、人性的可塑性和人性的可能发展等。人性假设不只是对于教育具有重要影响，还对社会建构的模式、社会伦理道德都有着重要的基础性影响。教育的基本定律之三就是教育要符合人性。不同的人性善恶假设的社会，大都会在社会结构、社会道德伦理、社会法律体系等领域呈现出明显的差异。

一、中国人性假设对中国基础教育的影响维度

人性假设主要是通过对社会个体人性之本源的基本判定而影响基础教育的，人性假设对中国基础教育的影

---

① [美] 威尔·杜兰特、阿里尔·杜兰特著，倪玉平、张闶译：《历史的教训》，中国方正出版社 2015 年版，第 43 页。

响有多个维度。

首先，人性假设决定了中国基础教育的德育理念。德育是中国基础教育的重要构成部分，立德树人是学校教育的根本任务。[①]德育主要是致力于对学生个体的道德、品质与素养的培养，其最基本的问题之一就是：这种道德、品质和素养的培养，是学生天性中先天所存在的，还是后天外界施加教育形成的。如果人性假设认定道德、品质与素养是学生天性之所在，那么德育的目标就仅仅是引导或者发掘学生自己的德性，这种德育方式就必然强调学生的道德自由判断和自主选择。这种人性假设在德育领域最终会呈现出明显的自由主义教育的特点。如果人性假设认定道德、品质和素养并不是学生天性所具备的，那么基础教育阶段就必然强调全方位、高品位地向学生施加道德影响，提升学生的道德、品质与素养。在这个过程中，还会注重教师与学校教育的影响力，并高度重视德育内容的选择和结构体系。这种人性假设最终会促使学校德育呈现出明显的社群主义德育的倾向，也有古典德性论的特点，趋向于强调学生学习道德行为而成为道德的人。

其次，人性假设深刻影响学校教育中教师教育教学行为的方式和价值判断。教师同样是学校教育中的个体，首先也是人，必然存在自己的主观性。所以在实际的学校教育教学中，教师存在众多的具有主观倾向的自由选择空间，而影响教师的行为选择的重要因素，就是人性假设。同时，学校教育是教师与学生的集体生活空间，在学校教育期间也存在众多事务和矛盾，教师在教育教学和管理中存在必要的价值判断和价值选择。这种价值判断和价值选择一方面决定了教师的处理方式，另一方面也反映出该教师的基本教育哲学立场，而这种立场的基础就包括对学生的人性假设。在学校教学中，教师在教育过程中所采取的更多的选择是对学生的规范、防微杜渐还是自由放任，或者说选择严格的管理学生行为，还是更为民主的信任学生的行为，其重要差异就在于对学生的基本人性假设不同。而在具体的教育行为的价值判断上，同样如此。面对学生之间的矛盾，是强调外在的规范性还是强调学生个体的道德性自律，这也是一种重要的倾向性选择。另外，学校教育或教师在面对学生的问题行为时，是强调防微杜渐的制止和纠正，还是致力于对学生心理分析和价值解析，以促使学生个体道德改善，其选择差异的重要依据仍然是对学生的基本人性假设。

最后，人性假设还通过家庭、社会和学校的一体化，对教育场域中的所有

---

① 习近平：《决胜全面建成小康社会，夺取新时代中国特色社会主义伟大胜利——在中国共产党第十九次全国代表大会上的报告》，人民出版社 2017 年版，第 45 页。

社会个体施加重要影响，最终导致整个教育场域中的人性假设的趋同性，形成教育领域中所有环节和维度的人性假设的一致性。这种教育领域乃至于整个社会人性假设的一致性，对学生的教育发展影响巨大。教育在很大程度上就是对学生的社会化，通过教育，学生从自然人或者生物人成为社会人。其社会性的构成必然受社会整体影响。人性假设在人类社会内部同一文化圈一般都会呈现出高度的趋同性，如欧美国家，不管是社会层面、政治层面、教育层面、思想层面等等，都存在鲜明的自由主义意识形态，其人性假设就是个人主义，强调个体自由的神圣性。这种基本假设一般是由该社会中的著名思想家所提出，并经过系列学者跟进，其后通过政治行为和大众媒体，形成全社会的基本共识，然后通过政治制度、教育制度、社会制度等进一步强化，最终形成这种高度趋同的人性假设。所以单独来看，人性假设可能不具有重要影响力，但事实却是，这种人性假设大多是一个社会中的所有相关领域中的共同假设，其影响力量多元并且一致，在最终的影响力上极为强大，会成为该社会中的一种先验性的不假思索即为真理的命题。从这个角度上看，一个国家的人性假设大多具有很强大的稳定性，很难在短时期内得到改变，并且具有历史文化传统的有力支撑。所以要理解基础教育，必须理解其前提性的基本人性假设。这也是研究中国基础教育基本人性假设的重要性和基础性所在。

二、人性假设对基础教育发展的影响

人性假设在基础教育中的存在也是多维度的。不管是在教学过程中、德育目标和学校结构中，都体现出该教育范式的人性假设。

首先，人性假设对教育本身有着自我定位的重要功能。教育在任何一个时代都要承担对人的基本社会化的功能，而社会化的主要内容，基本都与人性假设相关。因此人性假设在很大程度上决定了对教育的具体定位。如果人性假设中设定人性本善，那么教育在社会化中的道德伦理维度的功能，就相对降低。因为人性本善，个体自然发展也就会成为一个道德的人，教育自然更重要的作用就是体现在知识和能力维度，在具体的学校教育中，知识和能力教学就成了学校教育的主要功能预设。如果人性假设设定人性本恶或者人性无善无恶，那么学校教育就需要承担更多的道德教育的职能，学校在社会结构中就将承担起重要的道德伦理教化职能，并会成为重视教师的道德水准的选拔标准。

其次，人性假设很大程度上决定了教育中个体发展路径的设定。人性假设最终会成为社会中的基本社会意识形态的重要构成部分，这种意识形态又会通过期望效应或者心理暗示而变成现实。如果社会认定个体人性本善，相对而言在家庭和学校教育中，会给予学生个体更多的相对宽容的发展空间，这种教育范式中学生个体发展路径相对而言更为开放和多元。而如果社会认定人性本恶，那么在学校教育中，必然出现更多的规范和限制，其目的在于对学生可能的恶的张扬提前防微杜渐，自然这种教育范式中的学生个体发展路径更为严谨和固定。另外，个体在学校环境和社会环境中，仍然受外在的集体无意识存在的人性假设影响，导致个体在对自己的发展路径的设定上，也很容易受人性基本假设的制约或者影响，最终会呈现出与社会主流人性假设的一致性。相对来看，如果假设人性本善，社会更趋自由，但也可能更为混乱。如果人性假设本恶，社会整体上的人性恶的一面会降低，社会更趋安全，但自由度会受到限制。

再次，人性假设决定了教育在社会中的基本地位。因为道德伦理在人类社会中的重要性，在具体的社会结构中，都需要强调最终的道德和善。道德伦理是人类社会最重要的秩序基础，即使是法律体系，也是建立在道德伦理的基础之上的。所以如果在培养人性的善的过程中，教育承载的责任很重，那么教育无疑会很有地位。反之，如果社会普遍认为教育在人性善的培育上没有什么效果，那么这种教育自然在社会中地位不高。所以，在宗教力量强大的国家，道德伦理教化的职能主要是宗教机构承担，同时宗教机构也占据道德权威地位。这种社会中，在社会地位上，学校教育相对而言地位并不强势。而在世俗为主的社会中，道德伦理主要由学校承担，那么基础教育学校将得到更多的社会资源，受到社会更多的关注，并会承担国家赋予的部分公共性强制道德教化权力。如对学生的强制性的义务教育，就是学校承担的一种强制性的教育权力。

最后，人性假设会对教育实践范式产生重要影响。具体的教育实践，几乎处处都涉及对人性的基本假设。如果人性假设选择人性本善，那么在教育过程中会本能地扩大学生的发展空间，并将教育过程中的选择权主要交给学生执行，在教育过程中会更为重视对学生天赋的发扬，而不是用过多的规范进行规正。但如果人性假设选择人性本恶，在教育过程中则会尽力控制学生可能的恶的倾向，教育中的主要控制权力则掌握在学校和教师手中，在教育过程中重点不是发扬学生的天赋，而是力求不犯错误，所以会采取较多的规范和控制，在学校的结构上，也会呈现出明显的控制型倾向。如果人性假设选择的是白板说，那么教育范式又会不一样。白板说认为学生的人性本身只是一张白纸，其后天的发展取决于教育和社会环境对其的影响，这种白板说以亚里士多德为代表。白板说的人性假设会促使教育扩大自己的影响力，因为白板说本身强调外部力量对学生发展的重要性，为了减少不良环境对学生发展的影响，那么在发展中会本能地扩大教师和教育的权力，会减少学生的自主权力，高度重视校园建设，强调教育和教师要为学生设计一条成功之路。

第二节 中国教育人性假设追溯

中国教育人性假设的源头较为复杂，对中国教育传统中人性假设影响最大的是儒学，但同时教育中也受道教和佛教的重要影响。中国社会在文化思想上整体比较宽容，所谓三教九流并行。同时，在主流的儒、道、佛的影响之外，少数民族受其民族宗教、神话等社会文化因素影响同样很大。

一、中国人性假设追溯

儒学基本奠定了中国教育人性假设的历史传统，其重要原因在于中国的教育源头是儒学，中国社会对教育的基本想象和设定主要是由孔子奠定的。直到今天，中国社会对教育的整体思维和理念基本上没有超出孔子的教育思想范畴。

子曰："性相近也，习相远也。"[①]孔子对人性的基本判断是性相近习相远。孔子认为性和习是两个重要概念，性指人性，或者天性，而习则是后天的习惯。实际上孔子对人性善恶并未明确，因为性可能并无善恶，只是将其归于人具有相近的性。习则有善恶，在个体发展中顺于习，最终结果便是相远。其后孔子在中庸中，有着精辟的定义："天命之谓性，率性之谓道，修道之谓教。"[②]这实际上也没明确人性善恶，所论述主要围绕性、道、教而展开。上天赐予人的个人天赋就是人性，而率性而为则是道，所以中国社会有着重要的道法自然的思想，这一点实际上是道家思想。最后，顺其自然修道就是教育。这一方面强调了人的天性的重要性，同时也有着自然主义、因材施教的教育思想。

其后，孔子还有著名的论断："唯上知与下愚不移。"[③]他强调天赋和智慧的重要性，天赋最好的人和天赋最差的人都是难以受外界影响的。所以教育的实际影响力，主要是一般的中等天赋的人。这一点在教育实践中也基本是真理，最好的学生并不是教师教出来的，天才都是需要天赋的。正如人类社会中的智者，其出现是没有规律的，也不可能通过刻意培养出，人类永远都不清楚下一个爱因斯坦级别的科学家会怎么出现、出现在哪里。所以爱迪生说过：天才是百分之九十九的汗水加上百分之一的天赋，但是这百分之一的天赋是百分之九十九

① 孔子：《论语》，《阳货》章，山西古籍出版社，1999年版，第188页。
② 孔子：《大学·中庸》，《中庸》章，北京燕山出版社，2001年版，第73页。
③ 孔子：《论语》，《阳货》章，山西古籍出版社，1999年版，第188页。

的人所不具备的。同样，社会中也存在愚钝的人，教育很多时候也是几乎没有办法的，正如犯罪学中的精神病态人格，也即终身持续性犯罪人格，对其的人格矫治是基本没有什么效果的。所以礼乐教化的真正目的，是对一般人的修养心性。正如子贡所说：夫子之文章，可得而闻也，夫子之言性与天道，不可得而闻也。[①] 在孔子的人性假设中，事实上孔子回避了基本判断，因为人性本身的复杂性，以及心性的难度，孔子把这一点留给了后人，但也导致了后世几千年的争论。

中国儒学中性善论的代表人物是孟子，孟子与告子之间曾有一个著名的争论。告子曰：性，犹湍水也，决诸东方则东流，决诸西方则西流。人性之无分于善不善也，犹水之无分于东西也。孟子是这样回答的：人性之善也，犹水之就下也。人无有不善，水无有不下。[②] 孟子认为人性之善，如同水从高处向低处流，是本性之所然。孟子同时论证了人的行为变恶的原因，主要是因为外界的情势，而被迫采取恶行。但人性本质上是善的，作恶是不得已。“今夫水，搏而跃之，可使过颡，激而行之，可使在山，是岂水之性哉，其势则然也，人之可使为不善，其性亦犹是也。”[③] “恻隐之心，人皆有之；羞恶之心，人皆有之；恭敬之心，人皆有之；是非之心，人皆有之。恻隐之心，仁也；羞恶之心，义也；恭敬之心，礼也；是非之心，智也。仁义礼智非由外铄我也，我固有之也。”[④] 整体上看，孟子对人性有充分信心，认为仁义都是人所固有的天性。

性恶论的重要代表人物则是荀子。荀子提出了一个著名的命题：“人之性恶，其善者伪也。”[⑤] 也即，人性本就是恶的，其表现为善，是一种假装或者人为的结果。基于这种人性假设，荀子强调要对人性的可能的恶进行控制和防范。“今人之性，生而有好利焉，顺是，故争夺生而辞让亡焉；生而有疾恶焉，顺是，故残贼生而忠信亡焉；生而有耳目之欲，有好声色焉，顺是，故淫乱生而礼义文理亡焉。”[⑥] 在社会治理上，荀子因为认定人性本恶，所以主张：“立君上之势以临之，明礼义以化之，起法正以治之，重刑罚以禁之，使天下皆出于治，合于善也。”[⑦]

相对而言，孔子对人性的善恶并未详加阐述，其后孟子与荀子则对人性之善恶进行了相对深入分析。中国后世的人性假设大多偏执于这两者之一。当然，

---

① 孔子：《论语》，《公冶长》章，山西古籍出版社，1999 年版，第 451 页。
② 孟子：《孟子》，《告子上》章，中华书局 2010 年版，第 213-214 页。
③ 孟子：《孟子》，《告子上》章，中华书局 2010 年版，第 214 页。
④ 孟子：《孟子》，《告子上》章，中华书局 2010 年版，第 218 页。
⑤ 荀子：《荀子》，《性恶》章，北京燕山出版社 2001 年版，第 144 页。
⑥ 荀子：《荀子》，《性恶》章，北京燕山出版社 2001 年版，第 144 页。
⑦ 荀子：《荀子》，《性恶》章，北京燕山出版社 2001 年版，第 145-146 页。

中国后世也有人性无善无恶、亦善亦恶等基本判断，但在价值维度上，主要沿袭的仍然是性善论和性恶论。

就单一的性善论而言，其对于教育的存在价值非常重要。因为其表述了人性的善，同样也张扬了人性的美，有着对于人类道德伦理的强大信心，这也是教育存在的重要基础。所以直到今天，尊重人性仍然是教育中的一个基本常识。但如果仅认定人性本善，其根本的悖论在于，如果人性本善，那么人类社会中的恶从何而来，并且现实社会中的人性恶的一面的存在同样是事实。如果仅认定人性本善，可能导致学校教育走向宗教化，主要采取爱与关怀，而缺乏必要的规范，以及对学生可能的问题发展趋向的防微杜渐的丧失。这对学校教育的发展，以及对于人类社会的建构，并不是一件好事。同时，这也违背了教育的第二基本定律，不符合社会发展的需要，因为任何社会，都是必须要具有基本的社会秩序保障。

就单一的人性恶来说，其对于教育地位的设定有着重要基础性作用。因为人性本恶，所以需要学校教育进行礼乐教化，实现对学生的道德伦理领域的社会化，以此实现社会基本秩序的保障。但其问题也较大，一个人性恶的设定的学校教育中，学生个体可能被过度规范，导致失去对学生发展极为重要的自由。同时，这也不符合教育的第一基本定律，因为这种过度规范化的教育，是无视学生的天赋存在的。人性恶的假设还有内在的陷阱，因为社会整体认为人性本恶，这可能导致社会思维的整体思维定式，产生的期望效应可能反而导致学生个体出现人性恶的表现。

二、中国社会其他人性假设

但事实上，中国社会中除了儒学的善恶人性假设之外，还存在道家思想与佛教的人性假设的重要影响。道家思想很多时候又被称为老庄哲学，主要是老子奠定的中国本土重要哲学。道家思想在人性假设上强调自然和顺乎人之天性。“人法地，地法天，天法道，道法自然。”① 庄子是这样解释“性”的：“泰初有无，无有无名。一之所起，有一而未形。物得以生，谓之德。未形者有分，且然无间，谓之命。留动而生物，物成生理，谓之形。形体保神，各有仪则，谓之性。”②

道家思想还注重简单，非人为的美，强调美学上的自然主义。“大方无隅，

① 老子：《道德经》，北京燕山出版社 2001 年版，第 54 页。
② 庄子：《庄子》，北京燕山出版社 2001 年版，第 100 页。

大器晚成。大音希声，大象无形。”[1]庄子是典型的自然人性论，庄子的社会理想，是人们返其性情，回归天道和自然，当然在具体的教育中，就是让受教育者在思想和精神层面以及具体的生活方式等方面都效法自然。[2]庄子的自然人性论，强调自然之道，认为人性就是天道的体现，自然生成，无所谓善恶，也不能人为改变。

道家思想的自然人性论实际上对中国教育现实实践层面的人性假设影响非常大。中国学校教育大多会尊重学生的天性，在实际的学校教学中，也会潜意识地注重环境与人的和谐、教师与学生的和谐等，这些都是因为自然的人性假设的影响。同时道教还影响社会和家庭对学生成长的基本预设，即追求一定程度上的学生天性。最终在德育和教学中，教师都会以自然和天性安慰学生和安慰自己。所以《道德经》有云："圣人处无为之事，行不言之教。"[3]

佛教对中国社会的人性善恶影响也很大，今天中国历史文物领域中的主要作品大都属于佛教文化。佛教起源于南亚，创始人是迦毗罗卫国（今尼泊尔境内）乔达摩·悉达多王子。佛教大约于中国秦汉时期传入。[4]佛教有着自己的理论体系，主要是"四谛"，即四真理：苦、集、灭、道。苦、集二谛主要是阐释人生的本质，以及形成的原因。灭、道二谛则阐释了人生解脱的归宿，以及解脱的路径。

佛教中的苦谛是其重要人性假设基础，苦谛将人生判定为"苦"，并不认为人生有什么幸福和欢乐。佛教认为人生有"生""老""病""死"等多种苦，还有108种烦恼。

佛教中的集谛则是分析方法论，主要分析导致人生痛苦与烦恼的根本原因。其中主要有三种重要理论："五阴聚合说""十二因缘说""业报轮回说"。

"五阴聚合说"理论认为一切事物和现象，都不是孤立的存在，都有其原因，都是由多种因素集合而成。佛教中有一个专用名词："有情"，是包括人类在内的一切有情识的生物，即佛教中的众生。有情则是由色、受、想、行、识等五阴聚合而构成。有情和世上其他万事万物处在永恒的变迁之中，所谓"诸行无常"。"五阴聚合说"构成了佛教中的空观。"十二因缘说"则是一种成体系的哲学，涉及了过去、现在、未来三世的因果链条，认为现世的结果必然有过去世的原因，现世的原因必将导致未来世的结果。众生过去的一生的行为，决定了今世一生的状况。众生今世一生的行为，则决定了未来世一生的状况。这就是佛教中著

---

① 老子：《道德经》，北京燕山出版社2001年版，第83页。
② 邱琳：《庄子与卢梭自然教育思想之比较》，《教育探索》2009年第6期。
③ 老子：《道德经》，北京燕山出版社2001年版，第13页。
④ 朱浒：《西看佛树几千秋》，《读书》2015年第10期。

名的因果报应理论。佛教在其各历史阶段，始终信守其因果理论。[①]

另外一个专用概念是“业”，指的是能够具体导致因果报应的行为。“业”分身业（行动）、口业（言语）、意业（思想）三类。人的一切活动，包括任何思想行为都会给行为者本人带来相应的行为后果，此即“报应”或“业报”。在“业报轮回”体系中，按照善恶罪福的业报基本法则，众生流传在“六道轮回”之中。六道具体包括：天道、人道、阿修罗道、畜牲道、地狱道、饿鬼道。

灭谛是佛教区别于其他宗教的重要特色。灭谛提出了佛教出世的最高理想——涅槃。涅槃的根本特点是达到消灭或者熄灭一切“烦恼”，是一种超越时空和超越生死轮回的境界。所以佛教追求的是业尽情空。

道谛是佛教中的解脱之路，即通向涅槃的路径。具体有“八正道”，从身、口、意三个方面规范佛教徒的日常思想行为。道谛分为戒、定、慧“三学”。“戒”学是约束佛教徒日常生活的基本纪律。“定”学是指通过静思冥想而获得的悟解义理或功德的一种思维修习活动。“慧”学是指由修习佛理所产生的判断是非善恶的认识能力和境界。

佛教思想中的无为、生死轮回、善恶报应在中国社会中都是一种普遍意义上的存在，几乎没有人能完全逃避这三种思想的影响。中国社会中的最为重要的善根，可能就沿用了佛教的思维，并将其内容推广实现普遍化。每个人在内心深处对善恶报应的相信和认同，是中国社会中向善一面的重要动力和来源。

佛教对教育的人性假设的影响主要在于因果报应，这个假设事实上已经是中国社会中极为强大的人性基本判断依据。中国社会中的个体不管是否信奉佛教，但很少有不相信因果报应的。因果报应对教育的人性假设的影响在于，让教师注重自己的行为的善意，同时也视教育为善业，在学生的发展中，注意通过善意和善行感化学生和改变学生，这种类似于宗教事业的教育事业，是中国社会中教育长期昌盛不衰的重要原因。因为几乎在任何时代，教育都被视为善行和善业，得到社会中的重要集团和重要人物的资助和支持，今天仍然如此，如影响力极大的“希望工程”。教育被视为善行，同样影响了学校教育中的教师行为，所以教师在教育教学行为选择上，会本能地选择良心和善意，这一方面确保了学校教育的纯洁性和道德环境，但另外一方面，也导致中国基础教育缺乏力量。这是因为在人类社会中，很多情况下，过于善意的行为在很多时候也许被视为软弱。这种教育的软弱，在今天的中国基础教育中也同样如此，特别表现于学校教育面对问题学生和问题家长时尤为明显。

①［俄］舍尔巴茨基著，宋立道、舒晓炜译：《佛教逻辑》，商务印书馆 1997 年版，第 163 页。

第三节　中国基础教育人性假设基本构成

中国基础教育人性假设主要是在基础教育阶段的一种关于人的天性的性质、人的天性的可能发展路径，以及人的天性的可能外在影响等维度的预设。这种预设一经形成，就会对基础教育的结构和发展产生基础性影响作用。

一、中国基础教育人性假设的基本构成

中国基础教育人性假设是人性亦善亦恶，即指人性有善的潜能，同时具有恶的可能趋向。人性假设的具体构成如下：

首先，在人的天性的性质维度，中国基础教育人性假设为人性既有善的一面，也有恶的一面。善恶的天性同时存在于个体身上，而这种善恶本身是如同天赋一般存在的，不能消除，只能控制。这种人性的假设既不同于人性单一的本善或者本恶，也不同于人性白板说。人性白板说即指人性无善无恶论，认为人性本无善端，也无恶源。在人的个体发展中，外在的环境，包括家庭、学校和社会，决定了个体的善恶。当然，人性亦善亦恶实际上也回答了人的善恶来自于哪里的问题，中国基础教育人性假设认为，人性的善恶是天然就存在的，并不是完全后天的环境影响使然。

其次，在人的天性的可能发展路径上，中国基础教育人性假设认为人性是可能发展为善，也可能发展为恶的。这一点不同于人性本善或者人性本恶，因为人性本善与本恶，实际上人性就是单一路径的发展可能。人性可能发展为善的一端，那么学生个体可能就成为一个道德的人，如果发展为恶的一端，那么学生个体就可能发展为一个不道德的人。但这两者的同时存在，也反过来决定了中国基础教育在中国社会结构中的重要性。

再次，在人的天性的可能外在影响维度，中国人性假设非常注重学校教育的存在价值。因为中国社会缺乏强力宗教的影响，所以学校教育在中国社会中对人性的影响是最重要的，也是最主要的结构性力量。但同时，中国社会也注重社会环境、家庭教育等的影响力。修道之谓教，所以在中国社会中，对人性的塑造和改造最重要的毫无疑问就是教育。中国社会中的道德层面出现问题，社会的第一反应就是学校教育出了问题，而特别是涉及社会所有成员的基础教育，则更是被社会追责的对象。社会环境当然在中国社会中也有着重要的人性影响力，中国成语有：近朱者赤，近墨者黑。著名的孟母三迁的故事也反映了这一点。而家庭教育领域，中国有着《朱子家训》《曾国藩家书》等著名的家庭教育经典，古代更是注重通过大家庭的方式，进行集中式的家庭教育。

最后，在人的天性的最终目标上，中国社会强调培养道德水平极高的圣贤或者君子。也即，因为人性亦善亦恶，中国基础教育应当抑制人性恶的一面，发扬人性善的一面，最终培养成为社会的健康秩序的维护者和建设者：圣贤或者君子。圣贤是最高的目标，而君子相对来说则是普通目标。相对来看，这个人性目标设定相对较高，但中国社会的人性逻辑是这样认为的："高山仰止，景行行止。虽不能至，然心向往之。"[①]中国人性假设中认为，如果目标不高远，那么对社会就没有道德示范的灯塔作用。

二、中国基础教育人性假设的基本逻辑

因为中国基础教育人性假设在原初的天性维度选择了亦善亦恶，这一点既适应了教育中的人性复杂性的一面，同时也奠定了基础教育在中国社会结构中的重要性，这是人性假设中最重要的原初逻辑。这也是中国社会非常现实主义的一种人性假设，因为事实上现实社会中屡屡可见的既有人性的善，也有人性的恶，两者都是高频出现的社会现象。很难把人性的本源归为其中的一端，所以中国社会就假设为人性既有善的一面，也有恶的一面。在人性假设上，既不犯人性上的过度浪漫主义的错误，也不犯过度现实主义的错误。

在人性的性质维度和发展路径上，中国基础教育人性假设选择了可能善或恶的两条路，实际上也就决定了中国基础教育的扬善抑恶的教育性质。社会最终所期望的，自然是善的社会个体。既然个体身上有着恶的一面，那么抑制这种恶的倾向，自然就是教育的责任。而教育抑制个体恶的方法和途径，则主要是通过扬善而实现的，所谓扬善抑恶。这也是符合中国道家的阴阳学说的，善的一面的张扬，当然会抑制恶的一面的表现。

在影响维度上，中国基础教育人性假设设定了学校教育的重要地位，奠定了中国基础教育的道德属性和社会责任。中国没有强大的宗教，社会中的普通人也对宗教采取的是实用主义的态度，所谓"无事不登三宝殿"。这种宗教环境，决定了中国学校教育在人性善的培养上的极端重要性，这也是孔子的"建国君民，教育为先"的基本逻辑。[②]只有通过教育，才能使个体趋向道德，社会保持道德，才能建立一个君君臣臣的国家。要实现治国安民，其中的第一要务就是要推行教育的道德教化。

在最终的人性目标上，中国基础教育设定了圣贤，这是中国社会中的人性

① 司马迁：《孔子世家》，载于《古文观止》，中华书局 2011 年版，第 293 页。
② 孔子：《礼记》，中华书局，2017 年版，第 697 页。

理想的逻辑结构。虽然可能存在道德上的理想主义，但是这也给予了中国社会的道德压力和道德动力。在道德压力维度，圣贤本身的形象能够让中国社会中的精英分子不能无视道德维度的要求，所以必须爱惜自己的道德名声，不管是主动的还是被动的，但社会确实推动了中国社会精英的道德发展。在道德压力维度，中国社会事实上是通过历史典籍和学校教育，使得中国社会和历史上的道德典范成为中国社会中的一种现实存在，这种现实存在本身就会给中国青少年以道德教育上的压力。当然这种压力的存在是一件好事，中国青少年即使在道德维度或许做不到，但在道德指向的方向上几乎没有偏差，也即道德认识是健康的。这也是前面所述的“虽不能至，然心向往之”的逻辑。

第四节　中国教育人性假设的社会基础

中国教育人性假设不仅受历史文化传统影响，还受社会基础影响。社会基础指的是社会基本结构、社会中的教育认识，以及社会对教育的基本期待和目标等。

一、中国教育人性假设的社会结构

当代中国的社会结构主要是阶层结构，阶层结构的重要划分依据主要是社会学意义上的马克斯·韦伯的社会学理论，强调社会个体的财富、权力和荣誉三维。[①] 这三维中，唯有荣誉与教育密切相关。在这种社会认知基础上，中国社会对教育的视角非常复杂，一方面中国社会强调教育的基本素养领域的贡献，另一方面又有着事实上的媚俗，即强调教育在追求权力和财富维度的可能性。

这最终投射到中国教育的人性假设上，也非常复杂。一方面学校教育追求个体素养的提升，另一方面又明确地追求教育竞争、升学等占据社会资源的行为。一方面是理想性的教育提升人性善，另一方面是功利性地通过外在利益提升学生个体善。另外，中国教育的人性假设还有一个明确的指向目标：穷则独善其身，达则兼善天下。[②] 这种既致力于自我修养和自身发展，同时又希望致力于通过社会建设和权力掌控而服务社会的教育假设，导致了中国教育人性假设在社会实践中产生诸多矛盾和冲突。

中国社会对教育的认识也趋于复杂化，对于普通公众而言，注重教育对学

---

①［德］马克斯·韦伯著，阎克文译：《马克斯·韦伯社会学文集》，人民出版社 2010 年版，第 174–175 页。

② 孟子：《孟子》，《尽心上》章，中华书局 2010 年版，第 261 页。

生个体的个人道德素养和知识素养的提升，但同时还希望学生个体读书出人头地，以光宗耀祖。这同样是矛盾的，因为后者是功利性目标，而前者是教育的本体性目标。在任何时期，教育本质上是对社会个体的教育，即使是国家教育，最终也是通过对个体教育实现的。教育的功利性目标主要指的是教育给个体带来的外在的利益，这种利益可能是学位光环、经济利益、社会职位和社会权力等。教育的本体性目标是指向个体内在的教育素养和发展能力的，如个体的知识素养、能力结构、创新意识、道德品质等。功利性目标大多具有膨胀性，最终往往会危及教育的本体目标，导致教育目标在实践中的混乱，甚至导致部分学校教育自身的不道德性。

二、社会基础与时代发展对教育人性假设的影响

对社会来说，学校代表着知识和智慧，也是地方社会结构中的文化象征和寄托。在中国教师一般会被誉为人民教师，强调教师必须“德高为师，身正为范”。但另外一方面，社会也有着极为功利的一面，同世界其他国家一样，中国部分地方政府更愿意把资金投于工业、农业和科技等其他领域，因为教育本身不产生 GDP，也不产生税收。所以教育在很多区域，往往成了弱势的领域。同时，当地民众和政府对教育的期待主要表现于升学率，升学率的核心不在于达到教育的知识素养和道德素养领域的使命，而在于在教育竞争中的优势，也即该县市所占据的省域内的教育资源。中国的高考是省内竞争，高考竞争实际上是省内各个市县的学生对有限的优质高等教育资源的竞争。高考竞争非常重要，对学生个体来说，可能基本决定了其一生重要的优质教育机会和经历，对于市县来说，这种教育竞争优势会演化为该地区人才优势和中国式的关系优势。所以很多时候，这种竞争也会拉低教育的道德性，最终影响到学校的人性基本假设。

另外，时代的发展也对教育人性假设存在明显的影响。今天在具体的社会生活中，工具理性成了一种泛滥的存在，而价值理性就必须是教育所提升的维度。工具理性和价值理性是马克斯·韦伯所提出，社会影响深远。马克斯·韦伯认为，清教徒勤奋劳动，为社会创造财富，如果是为上帝劳动，这就是一种价值理性。但如果创造财富和劳动只是为了满足日后穷奢极欲的生活欲望的手段，那就变成了一种工具理性了。[①] 工具理性指的是人类社会中基于利益、金钱等所计算的一种理性，强调用最小的成本实现自己最大的利益。只要能够实现目标，一切

① [德] 马克斯·韦伯著，龙婧译：《新教伦理与资本主义精神》，群言出版社 2007 年版，第 151 页。

方法都可以采纳。这种工具理性可以这样表述：为达到目的，不择手段。当然这种理性存在相当大的负面作用，会导致社会的道德水平严重下降。而价值理性则是相反的，价值理性是为了追求理想中的价值目标或者道德目标，为了此目标不惜牺牲一切，并且不计较相关损失。简言之，为了一个道德的理想，一切都可以抛弃，这是一种偏向于浪漫主义的理性。

因为现代社会更趋向于物质利益、经济价值和显性目标，所以在社会发展中，基础教育必将面临严重的工具理性的冲击。一定的工具理性是必要的，因为基础教育也必须面对成本的压力，以及社会对基础教育的质量提升的期待。但工具理性很容易导致基础教育道德性的下降，如何守护基础教育本身的道德性，用价值理性去反抗过度的工具理性，是基础教育人性假设必然面临的一个问题。

在中国基础教育人性假设的未来发展方向上，需要适度的平衡。如果基础教育人性过度重视人性善的一面，可能导致学校教育秩序的混乱，因为强调人性本善，可能会本能地降低秩序和纪律的重要性，而学校教育本身是需要秩序和纪律的。如果过度重视人性本恶的一面，可能会危及学生个体的自由空间和天赋的发展，因为过度重视人性恶，会本能地提升学校的控制倾向，这将会压制学生的自由空间。因此人性善恶假设两者之间必须适度平衡，同时也不能把一切责任都施加给学校教育，这可能导致学校教育压力过大。

第五节　人性假设的对比视角与现实挑战

教育与社会历史文化密切相关，中国基础教育人性假设与中国的社会结构相适应，既是中国传统教育的现代传承，同时也是中国历史智慧的重要体现。

一、中国基础教育人性假设的世界图谱

中国基础教育人性假设强调人性的善恶一体，与西方国家的教育基本假设有着明显的差异。西方自近代浪漫主义的兴起，在教育领域的实际人性假设则是人性本善。浪漫主义教育的杰出代表人物是卢梭，其自然主义教育理念决定了对人性的浪漫化。他提出了儿童中心论，强调自然的教育才是好教育。今天西方自由主义教育理念也是如此逻辑，强调教育中的自由发展和自由空间，在人性假设上是明显的人性本善。如果不认为人性本善，那么自由发展就是没有教育意义的。因为认同学生个体的自由发展，所以西方自由主义教育在教育的人性假设上实际上是人性本善。

但必须要注意的一点就是，西方自由主义教育本身是与西方的社会结构相

匹配的。西方社会在人性和道德领域，还有着一个重量级的权威存在——基督教教会。西方基督教的实际人性假设则是人性本恶。在基督教教义中，人类有自己的原罪，所以每个人都需要信仰上帝，洗清身上的原罪，才能升入天堂。这种原罪说当然就是人性本恶的假设。正是因为基督教中的人性本恶的假设，导致西方个体人性备受压抑，所以在学校教育中采取人性本善的假设，两者综合，才能给西方个体带来必要的平衡，这是西方国家在教育人性假设上的结构性平衡逻辑。

现实地看，中国基础教育人性假设提升了中国教育的地位。中国人性假设亦善亦恶，至少将人性善的培育责任交给了中国教育。这客观上促进了中国教育地位的提升。同时，中国社会中对人性向来高度重视，所以实际上导致了教育对中国人性具有重要影响。中国个体在现实社会中如果在道德素养上存在问题，教师经常都是社会所指责的对象，认为教师没有承担必要的道德教育的责任，而导致个体道德素养低下。虽然这种指责在很多时候是无理的，但确实能够反映出中国教师在人性善的培养中的中国社会期望的重要责任。

二、基础教育人性假设的国际视野

在国际比较的视野中，中国基础教育人性假设的特点主要如下。

首先，中国基础教育人性假设的世俗性。中国基础教育人性假设本身是经验主义的产物，同时中国缺乏强大的宗教影响，所以在人性假设上，呈现出明显的世俗性。世俗性指的是中国这种人性假设的目标上并没有强烈的神秘主义或者理想主义的具体目标，如西方的天堂、佛教中的涅槃，而是期望个体在具体的社会生活中遵守社会道德规范，成为一个对社会有利的人。而至于道德规范、社会利益的具体构成，是没有经典的永恒的构成的，需要结合不同的时代进行选择。这种世俗性一方面给予了中国基础教育重要的社会化地位，同时也促使中国基础教育随着时代的发展不断革新社会化的内容。

其次，中国基础教育人性假设背后鲜明的儒学伦理基础。儒学与宗教有着重要差异，儒学没有强硬的宗教戒律，如基督教的十诫，也没有对信众强烈的外在形象规范，如基督教中的十字架。儒学只是对社会个体世俗生活的一种具体规范，并且将其目标指向国家和谐、家庭和睦和个体幸福。至于国家和谐、家庭和睦和个体幸福之上，是否还有更为终极的道德目标或者社会目标，儒家是语焉不详的，实际上也是不太关注的。从这个角度上看，儒学并不关注终极真理，对于人类的终极美学也是不太关心的。这既是儒学的问题所在，导致缺乏思维的深度和探索的激情，但也是儒学的优势所在，不会导致暴君式的强力碾压的宗教压迫，而只是满足于世俗生活。所以从这个角度上看，儒学本身也是宽容的。这种儒学的特点，也是中国基础教育人性假设的特色，不偏激，同时关注现实世俗生活，最终指向学生个体未来的具体的操守和行为，而不是教条式的宗教信条。

再次，中国基础教育人性假设的复杂性。人性假设本身具有复杂性，但事实上其结构又并不复杂，仅仅是善与恶，但两者的组合，则可能出现诸多的复杂性结构范式。同一个社会个体既有善的一面，也有恶的一面，在不同的时间段，不同的发展期，不同的情景中，均可能出现善与恶两者的颠倒性结构。所以抑制恶，张扬善就是教育的一个基本职能。但真正的问题还在于，善恶本身的不可预测性和可变化性。在和平时期，善良也许是一项美德。但在战争时期，过度善良也许会带来亡国之灾。这种时候必要的恶或许同样重要，所以不能过度强调教育一定培养圣贤，即使是社会都是圣贤，也不一定就是一个好的社会，因为人类社会本身还有它的复杂性和发展逻辑。人类的科技发展，很多都是因为追求更为舒适的生活、更多的财富而产生，但很难把这种追求视为一种恶的事业。所以教育需要放宽历史的视角，在人类历史的发展中，善与恶的界限很多时候也是模糊的，并且善恶的具体内涵，在历史的发展中会一直持续变化。在古代奴隶社会，杀死自己的奴隶，那是主人自己的选择，无所谓善与恶，但在现代社会，不要说杀死奴隶的行为，仅仅是强制把他人作为自己的奴隶，都是一项不可接受的恶行。

最后，中国基础教育人性假设在教育实践中的防范性。因为人性基本假设是亦善亦恶，所以人性的恶的存在也是一种常态。为了面对学生个体可能的恶的张扬，所以基础教育中非常重要的一个理念就是防微杜渐。目的在于减少学生可能的恶的行为，并提升其道德感。基于这种防微杜渐的教育理念，相对来看，中国基础教育整体在实质上强调规范，注重道德教化，社会整体建设体现出安全、规范和和谐的特点。相对西方国家教育而言，中国基础教育中的自由价值观并不是首要价值观，因为在中国人性假设看来，自由既有善的自由，也有恶的自由，所以将自由放上神坛，并不是一种理智的选择。

三、中国基础教育人性假设实施中的矛盾与问题

在具体的教育实践中，中国基础教育面临着人性假设实施中的矛盾和冲突，导致了基础教育实践中的诸多问题。

首先，人性假设的亦善亦恶与教育法律体系层面的人性本善存在一定的冲突。这是中国当前基础教育中的一个非常麻烦的问题。基础教育理论和实践中

的人性假设都是人性亦善亦恶，至少承认有人性本恶一面的存在。但在中国教育法律政策层面，却主要是采取的人性本善的基本假设。因为人性假设学生个体为善，所以禁止教师体罚和变相体罚学生，实际上在中国教育法律法规中，根本就没有明确教师对于学生的惩戒权力。这是一个严重的法律缺陷问题，再加上义务教育阶段禁止开除学生，这实际上导致了基础教育实践中的巨大麻烦。也即教师的职权只能是发扬善，而失去了抑制恶的权力。这实际上是与中国基础教育的基本人性假设相悖的。

其次，教育实践层面的人性本恶与社会层面对教育的人性假设本善的矛盾。在基础教育实践中，因为学生个体众多，教育管理中需要有必要的秩序，以及对安全的需要，所以实际上采取的是人性恶的基本假设，非常注重防范恶的行为。而在社会眼中，学生都是孩子，不会出什么事情，并且家长有着天然的对孩子的浪漫化,所以实际采取的是人性本善的假设。这导致在具体的学校教育中，学校和家长之间存在诸多的分歧，而家长则对社会法律法规层面的影响力更大，最终导致了学校教育中对学生管理的困境。

最后，教育理论界的人性本善的基本假设与教育实践界的人性亦善亦恶的基本假设的矛盾。这一矛盾在近年来表现得非常明显，因为教育理论界基本不涉及学生教学秩序的维护和管理，同时也不接触学生群体中的阴暗面，比如校园暴力事件。这导致部分研究者天然地过度浪漫化学生的人性，强调人性都是善的。事实上，人性本身也是有着恶的一面的。教育必须尊重人性，这种尊重还包括对人性恶的清醒认识。而教育实践界，必须面对学生的一切，既包括学生的善行，也包括学生的恶行，特别是近年来越来越引起社会关注的校园暴力事件。所以，为了维护教育教学秩序，确保校园安全，教育实践界会本能强调学生恶的一面。最终导致教育理论界和教育实践界相互不理解。教育理论界觉得教育实践界缺乏能力，教育实践界则认为教育理论界只会纸上谈兵。

事实上，真正的教育研究者，是一定需要具有真实的学校教育教学实践的经验的，否则连学校教育的基本的现实感都不具备，很难提出具有生命力的教育理论。现实感指的是对该领域现实状态和可能反应的一种基于经验之上的掌控能力。[①] 例如一个驾驶员对自己的车辆的理解，他会很清楚他的汽车在面对具体路况时的基本能力。例如一位优秀的军事指挥官，清楚自己的部队的士气、缺陷和优势所在。这种对学校教育的现实感，是需要真刀真枪的教育教学实践才能够得到的，不要期望通过短暂的挂职、支教、调研就能理解学校教育的逻辑，

① [英] 以赛亚·伯林著，潘荣荣、林茂译 :《现实感》，译林出版社 2004 年版，第 53 页。

那就把学校教育理解得过于简单了。

四、基础教育人性假设的变革与发展

基础教育的人性假设主要不是由教育自身所决定的。整体上看，基础教育人性假设大都跟国家的宗教关系密切。在对人性的基本判断上，宗教的影响力可能更为强烈。因为宗教大都能够对政治产生强力影响，通过宗教传统或者宗教群体迫使政治改变教育中不符合宗教教义的道德价值观。而相对来看，教育对政治难以产生强力影响，而政治对教育具有一定的控制性，所以教育自身在人性假设上，并不起决定性作用。

社会文化对人性假设的影响力同样强大，社会文化会通过习俗、传统影响社会的主流道德伦理，同时这种道德伦理会通过国家法律体系影响社会实际运行和社会结构。教育本身既受制于政治，同时也受制于具体的相关的法律法规，虽然教育也能通过影响学生个体的思维，但这种影响是具有较长的时滞问题的。这是因为学生要能够成为影响社会主流文化思维，既需要时间，也需要能力。同时，学生也极可能被社会主流文化思维所同化。

基础教育人性假设影响到教育的所有领域。因为教育是一项培养人的活动，所以基础教育通过对个体的影响，最终实现对社会的影响，这种影响又会通过社会对教育的控制，形成教育中的人性假设的传统。所以一般而言，一个社会中的人性假设会保持相对稳定状态，即使会改变，但也是缓进性的变革。

卡西尔说："人的本质不依赖于外部的环境，而只依赖于人给予他自身的价值。"[①] 教育致力于学生个体的发展，个体发展理论对基础教育的影响深远，在很大程度上决定了基础教育中的教师行为选择和学生发展路径。不管是在学校教学模式、教学方法、教学组织形式上，还是具体的学生行为教育管理中，中国基础教育与西方基础教育的差异都较大。一个很重要的原因就在于中西方基础教育的个体发展理论存在明显差异。

第一节　个体发展理论的基本构成

个体发展理论是社会对学生个体发展路径、标准和模式的预设。个体发展理论最终会通过学校教育的实践而施加于所有学生个体身上，所以对学生个体的影响非常强大。其实施的路径不只是通过教育教学，还通过评价机制的建构，实现学生个体在教育领域竞争的开展。

一、个体发展理论的基本构成

个体发展理论的主要构成由两部分构成：其一是基础教育的个体行为范式的基本假设；其二是基础教育的个体学习范式的基本假设。

基础教育的个体行为范式主要指个体在学校教育中行为发展的基本路径和教育的基本途径。个体行为发展的基本路径主要指学生个体在学校教育中由低年级到高年级的行为和心理的演变规律，以及品质和内在德性的发展规律。这种预设既是教育的基本假设，同时也会通过教育的基本假设和社会共识最终成为一种教育中

---

① [德]恩斯坦·卡西尔著，甘阳译：《人论》，上海译文出版社2004年版，第11页。

的社会现实存在，并会形成社会和学校一定程度上的期望效应。社会和学校都认为学生会如何发展变化，也许这种期望会变成学生自己心理上的强大自我改造和期许的力量，最终成为真实的学生个体教育发展和人生演变轨迹。

个体在学校教育中行为发展的基本途径，则是指学校教育在学生个体的教育发展中，如何实施具体的教育引导方法，包括在各种教学中如何渗透这种行为和德性的教育。简言之，就是具体的教育方法的选择规律和基本假设。每一种基础教育范式都有自己的教育方法的选择规律和假设，这种假设不只是存在于学校教育中，还存在于家庭教育中。一般而言，在同一社会中，学校教育和家庭教育中的个体行为范式的基本假设之间的实质性差异很小。在学校教育领域，教师在执行对学生的教育教学时，很大程度上也扮演的是家庭教育中的家长的角色。特别是在中国基础教育中，这一点表现得非常显著。

基础教育的个体学习范式的基本假设相对来说更加难以分析，其主要指学校教育中教师群体教学中的教学方法、教学组织形式、教学策略、教学理念等的选择的基本依据和假设。如学生的学习主要是一种什么样的学习，是指向知识的学习，是指向经验的学习，还是指向人性的学习。学生的学习主要依靠学生自己的学习，还是教师的教学，或是学生之间的互助。学习时间上应该更多分配给学生自学，还是更多的自我探究，或者更多的依赖于教师讲授和指导。以上每一个问题都对具体的学校教育教学非常重要，不同的回答可能都会导致产生不同的教学模式。

相对来看，在个体学习范式的基本假设上，如果强调指向知识的学习，在教育中则会高度重视教科书和课堂教师的教学，并会注重对学生的高强度知识训练。相反，如果强调经验的学习，则会重视学生的活动和学生的自我空间，以保留充足的时间让学生自我建构个体经验。如果强调人性，则会高度关注学校德育和人文，并在教学内容上注重道德伦理的内容，同时学校教育还会增加社会实践或宗教课程。在具体的学习发展上，如果强调学生的学习主要依靠学生，那么这种教学模式注定将是学生中心的，教师将主要起辅导作用而不是决定作用。如果强调教师的教学才是学生发展的推动力，那么教学模式会成为教师中心，并在教育教学过程中高度重视教师的经验和方法。如果重视学生的互助，即强调学生的生活经验的建构，那么必然增加大量的集体活动和集体探究学习，以帮助学生提高相互协调能力。所以，学习范式的假设在很大程度上决定了学校教育教学的具体风格，而且这种假设大多是比较牢固的，并会成为教师和学生共同信赖的理念，最终形成学校中强大的精神存在体。

二、个体发展理论的内在结构

基于学校教育本身的教学性质，个体学习范式的基本假设在个体发展理论中处于基础地位。因为个体的行为范式的基本假设，也是建立在学习范式的基本假设基础上的。学习范式基本假设在对学校地位的界定、教学范式的形成、学生个体在学校中的发展路径、学校的教育教学评价机制等领域，承载着决定性的理论假设作用。

特别是学校的教育教学评价机制，既是评价学生个体发展状况的制度，也是评价教师教学和学校办学的基本制度，其建立的理论核心就是个体学习范式的基本假设。学校的教育教学评价机制影响深远。从纵向上看，影响一个时代的社会人才选拔制度及其发展方向。从横向上看，是决定社会个体能否取得教育优势地位的竞争性标准。因此教育教学评价机制对社会影响非常深刻，一经建立，还有着强大的保守性和社会惯性。因为学校和教师，还有社会都逐渐习惯于这一评价模式，所以最终一般都会延续相当长的时期。

而个体行为范式的基本假设实际上不只是教育领域中的假设，还是社会对个体发展的一种共识。这种共识既可能来自于文化传统，可能来自于宗教教义，也可能来自于该社会的教育传统。行为范式的基本假设涉及到品德的养成、个体社会性的设定、个体的社会心理的培养、亲社会人格的塑造等。这些毫无疑问都是一个健康和谐的社会建构的必需。所以从这个角度上看，个体行为范式是基于个体学习范式的假设之上的，同时又是对社会发展的影响更为直接的基本假设。

第二节　中国基础教育个体发展理论的基本内容

中国基础教育个体发展理论在学习范式和行为范式领域，都有着自己的基本假设，最终形成中国基础教育个体发展理论的基本内容。

一、中国基础教育个体发展理论的基本内容

中国基础教育个体发展理论的主要构成是：在行为范式的基本假设上，中国基础教育重视学校教育对学生的行为指导和规正，强调对学生的行为规范的教育和训练，在行为发展上注重防微杜渐，重视教师的道德示范作用，基本假设是学生学习和实践德性行为，而发展成为有品质和德性的个体。所以从这个角度上看，中国基础教育个体发展的行为范式基本假设是一种典型的古典德性

的基本假设。在学习范式上，中国基础教育重视经典知识的传承，强调教师的社会经验和知识经验在学校教育教学中的重要地位和中心地位，最终建立了教师指导下的学生学习发展的基本假设。注重经典知识体系，强调教师经验的重要性，课堂教学以学习为中心，是中国基础教育学习范式的最重要构成。

在行为范式维度，中国基础教育承担了对学生德性和行为规范的最重要的教化责任。这是中国基础教育非常重要的一个特征。中国社会中没有宗教机构，其民众的道德认知发展主要依靠学校教育，当然家庭教育也承担着重要作用。今天的中国与传统中国存在一个很重大的差异在于家庭结构的变化。传统中国的家庭规模较大，三世同堂、四世同堂是常规家庭结构，这种家庭中家庭教育的行为规范教育和德性教育影响作用巨大。今天中国的家庭人口规模趋于减少，结构上大都只有父母与子女两代，而今天中国家庭中的父母大多都是全日制工作，所以家庭对学生个体的影响逐步减弱，而学校教育则承担着教育学生道德行为和心理健康发展的主体重任。

在中国基础教育中，教师的道德示范非常重要。通过教师的人格魅力和管理技巧，中国基础教育运用强大的班主任体系，高度重视对学生群体的道德教化和行为规正。一方面重视道德示范，重视经典道德故事等的影响力；另一方面通过建构积极、健康、向上的校园环境、班级建设，引导学生积极向上，道德趋善，即孔子所表述的长善救失。这种通过道德的训练，最终影响学生建构道德的品质和道德的行为，与古希腊的古典德性理念基本一致，即亚里士多德所说：我们通过做公正的事成为公正的人，通过节制成为节制的人，通过做事勇敢成为勇敢的人。[①] 这种德性论的行为范式的基本假设，其来源主要源于孔子的儒家学说，以及其经验主义的思维，是中国历史传统的基本教育智慧，也是今天中国社会所深信不疑的教育基本假设。

在学习范式维度，中国基础教育非常重视经典知识体系的教育，这一假设是中国中小学教学的基石。在古代的中国教育中，主要教育内容是孔子儒学的四书五经，其后延续了一两千年，这种对经典知识的偏爱，是中国教育的重要历史经验和教育传统。西方学校教育当然也重视经典知识，但中国基础教育与西方学校教育不一样的是，在中国学校教育中，这种经典知识体系的构成是学校存在的重要依据，而西方学校则还重视学生经验和学生活动。但在中国的中小学中，没有任何存在会高于经典知识体系，包括教师的存在，也低于经典知识体系对中小学的意义。所以在具体的中小学教育教学中，高度重视教科书所

① [古希腊] 亚里士多德著，廖申白译：《尼各马可伦理学》，商务印书馆2003年版，第36页。

代表的严谨、规范和体系化的知识。最终在中小学中，形成了严谨、规范和体系化的教学环境，这也是理念转化为现实存在的一个现实案例。

在具体的学习范式中，中国基础教育高度重视教师的经验，包括知识经验和社会经验，教师的知识经验能够支撑和辅导学生在知识维度的学习和成长，教师的社会经验能够支撑学生在成长中少犯错误，并增长社会经验和智慧。高度重视教师的知识经验和社会经验，是中国基础教育的重要特色。这也是源于中国社会传统，在中国历史传统中，民众习惯于倾听圣人和领袖的话语，重视这些社会精英的智慧和经验，强调精英治国和圣贤导向，反映到学校教育中，自然就是学生学习和跟随代表知识和道德的教师。这一点既是中国基础教育的基本范式，最终也强化了中国社会中精英的责任。正如学校中教师的责任一样，如果学生的学习成绩不佳，行为规范存在问题，那么在中国社会中，必然会归咎于教师的无能。所以显而易见，中国教师也承担着与其地位相应的重要责任。

在具体的学习过程中，中国基础教育强调学生在教师指导下的学习发展范式，这种学习范式既不是教师中心，也不是学生中心，而是以学习为中心。也即，在中国基础教育中，教师与学生的活动都服务于学生的学习。相对来看，中国基础教育的学习范式有点近似于奥苏伯尔的“接受学习理论”。[①] 在中国的基础教育学校中，学生的学习对象是结构化和体系化的经典知识，学习的目的是促进学生形成良好的认知结构和知识体系，在具体的学习过程中，学生在教师的指导下，不断地寻找新旧知识之间适当的同化点，最终将新知识纳入已有的认知结构中。在这一过程中，教师通过自己的教学智慧，担当学生学习发展的组织者和引导者，以促进学生的学习发展。

二、中国基础教育个体发展理论的内在逻辑

中国基础教育的个体发展理论的行为范式和学习范式两者的基本假设是一致的，都强调教师的德与行对学生的引导，认为学生正是在这种高素质和高能力的教师的指导下，最终成为社会中的高知和高道德素养的个体。这种明确的具体的发展路径，就是中国社会对基础教育中的学生个体发展的基本预设。

具体来看，中国基础教育的个体行为范式的基本假设在行为发展上注重防微杜渐的理念，高度重视教师的道德示范作用，基本假设是学生学习和实践德性行为，最终发展成为有品质和德性的个体。这个基本假设在哲学上是经验主

---

① 郭向宁:《基于“接受学习理论”指导教学意义探析》,《陕西师范大学学报》(哲学社会科学版)2011 年第 3 期。

义的，在文化上是世俗主义的，在指向上是古典德性的。

因为行为范式的基本假设强调教师道德经验的重要性，且注重教师的道德示范，以及教师对学生的道德风险和道德危险的防微杜渐，并直接教学给学生相关行为经验。这种教学行为范式在经验上具有明确的防范效果，所以这是一种经验主义的哲学。

在文化上，中国基础教育的行为范式的基本假设不依靠上帝、真主，而是依靠现实社会中的国家、民族、家庭、学校、班级等现实世俗的社会结构，并通过这种世俗化的结构来推进学生的道德认知发展，最终实现教育的行为领域的目标。即使作为中国教育的偶像，孔子也是一个世俗的存在，而不是如同基督耶稣、穆罕默德、释迦牟尼一般的神的存在。所以中国基础教育的行为范式的基本假设在文化上是典型的世俗主义。

在德性上，中国基础教育行为范式的基本假设是典型的古典德性论，强调对学生道德品质的训练，包括行为和心理等领域，对社会各种具体的德性进行深入学习。德性论首先建构于亚里士多德，德性论强调对个体的道德行为和心理的训练，追求社会中的具体美德，反对道德上的情感主义和相对主义。中国儒学在道德上，也是偏向于德性论的，是一种明确、直接的追求美德培养的道德发展理论。

在学习范式的基本假设上，中国基础教育重视经典知识，强调教师的社会经验和知识经验在学校教育教学中的重要地位和中心地位，建立了教师指导下的学生学习发展的基本假设。中国基础教育在学习范式上的基本假设，在哲学上是古典主义的，在学习理论上是认知主义的，在指向上是超验主义的。

中国基础教育在具体的教学中并不追求学习理论的深度和复杂性，而是采取看上去最简单的学习方式。如语文教学中广泛采取的造句、记忆、背诵、默写、命题作文等。这些学习方式看上去都是很简单的，但却很有效，是人类社会中非常古典的学习方法。不追求前沿，而注重传统和经典，这是古典主义的体现。

在学习理论上，中国基础教育在教学中非常注重教师经验的传授，学生是在教师的丰富经验的基础上，被教师指导进行知识、心理和行为的训练，最终致力于建构新的认知结构，是一种典型的认知主义学习范式。[①] 认知主义强调学习本身的复杂性，认为学习是学习者通过复杂的内部心理加工或认知操作活动从而形成或改变认知结构的过程。学习的实质是建立和发展内在的认知结构，学习者头脑中发生的内部心理加工或认知操作活动是导致外显行为变化的原因。

---

① 屈林岩：《学习理论的发展与学习创新》，《高等教育研究》2008 年第 1 期。

中国基础教育的学习理论并不是如同行为主义一样的机械，中国课堂教学大多高度关注学习环境的创设，注重学生的积极思考和理解，强调学习动机、学习态度和学习思维的培养。中国教师在教育教学中，非常重视将知识教学与学生的生活相联系，以让知识学习变得有意义，同时注意培养学生通过知识解决现实问题的能力。

在中国基础教育的学习指向上，是一种明显的超验主义。中国基础教育知识体系良好，内容繁多，训练难度很高，绝大部分的知识学习都是超越学生的已有现实的社会经验和认知经验的。但这种学习在中国基础教育中是一种真理般的存在，在中国学校教育中，并不认为超越了学生的经验是一个教育问题。中国基础教育是通过教师的引导，建立学生与知识之间有意义的联系和认知建构。这也是中国基础教育的一个特色，强调学生知识基础的全面性和扎实性，从这个角度上看，中国基础教育的学习指向上是标准的超验主义。

第三节　基于基础教育个体发展理论的评价机制

教育评价机制的重要性不言而喻，但现实中的学校教育一般都忽视了教育的评价机制的基本理论假设是个体的发展理论。因为个体的发展理论设定了个体的发展路径和发展目标，而评价机制正是基于个体发展目标而进行评价的。

一、基于中国基础教育个体发展理论的中国教育评价机制

整体上看，中国教育评价机制是基于基础教育个体发展的学习范式基本假设和行为范式的基本假设之上，而采取的对学生的教育评价标准、方法和结构。

在评价标准上，因为学习范式基本假设的认知主义倾向，所以重点评价学生的知识掌握情况，将学生的认知结构质量视为学生的学习情况，这是一种认知主义取向的考核标准。同时，考核标准因为强调学习范式的超验主义，所以中国评价标准强调一定程度上的知识与能力上的难度，认为学生能够超过基本经验而达到的高度，就是学生教育发展水平的基本高度。所以中国将知识的识记、运用和理解作为学生选拔的基本标准，同时评价标准本身是结构化和确定性的，其结构性和确定性是通过国家课程标准体系实现的。国家课程标准体系会对国家的每一个教育阶段的学科教学进行内容、难度、范围和方法等维度的规定，依据国家课程标准，所有的学科教学和评价就有了统一的内容、难度和范围，而教育选拔标准就是依据国家课程标准而制定的，整体是结构化和确定性的。这样就将全国同学龄的青少年学生置于一个共同的考试和考核标准中，

并且能够建立体系化的考试和考核标准，以进行公平的教育竞争。

在教育评价的方法上，注重考试，特别是书面考试，并且在考试中强调增加试题难度以体现选拔性。如果学生的考试成绩较高，依据古典主义的基本理解，这至少说明了学生本身在教育过程中更为勤奋，更为认真，同时超验能力强，当然就是更为优秀的学生。

这个教育标准的逻辑确实有其智慧性，因为学生要考试成绩好，必须满足几个基本条件。

一是学生的智力水平相对较高。智力包括理解能力，运用能力和记忆能力等。如果智力水平不佳，在中国的超验主义的试卷考试下，肯定是难以取得优秀成绩的。整体上看，考试成绩即学业成绩较高的学生，其智商水平不会差，这实际上也反证了这种教育标准的准确性。一个智商存在问题的人，很难通过中国的标准化考试取得优秀学业成绩。从教育筛选高智商人才的角度，这种教育标准的设置有其真理性。

二是学生学习态度必须端正，需要勤奋上进的学习品质。学习勤奋是中国学校教育中极为强调的品质，也是对学生的社会化的重要维度。不能奢望学习不勤奋的人会在未来的社会生活中敬业，因为学习勤奋和敬业都是需要克服痛苦的。这种意志力的培养本身也是教育需要培养的。所以通过教育竞争，淘汰意志力不够坚强的社会个体，这也是中国基础教育标准的实践智慧。

三是学生需要具备明显的超验性天赋。因为中国考试有非常复杂的题型，并要求学生具有相应考试技巧，以及必要的知识扩展运用能力。这些都不是教师教学能够全面覆盖的。在最终的教育竞争中，学生还必须利用自己的天赋进行竞争。教育需要选拔出具有天赋的人，并让他们通过教育最终服务社会，这是自孔子开始的中国教育的基本社会假设的重要构成。相对来看，中国教育从来不仅仅是学生个体和学生家庭的事情，还是事关国家发展和民族繁荣的国之大器。

同时，对学生学业成绩的普遍检测，也是对学校管理维度的能力检测。一个学校要实现学生的成绩普遍优秀，必须做到教师教学水平优秀，同时还要保障学校校长的教育管理能力优秀，这两点都是优秀学校的基本特征。如果学校的教育管理水平不佳，学生的教学管理和班级管理存在严重问题，学生的成绩不可能普遍优秀。所以，对学生的成绩检测，也是对教师和学校的检测。这就是中国教育评价重视学业考试的基本逻辑。

在教育评价的结构上，依据青少年学生发展的基本阶段，中国中小学分为三个主要学段：小学、初中和高中。中国中小学的主要学制是六三三，也有极少部分地区实施的是五四三。六三三指的是小学 6 年，初中 3 年，高中 3 年，这是中国绝大部分地区的学制设置。五四三指的是小学 5 年，初中 4 年，高中 3 年,这种学制的地方相对较少。学制设定的主要依据是学生身心发展的普遍规律，小学主要是青少年的少年期，即 6 岁到 12、13 岁左右。初中阶段主要是青少年的青春期前期，即 12、13 岁到 15 岁左右，高中阶段主要是青少年的青春期中期，即 15 岁左右到 18、19 岁。

三个阶段决定了教育评价主要分为小升初、中考、高考三个结构。小升初目前基本趋于水平测试，即初中属于义务教育，主要采取划片招生，就近入学，所以小升初基本上不影响学生的就学选择。中考是学生的初中毕业考试，目前是学生发展中一次剧烈的竞争。因为高中不是义务教育，采取选拔招生，所以必须依据分数而确定就读学校。这是学生人生中面临的第一次残酷的教育竞争。

高考则是中国学生人生中的教育大考，决定了学生教育的最后一个也可能是最重要的阶段：就读大学的归属。所以高考在中国具有特殊的地位。实际上高考是中国中小学阶段大范围选拔的最重要的和最后的教育竞争，并且关系到每一个家庭，同时决定了学生就读的大学的类型，而就读的专业，实际上也很大程度上决定了学生的人生命运的方向。从这个角度上看，中国中小学教育是受到大学一定的控制的。① 大学主要是通过考试体系、考试标准和录取体系，维持着对中学教育的控制。当然，相对于政府和教育行政部门，大学对中小学教育教学的控制是一种招生领域的静默控制，同时还通过知识霸权和标准体系进行强化。

在考试的结构上还体现了学科的结构，小学期间主要是语文和数学，初中则是语文、数学、外语、物理、化学、政治、历史、地理、生物、音乐、美术、体育等学科，高中的科目与初中几乎一致。但一般而言，中国高中阶段普遍会将学生划分为文科生和理科生两种，学生除了选择公共的语文、数学、外语等学科之外，只需要选择相应的文理归属学科即可。

二、中国教育评价机制的内在逻辑

中国教育评价机制事实上也如同中国学习范式的古典主义取向一样，不追求复杂性，而力求简单、简捷和明晰，所以教育评价相对来看非常具有结构化，并且全国统一。在评价内容维度上，体现了结构性和规范性，并依据国家课程

① [英] B. 霍尔姆斯、M. 麦克莱恩著，张文军译：《比较课程论》，教育科学出版社 2001 年版，第 56 页。

标准实现了统一性和确定性，一个地域的学生个体可以无缝衔接地接受其他地域的学校教育，这一点也是中国社会力求统一化和规范化的逻辑结果。

同时，中国教育评价还注重阶段性和稳定性。阶段性分为了小升初、中考和高考三次正规考试，一方面有利于学校教育检视自己的教育教学水平，同时也有利于学生对自己的学习发展状况的科学评价和有效反馈。如果没有这些考试，学生也难以了解自己的真实学习水平，所以"以考促学"就是中国教育评价的一个重要逻辑。另外一个教育评价的重要逻辑是"以考促教"，是依据学生的考试成绩，评估学校的办学质量和教师的教学水平，从而促进教学反思和教学改革，这也是一个重要的构成逻辑。

当然，中国教育评价机制的最重要的价值取向是竞争和公平。竞争指的是中国社会希望通过教育评价力求选拔出最佳人才，让其进入最好大学学习，最终服务社会，这个逻辑如同中国古代的科举制度一样。公平取向是中国教育评价的重要指向。中国古代就有重要的历史智慧："不患寡而患不均，不患贫而患不安。"[①] 而教育作为社会竞争极为重要的构成，并涉及社会所有阶层和所有家庭，所以教育竞争的矛盾巨大，必须力求公平。在教育的整体设置上，宁愿允许其可能存在一定其他问题，也绝不允许教育公平价值出现问题。因为教育竞争在任何一个社会中，都是社会阶层流动的重要渠道，是社会较低阶层的社会层级上升的重要希望所在。所以教育公平是中国教育的重要价值取向，也是中国社会主义教育的重要特征，否则就可能导致中国社会中的巨大社会矛盾。从这个角度上看，中国的教育评价机制不只是教育科学上的逻辑，还有着社会治理维度的逻辑。

第四节　个体发展基本路径及其内在逻辑

教育最终都是对社会个体的教育，个体发展路径的设置对于学校教育教学是一个非常重要的基本结构。从整体上看，中国基础教育中个体发展路径有独特的结构和内在逻辑。

一、中国基础教育个体的发展基本路径

首先，在心理层面，个体心理是从依靠到独立。这是心理层面的个体发展基本路径。中国中小学教育中，可以明显地感受出学生对教师的依靠心理，这

① 孔子：《论语》，《季氏》章，山西古籍出版社 1999 年版，第 179 页。

也符合学生的个体发展心理基本规律。学生在没有获得足够强大的知识结构和能力结构，并且在身体和心理都不成熟的情况下，对教师的依赖是必要的。而到了初中阶段，随着青春期的开始，青少年逐步开始追求个体的独立，最终到高中毕业时，大部分学生已经基本独立了。中国基础教育认为学生从依赖到独立是一个过程，不用焦虑，也不用过度的外在力量加快其独立的速度，让其自然发展就好。基于这个逻辑，中国教师在小学和初中阶段，相对来说，对学生管理较为细致，几乎无微不至，到高中阶段后，会减少很多具体干涉，目的也是为了适应学生个体逐步成长和追求独立的特点。

其次，个体经验从学习到自我调适，这是在经验维度个体发展的基本路径。在中小学教学中，绝大部分教学内容都是间接经验，是教师将人类社会中知识领域的经验和自己的个人经验传授给学生的过程。中国基础教育认为，学生最初学习间接经验，是个体走向成熟的必经之路，学习了外在的间接经验之后，会逐步建立个体对世界的基本认识。在这个基础上，个体就能够逐步实现对外在间接经验的自我调适，从而实现经验的筛选、改造和再建构。中国基础教育并不是不认同个体直接经验的重要性，而是认为间接经验是学校教学的主体。

再次，个体知识体系从复制到自我建构，这是在知识维度的个体发展基本路径。学校教学本身是建立在已有知识体系基础之上的，这决定了教育教学本身的最基本模式就是复制，通过教师和教科书，以及学校环境，学生将人类已有的知识体系复制到自己身上。这是教育的基本构成，所以复制型的教育本身并不违背教育规律。中国基础教育认为学生只有在这种必要的复制的基础上，才能逐步通过自我努力建构自己的知识和能力体系，最终实现个体的整体素质的提升。中国基础教育并不是不重视个体知识和能力的自我建构，只是认为这种自我建构不用操之过急，而应该建立在一定的知识和能力的基础之上。虽然中国基础教育非常注重教师的传授，但也不可以把中国基础教育的教学认定为是机械和无意义的。奥苏伯尔认为，不能认为接受学习必然是机械的，发现学习必然是有意义的，这种划分是毫无根据的。在他看来，无论是接受学习还是发现学习，都有可能是机械的，也都有可能是有意义的。“接受学习和发现学习这两者都既可能是机械的，也可能是有意义的，这要看学习时所处的条件而定。”①如果教师的讲授教学得法，并不一定会导致学生的机械接受学习；同样，发现

① [美] 奥苏伯尔著，余星南等译：《教育心理学——认知观点》，人民教育出版社1994年版，第29页。

学习也并不一定是保证学生有意义学习的灵丹妙药。[1]这也是中国基础教育非常重视基础知识和基本能力的逻辑所在。

又次，个体社会地位的平等到依靠教育竞争之后而产生发展差异，这是个体社会地位发展的个体发展基本路径。再理想化的社会模型中，也不可能实现所有社会个体的完全平等。即使是在西方的天堂中，也只存在唯一的上帝，不可能人人都当上帝。“乌托邦式的平等已被生物学判了死刑，立场温和的哲学家所能指望的最佳状态，是法律和教育机会的大致平等。”[2]所以基础教育必须正视个体社会地位可能的不平等。中国基础教育在学生的社会地位上，强制性追求起点平等，所有学生都实行同样的教育。但在这种同样的教育中，因为个体的道德素养、意志品质、智商情商等因素，最终会逐步形成差距，这种差距会转化为学业成绩的差距。然后通过高考，进入不同的大学，实现了学生个体之间通过学业成绩的和平竞争，并最终形成未来社会地位的竞争。这就是中国基础教育的个体竞争的基本逻辑，强调摒弃学生家长的地位、财富等等因素的影响，竞争主要取决于学生的学业成绩。这样既能够实现公平竞争，同时也能够为社会选拔出个体素质更高的优秀人才，还能够确保教育能够给每一个孩子带来梦想。

最后，卓越个体发展从确定性到不确定性，这是学生个体发展目标指向的个体发展基本路径。中国基础教育中，越低的年级，对卓越个体的确定性越强，而到了越高的年级，对于卓越个体的确定性越弱，最终呈现出的是个体向卓越发展中的不确定性的增长。在小学阶段，课程很少，对智商的要求不算很高，优秀的学生个体大都听话、认真、严谨，能够取得较高的学业成绩。但到了初中和高中阶段，科目众多，逐步体现出学生天赋的差异，在初中和高中阶段，认真、听话、严谨还不一定能够实现学业成绩的优秀。而学生之间的相互交往会逐步增多，中国的初中和高中大多是寄宿制，学生的社交能力和情商的维度逐步变得重要，这一切都决定了卓越学生的复杂性。高中之后，到了大学，学业成绩也变成了并不是唯一重要的因素，而个体的创新能力、意志能力和方向感可能更为重要，对卓越个体的定义就更为复杂。这种从确定性到不确定性的路径，能够减少青少年在心理和身体不成熟时期的困惑，最终演变成一种综合素质的竞争，那也是未来的社会生活中的竞争模式。

---

① 邢红军：《再论中国基础教育课程改革：方向迷失的危险之旅》，《教育科学研究》2011年第10期。

② [美]威尔·杜兰特、阿里尔·杜兰特著，倪玉平、张闶译：《历史的教训》，中国方正出版社2015年版，第22页。

二、中国基础教育个体发展路径的内在逻辑

中国基础教育个体发展路径具有自己的内在逻辑，主要如下：

首先，学生的个体发展路径是学生在安全感之后的控制感建构。中国基础教育阶段，非常注重教师对学生个体的安全感的建立和保护，在学校的学习和生活中，教师一定程度上也是学生的监护人。教师在心理上需要疏解学生的紧张感，在安全上需要保护学生不受伤害和暴力威胁，在学习上，要帮助学生快速成长。这种安全感建立之后，才逐步转移到尊重学生的控制感的培养。这种控制感指的是学生对自己的生活、学习和人生的方向感和协调能力的信心。同时，这种控制感本身也是对学生的自我建构能力的提升。当然，这种控制感也是学生自我探索的结果，是学生逐渐从对教师和父母的听话之后，逐渐形成自我感，最终建立对自己人生道路和发展路径的选择的控制感。

其次，学生的个体发展路径也是遵循的认知主义范式之后的建构主义范式。学生在较低年级和较低学段，确实是明显的认知主义范式，当然这也是教育的基本规律。社会个体在幼儿和儿童阶段，模仿能力非常强大，也是一种主要的学习范式。具体表现为在教育教学中：教师教学，学生学习；教师示范，学生模仿；教师指导，学生接受。在较低学段，中国学校教学在知识观上是客观主义的，强调知识是现实世界中真实存在的，教学的目标是让学习者的结构与世界结构相匹配。[①] 但到了较高学段，则逐步演化为建构主义范式。在初中和高中阶段，学校教育会逐步强调学生对知识体系的再建构，注重对学生自己能力和天赋的发掘和发展，强调对学生行为范式和个体思维范式的重新建构。教师在教学中会注重学习对于学生知识和意义的主动建构，强调实践经验，注重课堂上的交流互动，这是一种明显的建构主义范式的发展。[②] 认知主义强调对学生个体的行为规范和基本知识的养成，而建构主义则注重对学生个体思维范式的培养和个体个性的建构，两者共同实现个体发展的健康性和安全性的培养。在学生的低年级和低学段，中国基础教育注重认知主义范式的教学，主要培养学生基本的知识和能力，以及实施必要的基本社会化，包括基本的道德伦理灌输。这样确保学生在基本层面的健康度，之后则逐步进入建构主义范式，以培养学生的个性和独立性，并发挥其天赋。

---

① [美] Peggy A. Ertmer，Timothy J. Newby：《行为主义、认知主义和建构主义（下）——从教学设计的视角比较其关键特征》，《电化教育研究》2004 年第 4 期。

② 郑太年：《知识观·学习观·教学观——建构主义教育思想的三个层面》，《全球教育展望》2006 年第 5 期。

再次，学生的个体发展路径从注重间接经验的防微杜渐到直接经验的必要建构。中国基础教育中，教师需要教授给学生必要的防微杜渐的间接经验，在每一个具体的人生阶段，学生可能会出现问题或者危险时，教师都应该提前进行针对性的教育。虽然这种防微杜渐的间接经验的传授并不一定能够完全防止学生问题的发生，并且可能招致学生的反感，但在具体实践中确实一定程度上可以降低其危险性。不过这种过多的间接经验的传授，也导致学生很多时候讨厌教师婆婆妈妈般的无微不至。在这之后，教师会逐步尊重学生的直接经验的建构，会留给学生必要的自由空间去探索。这种间接经验到直接经验的逻辑，蕴含了中国社会对青少年保护的良苦用心。这也算是中国社会注重慎之于始、防微杜渐的社会哲学在教育领域中的投射。

最后，学生的个体发展路径强调由确定性到不确定性的展开。学生在较低学段，竞争都是单一的，主要限于学业成绩。特别是在小学阶段，学生的竞争强度很低，主要局限于一些基础知识和基本能力，在音乐、体育、美术以及其他的艺术类的竞争，基本都是点到为止，让学生涉猎而不是专业培养，这样有助于学生发展的全面性,但同时也不压制学生的学习兴趣。逐步到了较高的学段，特别是高中阶段，学生的竞争开始呈现不确定性的一面，开始有了艺术、体育、科技创新、科技制作等其他领域的竞争。同时在高中阶段，学生也开始寻找自己的人生兴趣或者人生道路，具体呈现为对未来的大学专业的选择性报考。这种学生发展从单一的确定性到不确定性的多路径，体现了中国基础教育希望学生多角度发展自己天赋的一面，但因为竞争的不确定性，中国基础教育整体上表现出确定性与不确定性之间的混杂和协调。在这种确定性和不确定性之间，事实上也反映出中国知识观的客观性和主观性的一种综合。认知主义更强调知识的客观性，所以知识学习更多的应当是确定性的。而建构主义则更为关注知识的主观性，强调学习本身是以建构的方式产生的，认为即使知识具有真理性、客观性，学习者也是需要以建构的方式去理解，才能变成学生个体的知识。[①] 中国基础教育阶段，学生在知识维度的发展，是从确定性到不确定性的展开，同时也是知识客观性与主观性的结合。

---

① 郑太年：《知识观·学习观·教学观——建构主义教育思想的三个层面》，《全球教育展望》2006年第5期。

第五节　中国基础教育个体发展理论的优势与问题

客观地看，中国基础教育个体发展理论有着自己的优势，也有着内在缺陷。特别是中国基础教育中如何培养青少年的勇气和卓越精神，是未来中国基础教育需要努力的方向。

一、中国基础教育个体发展理论的基本优势

首先，个体建立在安全感基础之上的控制感，这是建立青少年学生良好的心理素质的重要保障。中国学校教育非常注重对青少年的心理伤害的预控。在小学阶段，强调班主任老师对学生全方位的保护。在初中阶段，则非常注重对青少年的青春期教育。在高中阶段，重点在于提升学生的学业成绩，因为这是涉及到学生一生的重要事情。中国学生的大学身份标签相对来说对其社会发展未来非常重要。学校努力保护和建立学生个体的安全感，之后才强调学生对自己的控制感的建构。这种安排能够有效减少学生的无助感，努力保护学生使其免受校园暴力的侵害。但目前中国教师的惩戒教育权力大幅降低，保护学生逐渐变成了教师和学校一项很难完成的任务。

其次，在重视知识体系的全面性之后重视直接经验，这是确保青少年良好的知识基础的重要设置。基于学校的教育教学的职能，中国基础教育极端重视知识体系的全面性，并认为这是确保国民素质的最重要的构成。中国教育一直强调基础教育的公共性，是几乎全部国民都要接受的教育，所以基础教育特别是义务教育阶段，强调知识体系的全面性，具有非常重要的作用。这种知识体系全面性的客观要求，一定程度上确实导致了学生的学业负担较重，但相对来看，这是对未来的国民素养的一种必要的培养。所以中国基础教育不只是注重教育的第一规律——注重学生的天赋，同时也注重教育的第二定律——强调教育要符合社会的发展要求。

再次，通过确定性的教育公平与不确定性的卓越取向，引导学生多维度发展优势。如果学校教育教学中一切确定，确实能够带来教学的高效率，但同时也严重削弱了学生的个体发展空间。如果一切皆不确定，表面上给学生带来了自由空间，但事实上在学生根本还不具备知识和经验基础之时，只会带来更大的教育混乱和教育的低效率。基于此教育逻辑，中国基础教育强调确定性和不确定性的结合。整体而言，中国基础教育在低年级阶段更强调确定性，到了高年级逐步开始非确定性的增长。所以不能误解中国基础教育不重视学生的自由，只是中国基础教育强调，这种自由必须局限在健康的自由限度之内。

最后，整体确保合格底线，这是中国基础教育的重要社会化理念。中国基础教育高度重视学业成绩，一个很重要的理念就是通过基础教育，实现国民整体素养的合格。所以合格一词在中国具有特殊的含义。如果学生能够实现绝大部分科目的合格，实际上这些科目中就包括了个体社会化的绝大部分内容。既包括语文、数学、外语等基础知识，也包括科学、艺术和历史等人文学科。所以学业成绩合格的意义就不仅是分数的意义了，而是表明学生至少已经具备了这些知识体系的基本素养，在认知维度是不存在问题的。对于社会建构来说，这已经非常优秀了。通过教育来建构健康的社会，这不只是中国基础教育的基本逻辑，也是全世界基础教育的基本指向。

二、中国基础教育个体发展理论的内在问题

首先，学生直接经验的相对欠缺，这是中国基础教育个体发展理论的内在缺陷。中国基础教育在保护学生的维度实际上有点过度，但这是社会压力所致。基于中国近年来严格的计划生育政策，独生子女给学校教育带来了巨大的压力。对于班级和学校来说，合格生率、优生率可能只是一个相对概念。但社会意义上的合格生率和优生率则非常重要，因为只要有一个失败学生，对于该学生家庭来说，就是百分之百的失败。学生构成中的高比例的独生子女的原因，加上中国一直缺乏社会保险的基本意识和处理惯例，导致学校中的学生安全压力极大。如学校的发生任何学生安全问题，在中国都是一件极为棘手的大事。中国家长基本不会依赖社会保险处理这种学生安全事件，而主要将责任推给学校，这导致学校的安全责任难以负担。所以中国学校教育中尽力减少一切可能的安全危险，使得学生过多地局限于教室和教科书，直接导致学生的直接经验的相对欠缺。这是一个非常严重的缺陷，但必须结合社会结构和社会意识进行改革，仅仅依靠学校教育自身改变是不现实的，必须要有法律体系和社会保障同步推进。

其次，在个体社会发展上，重视秩序但忽视背后的勇气与胆量，是社会性培养领域中的问题。中国学校教育教学中过度重视秩序，减少一切不确定因素，确保学生个体的健康发展。但这种过度秩序化的教育，实际上降低了学生的意志力，特别是学生的勇气培养维度上存在严重缺陷。个体身上有着比较严重的犬儒主义，缺乏胆量，不敢面对竞争和任何不确定的因素，这事实上对民族精神的培养存在严重负面作用。不确定性都需要学生自己做出决策，自己面对自己决策的后果，但中国学生经过长期的确定性的教育，已经不习惯于自己做决定和做选择。所以到了大学阶段，学生往往非常迷茫，不知道如何选择自己的人生道路。

最后，过度规范导致平庸，忽视对卓越的必要保护，是中国基础教育个体

发展路径上的重要缺陷。中国基础教育阶段，教育教学活动中都呈现出明显的控制化趋势，过度规范性，导致学生思维趋同，个体发展同质化，整体表现趋向平庸，缺乏对卓越的追求勇气。卓越既是一个目标，也是一种品质，但卓越不可能孕育于听话哲学的过度规范中。中国基础教育整体上看，充斥着听话哲学，同时有着明显的荣誉泛滥、过度表扬和惧怕竞争等严重问题，这些实质上鼓励了学生的平庸性，而压制了学生个性中对卓越的追求。中国基础教育中的一个基本假设就是成绩好的学生才是好学生，但是成绩好实际上也很大程度上反映了学生更为听话，更为习惯于在体系内温顺，所以实质上也加深了教育模式的单一，学生相对缺乏个性。① 正如怀特海所说，教育的目标应当是，既要塑造既有广泛的文化修养又在某个特殊方面有专业知识的人才，他们的专业知识可以给他们进步、腾飞的基础，而他们所具有的广泛的文化，使他们有哲学般深邃，又如艺术般高雅。② 对未来发展来看，中国基础教育的平庸哲学需要改变，这也需要中国整体社会哲学的转变。三国时期魏人李康所作《运命论》中有影响深远的名句："木秀于林，风必摧之；堆出于岸，流必湍之；行高于人，众必非之"。这对后世影响很大，但这种哲学本来就不是追求卓越的社会哲学。

三、个体发展理论的分歧与误解

中国基础教育个体发展理论不只是教育逻辑的结果，更重要的是受中国社会哲学的影响，所以导致个体发展理论与西方欧美国家的自由主义教育存在很大的差异。在今天西方自由主义具有一定强势地位的背景下，中国基础教育个体发展理论受到了很多的批判。事实上，中国基础教育个体发展理论与欧美自由主义教育的个体发展理论存在差异，但并不是存在问题。

自由主义教育中个体发展理论主要有两个理论基础：其一是注重学生自由发展；其二是强调学生的自由选择，注重学生的个人经验的建构，并认为外在灌输本身是不道德的。这两点都与中国基础教育个体发展理论存在很大差异。

中国个体发展理论强调教师的经验对于学生发展的重要性，所以对学生的发展注重防微杜渐，其目的在于减少学生发展中的危险性和不确定性，如果可能存在问题，教师就会对学生进行相应的经验教育和指导。中国个体发展理论同样尊重学生的自由选择，但并不把学生的自由选择视为神圣不可侵犯的权利。也即，

① 冉亚辉：《成绩好的学生才是好学生：审视基础教育的基本假设》，《当代教育与文化》2014 年第 2 期。
② ［英］怀特海著，庄莲平等译：《教育的目的》，文汇出版社 2012 年版，第 1 页。

在教师觉得必要的情况下，或者觉得学生可能出现问题的情况下，中国教师会适当压制学生的自由选择，而促使学生获得一个更为安全、更为合理的发展路径或者发展目标。在目的和过程之间，中国教育毫不犹豫地选择结果的正义性。而相对来看，西方自由主义在学生个体发展理论上，更为尊重教育过程的正义性。

同时，中国个体发展理论更为注重间接经验的教育教学，这与西方自由主义极为重视学生的直接经验存在一定的差异。中国学生主要是一种在教师指导下的发展，而在西方教育范式中，学生的自由发展则更为受到尊重。其背后的哲学在于，西方是一种自由主义的社会哲学，认为自由是社会首要价值观，不容侵犯。

相对来看，中国的社会哲学更倾向于社群主义，注重社会的主流价值观体系，强调德性论，注重教师的社会经验和知识经验，其目的在于减少学生成长中的代价。当然，中国教师也更有地位，与中国社会不一样的是：西方人并不相信教学工作“应该是我们最尊重的一种专业”。①

随着社会的发展，今天中国基础教育更加注重学生的直接经验的建构，同时教师的指导性逐步在降低，这也许是受西方自由主义教育的影响，同时也是学生个性发展的可能结果。但在中国基础教育的发展中，不能抛弃中国教育的历史智慧，因为减少学生在成长中的代价，在任何时候都是学校教育的必要内涵。只是需要注意的是，不能过度保护学生，因为如果学生不能建立必要的直接经验体系，在个人发展上仍然具有极大的危险性。社会永远都是社会，不是天堂，让学生过度接受过于单纯和没有一点危险的教育，最终可能导致学生严重缺乏免疫力，最终在社会生活中处处碰壁。这也不是教育想要的结果。

对于中国基础教育的个体发展理论来说，未来需要更为重视的是学生的天赋，这也是教育的基本定律之一。“没有谁能比柏拉图更好地表达这样一个事实：当社会中每个人都能按照他的自然禀赋做有益于别人的事情时（或对他所属的整体有贡献的事情），社会就能稳固地组织起来；教育的任务就在于发现一个人的禀赋，循序渐进地加以训练，应用于社会。”② 在未来中国基础教育发展中，需要更加尊重和珍惜学生的个人天赋。发展学生的天赋，既是教育的第一定律的基本要求，同时也是建构创新型社会的必然要求。中国社会未来的高质量发展，仍然植根于国民天赋的高质量发挥。

①［加］迈克尔·富兰著，宣苗等译：《变革的力量——透视教育改革》，教育科学出版社2004年版，第156页。

②［美］杜威著，王承绪译：《民主主义与教育》，人民教育出版社2001年版，第98页。

第四章　中国基础教育学习方法论

学习方法论指在中国基础教育阶段，学校教学中的教学方法体系以及该体系背后的学习方法倾向、基本假设和思维范式。中国基础教育学习方法论在学校教育中居于中心地位，涉及到教师教学方法论与学生学习方法论两个维度。学习方法论对教师教学方法的选择起决定性影响作用，同时对学生的学习方法的选择、判断等也起着基础性影响作用。学习方法论既影响教师的教学行为，也影响学生的学习行为，还影响社会对学校教育教学的基本判断和认识。

第一节　学习方法论的基本构成

学习在学校教育教学中居于中心地位，没有学习的存在，也就没有学校的存在。“学校”一词在汉语中的本意，即指学生学习的地方。中国基础教育是典型的以学习为中心的教育范式。在课堂教学模式上，中国基础教育既不是以教师为中心，也不是以学生为中心，而是以学习为中心。简而言之，在中国社会认识中，学校是一个读书学习的地方。学习方法论既包括具体的教师教学方法体系，也包括学生学习方法体系，还包括这种方法体系背后的思维、哲学和逻辑。

一、学习方法论的基本构成维度

具体而言，学习方法论主要分为两个维度：教师教学方法论，学生学习方法论。

教师教学方法论的构成是学校教育中的教师群体对教育基本假设的直接性的现实表现，既包括教师的具体教学方法，也包括教学方法思维，以及这种教学方法背后的价值倾向和哲学基础。教师教学方法论不只是教师共同体的基本假设和集体倾向，还通过其教学行为影响学生对教学和学习的基本判断，是学校教育教学中影响学生认知发展、行为取向和思维训练的重要因素。

学生的学习方法论对学生的个体发展而言，也许更为重要。因为学校教育的基本职能就是让学生掌握社会赋予给学校的知识、能力、价值观等目标，学习方法论基本决定了学生的具体学习模式，并直接影响学生可能达到的学业成就和高度。学生在学校中的具体学习模式，主要受学习方法论影响。

学生的学习方法论主要包括学生学习方法体系和方法体系背后的选择倾向、学习思维和学习哲学等。具体的学习方法体系对学生的学习存在直接影响力，但学习方法体系本身也是一个选择的结果，这种选择背后就是学生的学习哲学和学习思维。学生的学习哲学和学习思维并不完全是天赋式的存在，与学校的教育教学环境密切相关，并受教师的直接影响。但这种学习哲学和学习思维一旦产生，就将具有巨大影响力，不只是学生自己的选择哲学基础，还是判断教师教学行为的重要依据。一方面学习方法论会深刻影响学生的教育行为选择，同时也会构成学生对学校教育的理解，并对个体的未来发展产生重要影响力。从个体成长角度上看，学习方法论基本决定了学生是否具备终身学习的能力和品质，同时还预示着个体的自我发展能力和研究能力的潜质。

二、基本构成维度的内在关系

教师教学方法论与学生学习方法论都是中国基础教育学习方法论的基本构成，两者在逻辑上是一体两面。一体指的是教师教学方法论必须与学生学习方法论相协调和相互补充。协调指的是两者不能矛盾，不能冲突，因为两者都是在同一个教学范式中存在的。相互补充指的是教师教学方法论与学生学习方法论在教学过程中必须做到相互适应并弥补对方的可能缺陷，进而实现整体上的整合。

在教师教学方法论与学生学习方法论之间，教师教学方法论占据主导地位。因为学校本身的产生很大程度上是基于教师的存在，人类因为需要延续和继承上一代的智慧和经验，才产生学校这种社会机构。所以从这个角度上看，学校起源逻辑上有着教师教学方法论占据中心位置的结构。在中国教育范式中也是如此，中国基础教育中，教师对于教学质量起着重要作用，所以中国有句俗语即：名师出高徒。在中国的学校教育中，教师也基本占据教育教学的指导性的中心地位，这种中心地位不代表教师的主观强势，而是一种教育传统的延续，并且是出于提升教育效率的客观目的。教师的指导中心地位本身不是目的，而是服务于学生学习这个中心目标。

学生的学习方法论事实上扮演着较为激进的角色。因为在教育中，学生在学习过程中有着本能地对教师教学方法论的挑战与反叛，学生会基于自己的天赋或者个体特色，而在教学过程中力求改变教师的教学方法论而适应自己的发展。所以在教学中，学生即使不会明确反对，但也会通过其他渠道如建议、不配合教师、自己开辟捷径等方式，试图改变教师的教学方法论。当然，相对来看，教师教学方法论是更为保守的角色，因为教师一般不太愿意改变自己已经形成的教学模式和教学方法体系，相对来看教师实际上可能缺乏自我改变的动力。美国有句谚语“老狗不学艺”，也是这个道理，意指一个人到达一定年龄就开始保守，而不愿意重新学习和改变自己已有行事方式。所以教师教学方法论和学生学习方法论两者之间，学生学习方法论相对而言更显得有活力，有反叛动力，更多元。而相对来看，教师教学方法论则更成体系，更严谨，更固定，也更保守。

三、学习论主要流派

学习论本身是教育理论中一个非常重要的维度。自从 20 世纪开始提出学习理论，直到今天，人类的学习理论主要有三大流派：行为主义、认知主义和建构主义。

行为主义学习理论是最早的学习理论，其主要代表人物有著名心理学家桑代克、华生、斯金纳和巴甫洛夫等。行为主义认为学习是学习者在一定环境条件下的行为反应的形成和变化过程。行为主义认为，在特定的外界环境刺激之下，学习者会作出一定的行为反应，而行为的后果本身又会反过来塑造这种行为。所以，相对来看，行为主义在学习过程中，强调反复练习和复习的重要性，主张用外部的奖励与惩罚来控制学习过程。在具体的教育教学中，行为主义学习理论强调教师需要注意对教学环境的控制，以此控制和促进学习者对刺激的反应，尽可能在最大程度上强化学习者的合适行为。[①]

在具体的理论论点上，桑代克认为，学习是学生个体通过试误形成刺激与反应的联结，从而获得新经验的过程。巴甫洛夫与华生认为，学习是学生个体由于条件刺激与无条件刺激在一定的时空条件下发生结合，形成暂时联系，从而获得新经验的过程。斯金纳强调，学习是学生个体由于在某种情境中对于反应的结果得到强化而形成情境与行为的联系，从而获得新经验的过程。行为主义学习理论也称刺激—反应学习理论。[②]

认知主义学习理论认为学习是学习者通过复杂的内部心理加工或认知操作

① 屈林岩：《学习理论的发展与学习创新》，《高等教育研究》2008 年第 1 期。
② 屈林岩：《学习理论的发展与学习创新》，《高等教育研究》2008 年第 1 期。

活动从而形成或改变认知结构的过程。学习的实质是建立和发展学习者内在的认知结构，学习者头脑中发生的内部心理加工或认知操作活动是导致外显行为变化的原因。认知主义学习理论强调把握具体情境中事物之间的联系与关系，强调学习者积极思考和理解的作用，重视学习者学习动机、态度和思维能力的培养。认知主义学习理论在教育教学上，强调教师必须考虑学习者对自己以及学习环境的知觉，以让知识变得有意义。同时，教师还要根据学习者已有的心理认知结构，提供适当的问题情境，在解决问题的过程中掌握一般的原理，以便能把所学的知识用于解决新的问题。[①]

建构主义学习理论是认知主义学习理论的进一步发展，但不代表其更具真理性。建构主义提出了很多新的理论观点：学习是学习者建构知识的过程（而不是接受知识的过程）；学习者是在自己已有知识和经验基础上建构自己的知识；合作和协商有助于知识的建构等。[②]建构主义学习理论认为，学习是学习者对意义的主动建构过程，而不是简单的知识的被动传输。在建构主义理论中，学习本质上是个体知识的主动建构过程，是个体在与外部世界的相互作用过程中，以一定的社会文化为背景，在已有经验和知识的基础上，建构自己新的知识和理解的过程，同时也是知识的生长和意义的生成过程。所谓建构，就是学习者通过新旧知识经验之间的反复的、双向的相互作用，来形成和调整自己的经验结构。这种双向的相互作用具体表现为同化和顺应的统一。同化是指学习者将新信息吸收到原有的认知结构之中，以原有经验为背景去理解新信息，生成新的意义，将它们纳入到已有的结构之中。顺应指学习者需要依据新经验情境对原有经验本身做出某种调整和改造，原有的认知结构会受到它所同化的新元素的影响而发生相应改变。[③]同化体现了在学习过程中学生个体在知识发展上的连续性，而顺应则体现了学生个体对知识发展而做出的改造性。如果说认知主义将心灵看成是真实世界的一个参照物，那么建构主义者则认为心灵是一个过滤器，将来自于真实世界的输入过滤后形成自己独特的现实。[④]在具体的教学上，建构主义强调教育所关心的是尊重、激发和协助学生个体与外部世界相互作用的主动性和积极性，反对教师的外部灌输，主张学生个体主动地自我建构，

---

① 屈林岩：《学习理论的发展与学习创新》，《高等教育研究》2008 年第 1 期。

② 郑太年：《知识观・学习观・教学观——建构主义教育思想的三个层面》，《全球教育展望》2006 年第 5 期。

③ 屈林岩：《学习理论的发展与学习创新》，《高等教育研究》2008 年第 1 期。

④［美］Peggy A. Ertmer，Timothy J. Newby：《行为主义、认知主义和建构主义（下）——从教学设计的视角比较其关键特征》，《电化教育研究》2004 年第 4 期。

使知识与学生的主体意义世界统一起来。[①]

在行为主义学习理论中，教师是学习的关键性控制因素，行为主义学习理论主张教师应安排环境条件使得学习者能够对所呈现的刺激作出适当的反应。

在认知主义学习理论中，强调教育者应当使得知识更有意义，并帮助学习者组织新信息及将它们与记忆中原有知识联系起来。在具体的教学中，教师不能过于机械，而必须基于学习者现有的心理结构或图式，按照学习者能够将新信息同原有的知识以某种有意义的方式联系的思路来组织信息，所以经常会采取类比和隐喻等认知策略。[②]

在建构主义学习理论中，教师不再居于教学的关键性地位，而注重学生学习的自我建构，认为学习者的学习本质上是对知识的主动建构过程，所以教师相对而言，处于一种辅助或者协助的地位。

整体上看，中国基础教育学习方法论既没有行为主义那样的机械，也没有建构主义学习理论一般激进。相对而言，中国基础教育学习方法论更多的是一种实用主义的复杂学习策略，既有行为主义，也有认知主义，还有建构主义，而对具体的选择，则取决于教学的学科、教学的学生学段、学生已有的学习习惯等因素。

四、发现学习与接受学习

发现学习和接受学习是学习理论的两个著名的理论。发现学习的代表人物是布鲁纳，接受学习的代表人物是奥苏伯尔。

布鲁纳在《教学过程》中提出了发现教学法。他认为，在教学过程中，学习者是一个积极的探究者，而教师的重点是要创设一种学习者能够独立探究的情境，而不是提供现成的知识体系。学习者的学习主要目的不是要复制和记忆教师所讲授的知识或者教科书上的内容，而是要参与建立该学科知识体系的过程。

奥苏伯尔的接受学习则与此有很大差异，认为学习者的学习是有意义的接受学习，学习内容应当大部分都是现成、已有定论的科学基础知识，而教学就是教师或教科书将已有的知识呈现给学生，有意义的学习过程主要是新旧知识的同化，最终在学习者头脑中形成新的认知结构。[③]

---

① 张金梅：《什么知识最有价值？——当代中国幼儿教育主流知识观的嬗变》，《南京师大学报》（社会科学版）2002 年第 3 期。

② [美] Peggy A. Ertmer，Timothy J. Newby：《行为主义、认知主义和建构主义（下）——从教学设计的视角比较其关键特征》，《电化教育研究》2004 年第 4 期。

③ 郭向宁：《基于“接受学习理论”指导教学意义探析》，《陕西师范大学学报》（哲学社会科学版）2011 年第 3 期。

相对接受学习而言，发现学习更为激进，但发现学习并不是更具真理的一方。接受学习也并非概念语义上的简单和机械。奥苏伯尔把学习者的学习分为机械学习和意义学习两类。他认为学习者在学习上主要是意义学习，在学校的学科教学中，主要是接受型的学习，而不是发现学习。“发现学习法几乎不可能成为一种高效的传授学科内容的基本方法。”[①] 在学校教学中，教师需要把知识体系用语言材料呈现给学生，所以学习的实质是通过学生对新知识的接受和理解，使学生原有的认知结构发生重组和扩展的过程。[②] 在这一过程中，教师扮演着一个非常重要的角色——“先行组织者”。教师的先行组织者的角色要求教师呈现具有逻辑意义的学习材料，提供并担当引导新旧知识间的沟通桥梁。学生在教师引导下，主动寻找新旧知识间适合的同化点，并将新知识纳入（接受或同化）到已有的认知结构中。“在意义学习的过程中，学生必须把组成要素同他或她的特定的认知结构联系起来。”[③]

“发现学习理论”与“接受学习理论”两者本质上并不矛盾，都是为了使学生形成新的认知结构，所以实质上是殊途同归的两种理论。在具体的课堂教学中，教师大多会采取两种教学理论，只是在具体的情景中和选择比例上有所差异。

“依照基础教育的基本规律，教师理应是知识的传授者，课堂教学理应以教师讲授为主，学生理应以接受学习为主。”[④] 相对发现学习而言，接受学习更能发挥学校教学的效率，有利于知识的传承，能够发挥教师的经验和智慧，能够快速引导学生学习并掌握已有的知识体系，同时也能发挥教师的主动性。简言之，接受学习既注重过程，强调有意义的学习，同时也具有较高的学习效率，相对来看，中国学习方法论整体上在发现学习和接受学习之间更接近接受学习。

第二节 中国基础教育学习方法论的主要构成

中国基础教育学习方法论主要由教师教学方法论和学生学习方法论两部分构成。但在具体的构成维度上，还有学习思维、学习方法、学习逻辑等构成。

---

① [美] 奥苏伯尔著，余星南等译：《教育心理学——认知观点》，人民教育出版社 1994 年版，第 28 页。

② 郭向宁：《基于“接受学习理论”指导教学意义探析》，《陕西师范大学学报》（哲学社会科学版）2011 年第 3 期。

③ [美] 奥苏伯尔著，余星南等译：《教育心理学——认知观点》，人民教育出版社 1994 年版，第 57 页。

④ 邢红军：《再论中国基础教育课程改革：方向迷失的危险之旅》，《教育科学研究》2011 年第 10 期。

一、中国基础教育学习方法论的主要构成

在教师教学方法论维度，教师的教学思维上是结构化教学，目的是提升教学的效率和严谨度。在教学方法上，是实用主义取向，目的在于提升学生的教育竞争力。在基础教育中，每一种学科都有该学科的教学方法体系，这种方法体系本身就是实用主义和经验主义的结果。在教学逻辑上，是追求有固定标准的教学模式，相对排斥不确定性。

在学生学习方法论维度，学生的学习思维是体系化学习，强调快速高效掌握知识体系；在学习方法上，强调学科特色而采取相对固定的已有的学习经验；在学习逻辑上，追求的是标准化模式，而相对排斥不确定性的探索模式。

二、中国基础教育教师教学方法论的主要构成

在教师教学方法论中，结构化教学的教学思维是中国基础教育的基本特征。中国的中小学教学几乎都是采取结构化教学模式，不只是教学内容上是结构化模式，在教学过程中是结构化模式，在教学评价上也是结构化模式。在教学内容上，中国基础教育强调学科性，所以不同学科的中小学整体上是一个标准的体系，也即学科中心的教科书体系。在教学过程中，中国中小学教学中大体都是这种结构：课堂引入，新授教学内容，反馈讨论，最后是巩固练习和课堂作业。在教学评价上，中国主要采取考试或者考核，但不管是考试还是考核，都强调考核内容本身的结构化，还要求难度上也必须结构化。这种结构化的教学从整体上有着严谨和效率的基本特征，结构化强调重点突出，难点突破，注重基础性和全面性。所以这种教学结构化会有效提升中国基础教育的学业水平和教学的有效性。当然，这种结构化本身也有着机械的一面，导致中国基础教育相对来看比较规整，但缺乏自由度和多元性。

在教学方法上，中国教师教学方法论充分体现了实用主义的哲学，不同的学科和不同的课堂，中国教师都会归纳出一套成体系的实用方法。中国教师在教学法上相对具有专业权威。“教师在决定教什么和怎样教方面的权力一直未受到过实质性的挑战。”[①] 所以中国教师在教学法上的探索是丰富的。如语文课，教师在上诗歌课时可能主要就是赏析、背诵和抄写，目的是让学生掌握诗歌的意境和艺术性。如数学课，教师可能会花大量时间讲解经典题，并进行大量的课堂练习。也即，整体上看，中国中小学教学整体上并非讲授法占绝对优势地位，

① [英] B. 霍尔姆斯、M. 麦克莱恩著，张文军译：《比较课程论》，教育科学出版社 2001 年版，第 1 页。

各种学科都有着自己的实用的方法体系，这种方法体系本身就是实用主义和经验主义的结果。这种实用主义的经验积累，还通过中国基础教育中的教研组制度得以放大和扩展。教研组指的是中国基础教育学校中，教同一门学科的教师会被归入一个教研组中，如语文教研组、数学教研组、英语教研组、艺术教研组、物理教研组等。中国的学校校长和主任们都会承担一定的课程，所以也是教研组的成员，“教研组织伴随着中小学教师职业生涯的始终”。[①] 在教研组内部，会经常开展公开课、观摩课、集体备课、集体教研会等教研活动，教师们相互学习和借鉴。当然，在这种教研组的体系下，教师们的相互学习会很深入，教师集体教学范式会逐步呈现出高度的同质性。

在中国教师的教学逻辑上，中国教师基于不同的学科会追求有相对固定标准的教学模式。这种模式一方面是该学科的教学共识，也是该学科的教师群体组织集体探索的结果。一定程度上说，中国教师和中国教学都比较排斥教学中的不确定性。因为不确定性对于中小学生来说，可能有点难以理解。中国教师也觉得不确定性很容易导致学生知识偏差或者理解错误，所以趋向于提供标准答案或者参考答案。虽然在教育学术界中，很多学者非常反对标准答案，但教育本身就是一个标准，教科书也是一个标准，课程也是一个标准，所以标准答案本身在教育中的存在并不是错误。至少标准答案能够给学生带来必要的知识指南或者学习方向，也能够让学生逐渐认识和辨别真理和错误。在学生心智还不够成熟时，这种知识领域的是非标准还是很重要的。只是在标准答案之外，应当允许学生有着自己的理解，这一点目前也已经成为中国教师的基本共识。在中国基础教育改革中，标准答案在学校教育中的正确性已经受到质疑，但基于中国基础教育本身的严谨性，中国教学中仍然力求具有必要的标准答案，只是这种标准答案可能是以其他形式表现出来的而已。

三、中国基础教育学生学习方法论的主要构成

中国基础教育中学生学习方法论在学习思维上力求体系化学习。在学生学习方法论维度，中国基础教育有着自己的特色。因为在中国基础教育阶段，学生教育竞争压力巨大，所以能否全面、快速掌握知识体系就是一个很重要的目标。基于此，在中国基础教育中的学生学习方法论维度，学生的学习思维是体系化学习，力求快速高效地掌握知识体系。一定程度上看，中国学生学习知识是一种典型的囫囵吞枣式的学习，也是一种主体为复制性的学习。即使学习不够深入，

① 从立新：《中国基础教育三级教研组织研究》，《教育科学研究》2011年第9期。

掌握也不够准确，但仍然力求掌握越多越好。这一点也是因为中国的教育评价方式所致，不强调艰深，不追求知识的探究性，而更主要的要求是知识体系的全面性。即使在学业考试试卷中，也是呈现出结构化的特点，普通难度的题占据绝大部分，既然如此，囫囵吞枣的学习也至少能够得到较高的分数。所以从学习思维角度，中国基础教育实际上并不大力支持学生的自主探索，不强求知识深度，而是追求知识的全面性，即广度。这也是学生的学习思维的选择逻辑。

在学习方法上，学习方法论强调学科特色和经验主义。具体在学生的学习方法上，中国基础教育强调学科特色，几乎每一个学科都会有该学科的学习秘诀。而学生正是如此听从教师或者同学的建议，并结合自己的实际情况和已有经验，最终采取相对固定的学习方法。例如语文强调阅读和写作，学生要多学习范文，然后练习写作。数学则是强调习题练习，多做题，教师会讲解大量经典题型，学生也会进行大量的习题练习，最终强调所有题型都做过，并都有相关解题经验。这种学科化的学习经验体系，是中国基础教育中一个非常重要的存在。因为在中国的中小学教育竞争中，仅仅掌握教科书中的基本知识，是远远不够的，还需要大量的课外练习和课外扩展，而这就取决于教师的水平和学生的智慧。一定程度上看，这一点也是学生的自我探索，如果学生能够探索出一套适合自己的学习方法体系，毫无疑问学生成绩会大幅提升，并且能够增加自己的教育竞争能力，当然也会提升教育成功的机会。所以，中国学生成绩好，一定有其原因，或者记忆力好，或者学习方法好，这些对于学生的未来社会发展，也都具有相当的正面意义。

在中国基础教育的学生的学习逻辑上，追求的是标准化模式。相对而言，学生大都相对排斥不确定性的探索模式。中国学生习惯于听取教师明确的建议，而不是模棱两可需要自己选择的答案。同时，中国的课程设计事实上也趋向于采取标准化模式。所有课程设计者都面临这样的困境：既要考虑为所有青年开设的普通教育课程所必须包含的共同要素，给予他们作为人权的自由选择权；又要考虑维持大学学业准备所要求的必要的学业标准。[①] 对中国基础教育而言，既有着义务教育普及维度的考虑，同时也有着大学学业准备的考虑，所以采取标准化模式，是有着其实践理性的。

因为中小学教学内容确定，评价方式确定，教育目标也确定，具体表现就是指向高考，所以中国学生也就习惯于确定。整体上看，这也导致了中国学生

① [英] B. 霍尔姆斯、M. 麦克莱恩著，张文军译：《比较课程论》，教育科学出版社 2001 年版，第 114 页。

面对不确定时，有着本能的恐慌，这一点特别明显表现于刚上大学读书的学生，学生总是力求知道大学何种目标最重要，何种课程最重要，大学发展路径哪种最标准。但问题是，这些实际上都没有答案。所以中国的高中生进入大学，大都有一段非常麻烦的彷徨期，不知道向何处去，怎样自我发展。这种标准化的模式，也与中国社会相关，中国社会主流价值观明确，成功的人生也具有一定的固定范式，所以反映到教育中，同样追求固定化的确定性模式。

四、方法论构成之间的内在逻辑关系

在教师教学方法论与学生学习方法论之间，存在内在的协调和相互适应的逻辑关系。因为教师的结构化教学思维，所以学生自然是采取的体系化学习。因为教师教学范式中在方法上强调实用主义，所以学生也能够总结和归纳出该学科的学习经验体系。因为教师教学追求标准答案，所以学生也习惯于这种确定性，而较为排斥不确定性。

两者之间，教师的引导作用更为明显，学生的学习方法论具有一定的个体性，但对于学校教育的整体影响来说，教师起着相当大的作用。所以中国社会对名师出高徒非常迷信，这也是中国重点学校被社会高度追捧的根本原因。所以整体上看，中国基础教育学习方法论体现出了几个重要特色：结构化、实用主义和追求确定性。

在教师教学方法论中，结构化教学的教学思维是中国基础教育的基本特征。结构化既是中国教学方法的基本思维方式，也是具体教学实践的呈现方式。其目的在于能够给学生呈现清晰明确的知识结构和教学要求，有利于学生结构化内化教学内容，实现教学的高效率。我国中小学教科书的突出特点是具有明显的结构性特征。在教学中，主要是引导学生去理解和掌握这种学习结构。在具体的教科书中，学习内容中的基本原理、特有规律，都是通过纲举目张的课程编排方式呈现到学生面前。[①] 所以中国不管是从课程维度，还是教学维度，都是结构化思维。

在教学方法上，中国教师教学方法论充分体现了实用主义的哲学，教研组一般是中国教师相互观摩学习的重点机构，一般在一学年里都会安排集体公开课，教师相互学习教育教学经验。在基础教育阶段，中国所有的教师都处于教研组中。[②] 教研组是学校层面的基层教研机构，中国还有着区县教研室和省级教

---

① 阚维：《中国基础教育课堂教学实践的独特优势何在？》，《人民教育》2017 年第 2 期。
② 丛立新：《中国基础教育三级教研组织研究》，《教育科学研究》2011 年第 9 期。

研机构，形成三级教研组织。所以同一所学校，教师们会形成一种具有明显的共同特征的教学范式。这种教学范式毫无疑问是集体智慧的结晶，一般都具有明显的经验主义，并契合当地学生的学习习惯和学习基础。在中国教师的教学逻辑上，中国教师基于不同的学科会追求有相对固定标准的教学模式。这种模式是该学科的教学共识，也是该学科的教师群体集体智慧。

在学生学习方法论维度，中国基础教育有着自己的特色。因为在中国基础教育中，学生教育竞争压力巨大，所以能否全面、快速掌握知识体系就是首要目标。基于此，在中国基础教育中的学生学习方法论维度，学生的学习思维是体系化学习，力求快速高效掌握知识体系。

中国的学校教学模式是典型的学习中心。学习中心既不是教师中心，也不是学生中心，而是学习中心，即学校教学一切服务于和服从于学生学习。

具体表现在学生的学习方法上，中国基础教育强调学科特色，几乎每一个学科都会有该学科的学习秘诀。而学生正是如此听从教师或者同学的建议，并结合自己的实际情况和已有经验，最终采取相对固定的学习方法。例如语文强调阅读和写作，数学注重习题练习。

相对而言，中国教师和学生大都比较排斥不确定性的探索模式。这种探索模式的最大困惑在于其不确定性，而中国的教学强调的是确定的知识内容、确定的知识边界、确定的知识标准，如果突然加入不确定性，教师和学生都有点不知所措。因为中国教育竞争主要通过考试进行，而考试中绝大部分都是确定性的知识，这也是中国教育思维上的确定性的重要支撑因素。

结构化是中国基础教育学习方法论的思维逻辑，实用主义是中国基础教育学习方法论的哲学逻辑，追求确定性则是中国基础教育的价值判断逻辑。三者共同构成为中国基础教育学习方法论的基石，在教师教学和学生学习中，支撑着中国基础教育对教学和学习的基本判断。

第三节 学习方法论对中国基础教育的影响

学习方法论对教师和学生的影响都很大，同时还因为教学范式本身的惯性，导致一所学校、一个地区的学习方法论会呈现出明显的同质性。不管是教师教学方法论，还是学生的学习方法论，都明显表现出共同趋向。

一、教育特色与学习方法论

任何一个国家的基础教育都必须选择自己的学习方法论，最终形成该国基本固定的教育教学特色。基础教育因为涉及面极广，并且需要照顾智商差异很大的所有学生群体，所以确定性应该是基础教育学习方法论的一个重要需要。其缘由在于，基础教育本身具有极强的确定性，必须学习基础知识和基本技能，如数学中的数学基本运算能力和初等数学知识，语文中的基本字词句和基本的作文能力，这些基础知识都是不因为国别差异而必然存在的重要知识。这些基础知识和基本能力本身是确定的，所以对这种基础知识和基本能力的教育必须具有一定的确定性，至少要形成该国国内能够基本达成共识的教学方法体系，这种教学体系不一定在理论上呈现，但必定在现实中会呈现出明显的共同特征。

但基于不同国家社会和民族文化的差异，所以不同基础教育范式在学习方法论上会呈现出不同的特色。不同的学习方法论会形成不同的学校教学文化，而学校教学文化又会逐步形成教育传统，最终在教育历史的纵向上彰显影响力。

基础教育阶段学生存在发展上的共同特征，小学和初中、初中和高中之间都存在明显的教学差异，因为学生发育和心理发展的群体性年龄特征，学生之间也形成不同的交往文化。加上教师本身的教学范式的相互学习和相互影响，最终能够形成一定的教学文化。这种共同性的教学文化特征的优点在于能够在具体的基础教育领域的教师群体中形成基本共识，构建基本的教育教学文化，在具体的学校教育中形成教育合力，并演变成具体的学校教学模式。在这种教学模式中，所有教师都清楚自己教育教学方法的选择缘由，并相互弥补，最终能够形成比较稳定的教学共同体和教育教学哲学传统。

在中小学阶段，不同的学校之间，一般都存在教学文化和教学风格的差异，而在同一所学校内部，则有着明显的趋同性。这一点既是教师相互之间学习和相互影响的结果，还可能与该校的社区文化和学生群体特征存在关联。当然，同一所学校内部，纵向上的学生的相互影响作用也不可忽视。这指的是高年级学生对低年级的学生的直接影响，因为基础教育阶段，学生之间的家庭大多都在同一社区，相互影响很大。

二、学习方法论的基础教育实践

学习方法论对教师教学和学生学习都有着重要影响力，所以中国基础教育学习方法论对基础教育实践影响很大。中国基础教育学习方法论对中小学教学模式有着直接的影响力，在很大程度上决定了中小学教学模式，以及教师与学生对教学的基本理解。中国基础教育规模很大，中小学教师规模达到1000万人以上，学生则近两亿人。这种极大规模的教育结构，不通过哲学和思维上的影响，是很难建立相对统一的教学实践范式的。从这一点也可以看出中国基础教育基本理论本身的强大性，如此大规模的学校教育，还能够保持同质性很高的基础教育实践范式，这本身就是一件很不容易的事情。

因为中国学习方法论的确定性和结构化的要求，所以中国教育竞争中非常注重知识维度的要求。这种知识要求表现在三个维度：

首先，中国基础教育要求学生对教科书的具体教学内容实现高质量掌握，并通过国家课程标准对掌握的具体程度进行直接规定和要求。这一点是高度统一的，是全国的一致要求。每一个学习阶段的每一门学科都有其课程标准，课程标准是国家教育部颁布实施，全国统一，并具有法定强制力。强调对知识的系统化学习，是中国基础教育课堂教学实践的内在要求，最终使基础教育课堂教学更加明显地呈现出结构化、基础性特点，这也是竞争激烈的人才选拔和大班额教学环境挑战下学校教育的本能回应，体现在每所学校的课程与教学管理过程中，是一种教育内在逻辑的发展结果。[①]

其次，基础教育中的知识结构具有确定性，也即教学内容中几乎不会出现存在较大争议的知识点，大都是几乎真理一般的人类社会的已有知识。这种倾向决定了教科书本身的权威地位，同时也有利于基础教育教师的教学实践。简而言之，基础教育中的知识内容及其结构都是明确的真理，不会产生争议，也不会让教师在教学中遭遇知识维度的问题和麻烦。如果知识点存在争议，一般都不会列入教学内容，可以作为思考之类的内容，但在学业考试中几乎不会出现。

最后，基础教育中的知识会通过考试的方式实施对学生的考核，同时这也是对教师和学校的教育质量的考核。这种考试的目的在于真实地呈现学生掌握知识体系和内容的实际水平。因为考试本身是结构化的，题型也是标准化的，所以考试对学生学习水平的考核效度很高。相对来说，能够取得优秀成绩的学生，在知识掌握上，几乎都有高质量的水准。如果学业成绩糟糕，至少表明学生在智商或者态度上存在一定的问题，或许这种学生具有其他才能和潜质，但在知识维度，必然存在一定的问题。

基于中国基础教育学习方法论的强力影响，其对中小学的学生和教师都有着强力限定。首先，在知识的构成上，基础教育内容很少有能够质疑的存在，这直接导致了教科书的权威性，以及教师授课本身的权威性。其次，在知识的教学上，教师需要结合内容的结构性，赋予课堂教学的结构化，同时还要能够促使学生形成知识内容的良好的结构化。在中国的课堂教学中，“教师基于对课程内容与学生和教学的深刻理解，通过演绎式教学，推动学生对文本的理解、事件的透

---

① 阚维：《中国基础教育课堂教学实践的独特优势何在？》，《人民教育》2017年第2期。

析和结构化知识的掌握。”[①] 最后，在中小学教学中，教师需要结合国家课程标准，提升对考试结构的掌握，同时需要推进学生的相关考试练习，因为在任何考试中，想取得优秀成绩，都是需要辛勤的练习。不可轻易否定这种结构化考试背后的智慧，至少能够推进教师教学的艺术性和科学性，包括教学的高效率和课堂的控制力，都是教师需要提升的领域。而对于学生来说，这种教育考试竞争，也需要养成勤奋学习的意志力，加上正确的学习方法，以及必要的优秀智商，才可能取得优秀成绩，而这几点，本身就是优秀学生应该具备的素养。

三、学习方法论影响下的中国教学模式

中国基础教育学习方法论对中国教学模式有很大的影响，如在中国具体的中小学课堂教学中，对讲授法和讨论法的不同比例的设置，就受到教学方法论的影响。整体上看，中小学中的讲授法强调教学中的直接、效率和确定性。而讨论法则注重学生经验、教学过程和学生自主。在中国的教学模式中，整体上看，讲授法占据相对优势地位。这一点也跟学校本身的性质相关。在学校这一特定场所中，“任何人都可以有理由地断言，虽然学校也要发展学生在各种领域内应用所获得的知识去系统地、独立地和批判地解决特殊问题的能力；学校的这种功能尽管可以构成教育的合法目标，但同它传授知识的功能相比，远不能处于中心地位。无论从合理地分配给这种功能的时间总数来看，从民主社会的教育目标来看，还是从对大多数学生的合理的期望来看，都是如此。”[②] 学校本身是传授知识的机构，在全世界所有国家的基础教育教学中，讲授法都占据重要地位。其差异只是，中国中小学中的讲授法可能更为重要。具体来看，中国教学模式有以下基本特征：

中国教学模式强调结构化教学。基于教育内容和课程标准的结构化，中国教学模式也强调结构化教学。结构化教学的优势在于简练、节奏感强和教学的程式化，有利于新教师的快速成熟。同时在这种规范的结构化教学中，学生也能够形成清晰的逻辑思维结构体系，有利于学生对知识结构的清晰化。基于中国基础教育的大班制，一般的班级学生都是 50 人左右，这种结构化教学也有利于提升教学效率。中国基础教育中的大班制、高度严谨的课程体系以及考试本身对于学生发展的重要性，最终呈现出与教师主导的课堂实践相互强化、互为

① 阚维：《中国基础教育课堂教学实践的独特优势何在？》，《人民教育》2017 年第 2 期。
② [美] 奥苏伯尔著，余星南等译：《教育心理学——认知观点》，人民教育出版社 1994 年版，第 28 页。

因果的作用。因为大班制和严谨的课程体系，客观上增强了教师在课堂的主导作用,教师必须通过主导式课堂强化知识传递。中国教师在教学中并非简单机械，其教学大多是一种有意义的过程。“正是依靠教师在这种学习环境中的引导、创设情境、促进分享交流，基础知识才得以高效率、大范围在课堂内传递；同时，教师主导型课堂，又反过来加强了大班额学习、高密度课程的延续发展，使得更多的学生在以难度和深度著称的东亚式课堂学习中受益，特别是在缩小校际之间的差距方面具有一定意义。”①

中国教学模式强调教学中的严谨性。这一点既是源于中国对教育本身神圣性的定位，同时也是基于教育竞争对于中国个体的未来发展的极端重要性。因为教育很重要，所以在教学中需要保持必要的严谨。教室是一个神圣的地方，这既是教师的一种心理暗示，也是学生的一种自我控制。这种严谨性确实有利于减少时间浪费，提升课堂教学效率。

中国教学模式强调教学中的体系化。教学中的体系化不只是教育内容的体系化、试卷考题的体系化、上课程序的体系化，还包括教学过程的体系化、教学组织的体系化。在中国的中小学教学中，几乎每一门主要科目都会设置一位课代表，以协助教师进行相关教学活动。事实上，学生的学习组织上也呈现出体系化，“亚洲的儿童在学校和家庭取得更高成就的一个重要因素，是家庭和学校给予儿童学习上的支持。儿童们感到自己是集体的一部分，他们享受在教室的环境中学习，并接受维持秩序和遵守纪律的责任。亚洲儿童取得成就的第二个重要的因素是亚洲的父母和教师采取的社会化方式。”②

中国教学模式强调对学生经验的引导和结构化培养。这是中国教学中非常重要的构成。教师在教学中要引导学生的学习方法，并帮助学生形成优秀的学习经验，同时还需要推进学生对自己学习的自我反思，包括学习障碍、学习精神，甚至还会关注学生在考试中如何丢分，即提升学生的考试技巧。这些虽然都很个体化，但对于学生的教育竞争来说，是非常重要的教育构成部分。“高水平教师的课堂，常常在学科知识传递中强调内容之间的关联性与生活化，表现出引导学生通过审辩、假设、探究等方式进行基础知识学习以及学科间的整合趋向。”③

中国教学模式注重学生的学术水平。中国教学模式最为注重的，毫无疑问是学生的学术水平。学术水平的直接表现，就是学业成绩。成绩好的学生才是

---

① 阚维：《中国基础教育课堂教学实践的独特优势何在？》,《人民教育》2017年第2期。

② [加]卡伦·芒迪等编，徐辉等译：《比较与国际教育导论：教师面临的问题》，教育科学出版社2009年版，第39页。

③ 阚维：《中国基础教育课堂教学实践的独特优势何在？》,《人民教育》2017年第2期。

好学生，这是中国社会中的关于教育的一个基本假设。[1] 这个假设在中国几乎就是真理，所以，中国学生只要学期结束回到家里，父母首先问的问题大都是考了多少分。不能轻易否定这种学业成绩的重要性，毕竟学校本身就是施行知识教学的机构，学校并不是娱乐场所和儿童乐园。在教学上，中国社会强调学校教学中既要培养学生的知识能力，还需要通过这种知识竞争，去提升学生的意志品质，养成勤奋上进的人格素养。这是中国社会对于教育的数千年来的基本经验和智慧，在今天，青少年一代的人生发展中需要借助教育培养其意志力，不管是对青少年发展，还是对于社会发展来说，这都非常重要。

四、学习方法论对学生学习范式的影响

学生的学习范式也受学习方法论的重要影响。中国基础教育中的学生学习范式，主要呈现以下主要特色：

首先，中国学生学习范式中学生学习非常注重实用主义。这种实用主义主要是以学业成绩为指向目标，只要能够促进学业成绩的学习方法和经验，都值得采取。相对来说，要提升学业成绩，最好的办法之一就是提升训练的强度和频率，所以中国学生习惯于以练习促进学习，这就是中国基础教育中著名的题海战术。题海战术指的是学生通过做各种题型，做很多习题，最终实现学生在考试中取得高分的效果。这种战术类似于军队的训练，虽然对于学业考试来说，是一种非常有效的教学策略，但同时也可能过度训练、过频训练导致学生失去学习兴趣和学习乐趣。教育本身是一种学生发展，题海战术的最大问题是导致教育成为一种工具，而不是目的。过度的题海战术实际上违背了教育第三定律，是一种违背人性的教育方法。题海战术本质上是一种行为主义学习理论的现实表现，“教师认为教学是一项简单的工作，教学务必高效、实用，知识是客观的、确定的，严师出高徒，苦读出成绩；学习就是对背诵和记忆力的考验。”[2]

其次，学生学习范式强调经验与学习的结合。在学生的学习过程中，非常注重对学习经验的学习，教师会经常组织学生相互交流学习经验，同时还注意通过安排优秀学生与后进学生组队，帮助后进学生学习和进步。中国的家长也经常寻找教育培训机构，花钱请辅导机构的教师来辅导学生的学习，目的是促进学生的学习经验，以此提升学业成绩。

---

① 冉亚辉：《成绩好的学生才是好学生：审视基础教育的基本假设》，《当代教育与文化》2014 年第 2 期。

② 周成海：《基于行为主义学习理论的教学：主要特征与信念基础》，《教育理论与实践》2011 年第 11 期。

再次，学生学习范式注重自我练习与教师指导训练。中国式的课堂教学中，大多有一个环节是安排学生自我练习，又被称为课堂作业或者课后作业。这种作业教师需要全面批阅，通过这种作业批阅，教师能够掌握全班同学的集体学习情况，包括学习问题与知识缺陷。在作业练习的基础上，教师会进一步跟踪修正教学计划，加强对学生的知识缺陷和问题进行指导训练，减少知识错误和能力缺陷。作业训练同时还能检验学生的知识掌握水平，并促使学生在练习中掌握知识和提升思维能力，这也是以练促学的逻辑。

又次，学生学习范式强调在学业竞争之下的自我提升。中国基础教育阶段是一个持续的学业竞争过程，每一个单元有单元测练，每一学期有期中考试和期末考试。这些考试一方面是考核学生，让学生了解自己的学习状态和水平。另外一方面，也是对教师的考核，既让教师了解自己在教学中的缺陷和疏漏，以在以后的教学中进行弥补和修正，同时也是学校对教师的一种教学考核。如果教师所教学的班级长期都处于后进地位，那么教师就可能被归为能力低下的行列中，甚至学校会采取更换任课教师的决定。教学质量不佳的教师，在中国社会中有一个非常严重的负面专用语：误人子弟。这是非常严重的指责。事实上也是如此，如果教师教学质量不佳，学生学业成绩不好，学生确实会丧失人生中重要的竞争机会。如果长期教学质量不佳，教师甚至可能会被解聘。教育竞争不管是对于学生个体，还是对于当地社会的发展来说，都是一个非常重要的构成。中国古代历史上经常会将科举进士人数与当地社会发展程度相联系，因此有着状元之乡的精神追求，今天在中国社会中仍然如此。所以学校教育不能误人子弟，需要不断提升教育教学质量。

最后，学生学习范式指向严谨、勤奋与高智商结合的教育成功之路。这不只是中国教育中的成功之路，也是中国社会对精英人士的基本定位。中国社会强调个人行为要严谨，三思而后行，不能给自己和社会带来不必要的损失。而勤奋是中华民族的美德，一直强调勤劳致富，所谓“书山有路勤为径”，同时还有勤能补拙等认识。而智商则是教育中的必备，智商不高在教育中算是天赋不佳的范围。所以如果教育能够选拔出智商较高的社会个体，培养其优秀的道德素养和人格素质，最终创造重要的事业回报社会，这本身就是学校教育的基本职责。中国社会对于教育的目标指向一直都是圣贤，既强调需要品德高尚，还要求才学过人，所以高智商当然是必备要素。古代通过科举考试选拔人才，其目的也是指向才学和品德，要求人才的品德与高智商的结合。从这个角度上看，这是中国的学习范式的指向具有传统性的缘由。

第四节　比较视野中的中国基础教育学习方法论

中国基础教育学习方法论有着明显的中国特色，在学习方法和教学方式上明显有别于他国的教育。如何提升中国学习方法的质量，改进中国教学方式，则是未来中国基础教育改革与发展中的重要领域。

一、中国基础教育学习方法论的特色

中国基础教育学习方法论整体呈现出以下特色：

首先，中国基础教育学习方法论明显呈现出教师主导的特点。教师主导源于中国社会中将教师作为教育的首要要素，同时赋予了教师知识权威和职业权威的形象。这一点颇类似于古希腊哲学，强调教育中智者的重要性。因为教师主导，所以相对来看，这提升了中国基础教育的知识深度和广度，而不是如同西方国家中小学教育中知识越来越趣味化和低深度的趋势。教师主导的教学范式，同样还有着成人思维的重要特征，在一定程度上，加大了学生在社会思维上的早熟。

其次，中国基础教育学习方法论明显地指向高强度的学业竞争，并以此实现学生最大学业高度。中国中小学教学中强调高强度竞争，其逻辑是通过这种高强度的竞争，提升学生的智商训练水平，并培养其意志力，最终实现学生最好的学业成绩。这种高强度的竞争，确实存在一定的残酷性。但事实上，成人社会的竞争同样残酷。这种高强度的竞争能够有效地提升学生的学习注意力和学习意志力，最终实现知识体系和能力体系的有效培养。

再次，中国基础教育学习方法论注重严谨与结构化的学习框架。中国中小学教学不强调娱乐性，教师也不刻意讨好学生，所以在教学范式上属于严谨类。同时，在思维上、知识内容上、教育竞争上都是结构化的，这种学习框架很大程度上能够提升学生的整体感，并提升其对学习内容的控制感，最终内化为自己的知识结构体系。虽然趣味化是中国当前基础教育改革中所强调的，但本质上说，趣味化并不是教育的本来内涵。趣味化能够提升教学过程中的乐趣，当然也不是教育需要反对的方向。

最后，中国基础教育学习方法论还注重经验主义的学习方法体系。所以中国中小学教学中注重课堂练习、朗读、默写、背诵等学习方法。这些方法确实非常有利于对知识结构体系的掌握，同时也有助于提升学业成绩。这些学习方法本身也是在实践中通过经验总结而归纳出来的，这种注重经验和实用的学习方法体系，很大程度上奠定了中国基础教育的教学实践模式。经验主义很多时候导致中

国教育在改革中面临很多阻力，但必须承认地是，这种经验主义背后有着保守的哲学，本身也不是问题所在。如果经验主义能够解决问题，那经验主义也是好事，特别是涉及到众多教师和学生的学校教育，本身就没有固定的有效教学模式，通过经验主义的修正和实践，至少能够保证教学中的有效性和可实践性。

二、中国基础教育学习方法论的国际比较特色

中国基础教育学习方法论在很多领域具有重要智慧，也吸收了诸多教育实践经验。相对来看，中国基础教育学习方法论不只是教育理论的结果，而是一种理论与实践在长期教育教学实践中形成的一种共识。

中国基础教育学习方法论强调教学进度与学生发展之间的结合。一方面是教学的发展，一方面是学生个体的发展。在中国教学中非常注重两者的有机结合，中国教育整体上强调文以载道，在具体教学中也同样如此。特别是在中国的语文教学中，强调价值观的正确性，注重文化的先进性，所以中国语文中的很多课文同时也可以被看作是对学生的道德修养课。即使是数学课，也要求在教学中和教科书的内容上贴近学生的个体发展现状。

中国基础教育学习方法论强调教师的经验对学生发展的重要性。一方面，教师在教育教学中居于主导地位，教师的教学经验对于教师的教学质量和学生的学习质量都非常重要。所以中国学校普遍注重教师本身的能力，认为优秀的学校的本质是拥有优秀的教师队伍。事实也是如此，同样的班级，不同的教师，会导致不同的学业结果。优秀的教师能够预先判定教学中的重点、难点和关键所在，在具体教学中也能够有效调动学生的注意力和兴趣，学生学习轻松并且教学效果优秀。而不好的教师，对于学生就是噩梦般的存在，教学过程非常无趣并痛苦，教学内容不能体现重点和难点，作业习题极多，教师教学很累，学生学习也很累，但最终学生学业成绩却非常低劣。所以教师的质量就是教育的质量，这一点具有内在真理性。

中国基础教育学习方法论注重结果而对过程相对忽略。这一点也源于中国社会的实用主义哲学：杀猪杀腚，各有各的刀法。只要能够实现学业成绩优秀的目标，采取什么样的过程与方法，并不是那么重要。这一点也体现出中国社会的实用主义的一面，但积极地看，这一点也给中国学生带来了一定的自由。所以相对来看，中国教育是一种目标论，而不是过程主义。

中国基础教育方法论注重知识体系对学生思维世界的培养。这一点类似于怀特海的教育哲学，强调教育最重要的在于提升学生的思维和能力，而不是僵化的学习知识。“真正有用的教育是使学生透彻地理解一些一般原理，这些原理

能够运用到各种不同的具体细节中去。在随后的实践中，人们可能已经忘记具体的细节是什么，但他们潜意识里的判断力会帮助他们把这些原理用于当时的即时情况。当你丢掉课本，烧掉你的听课笔记，忘掉你为了应付考试而背诵的细节，你的学习对你来说才是有用的。”[①] 中国基础教育的知识难度较高，特别是高中阶段，例如高中数学知识，对于绝大部分不从事理科或者工科学习的学生来说，所学习的数学内容估计一生都不会用上。简而言之，一定程度上好像是学了也只是白学了。但中国基础教育方法论的智慧在于，通过这种高难度的知识体系的学习，鉴别学生的智商水平，并培养其思维能力，这才是中国教学所想要的。不能否认这个逻辑的智慧性，因为不通过这种高难度的知识竞争，很难区别出学习上的天才与庸才，也很难筛选出高智商人才。

中国基础教育学习方法论还强调学生学校生涯的专一性。相比较来看，西方国家的基础教育阶段学生有更多的时间从事社会实践、社会活动、社区服务等。中国学生在基础教育阶段主要就是学习，而很少参与社会实践活动。其背后的逻辑在于，中国强调学生学校生涯的专一性。简而言之，学生的本职工作就是学习，而不是去社会实践。这一点与古代的“两耳不闻窗外事，一心只读圣贤书”有相同的道理。要关注窗外事，未来进入社会后多得是时间，但如果不一心读书，一定读不好。在今天的基础教育中，也是同样的逻辑。要提升其社会实践经验和能力，未来学习起来很快也很容易，但在中小学阶段，最重要的最好当前的事情：学习。这也是中国成语“心无旁骛”的智慧。

三、中国基础教育学习方法论的未来发展

对中国社会来说，基础教育就是打好基础的教育，是学校向每个学生提供社会所需的最低限度的知识、观点、社会准则和经验的教育。而教师在基础教育中的主要任务，是让学生达到相关要求。在当今快速发展的时代，教师不仅要重视学生对已有知识的传承和学习，更要重视学生学习方法的指导，同时还需要注重对学生创造能力的培养，这三项任务都同等重要，并且是有机整体。[②]

中国基础教育学习方法论在未来的发展中，需要注意以下领域的改进：

首先，在教学中需要努力提升学生的参与度。中国基础教育课堂教学的严谨风格确实有利于提升教学的效率，但同时也导致课堂整体上比较无趣，对学

① [英] 怀特海著，庄莲平等译：《教育的目的》，文汇出版社 2012 年版，第 36 页。

② 郭向宁：《基于“接受学习理论”指导教学意义探析》，《陕西师范大学学报》(哲学社会科学版) 2011 年第 3 期。

生参与度并不太重视，导致学生需要用意志力提升自己的关注力。在未来的教学发展中，需要提升学生的参与度，提升课堂的兴趣和乐趣，减少课堂中过度严谨而导致的不足。简而言之，教育要具有艺术性，这种艺术性既能够提升学生的学习兴趣和学习乐趣，也能够体现教育本身的美。学习在一定程度上有枯燥和痛苦，教育需要用美来对抗这种过程中的痛苦，以实现学生对知识和教育的美的理解和欣赏。

其次，在教学中需要重视教学中的智慧对话。在中国基础教育教学中过多的是单向的教师教学，而缺乏高质量的师生对话。“教师有着双重作用。他以自己的人格和个性，使学生产生共鸣而激发出热情；同时创造出具有更广泛的知识、更坚定的目标的环境。”[①] 教学应当促进学生的思维发展和智商训练，需要提升教师与学生之间的对话的智慧程度，通过思维训练，提升学生对教学内容的个性化理解，也培养其批判反思能力和创新能力。这一点在未来的中国基础教育发展中非常重要，难度也很大。因为中国教师已经习惯于单向教学，习惯于学生听话，而缺少讨论的技巧，以及与学生对话的艺术。同时，还可能缺乏接受学生质疑的勇气。但这也是未来必须逐步实现的改革，只有教育过程中的智慧对话，才能提升学生对知识和真理地深入认识和理解。

最后，在教学过程中要努力提升学生对知识和真理的正确认识。这是当前中国基础教育的薄弱所在。中国的中小学教师，绝大部分都是大学本科及其以下学历，所以在学历结构上相对缺少研究生及其以上教育的比例，在对知识和真理的理解上存在先天的缺陷。在本科及其以下的教育中，知识就是知识，真理就是真理，不容置疑，主要是一种静态知识观，在真理层面呈现地是绝对真理论。在学习的过程中主要是一种复制型和接受型的学习。而在研究生教育阶段，才会对已有的知识体系和当前的真理进行反思和重构。所以，在研究生教育及以上的阶段，一切知识和真理都需要怀疑，这是一种动态知识观，呈现为相对真理论。事实上，任何知识都只是代表当前人类对该领域的解释和建构，都只具有阶段性和相对真理性。所以对于知识观和学习方法论，中国基础教育还需要反思其构成的不足，建构更为正确的知识结构和学习方法论，逐步走向动态知识观和相对真理论。这才能够有效支撑学生的探究意识的培养，提升其创新能力的发展。在未来的中国基础教育中，随着更多研究生学历的教师进入中小学任教，这种情况应该能得到一定的改变。如果中国基础教育阶段教师结构在未来仍然主要局限于本科及其以下，那么学习方法论的进步将会非常困难。

---

① [英] 怀特海著，庄莲平等译：《教育的目的》，文汇出版社 2012 年版，第 6 页。

“人类知识和人类权力归于一。”[1]知识就是力量！这是英国著名哲学家培根的名言，这句话让人类重新认识了知识的力量，开启了西方理性主义时代的到来。其历史影响力巨大，是西方社会从中世纪的神权时代走向现代理性主义时代的重要标志性理念。知识在任何一个时代的教育中都是极为重要的存在，知识在教育中的存在价值可以这样表述：没有知识，就不存在教育，也不需要教育。什么知识最有价值？从比较角度和历史角度来看，学校教育的内容体系和教学目标基本上都是基于对该问题的回答。“事实上，无论是公开声明还是暗中默许，牧师和教师们所给出的对该问题的答案都决定着学校教育内容。他们在为公众服务的时候也只选择把他们认为有价值的知识传给下一代。”[2]基于知识的极端重要性，知识在任何一个国家的学校教育中都是基础性存在。对知识的定义和认识，以及由此产生的对教育中知识的存在状态、发展方向的基本定位，就是该种教育的知识观。不同教育范式中的知识观差异较大，教育范式差异的背后，大多有知识观的差异。

第一节　知识观的教育影响力

学校的建立是基于知识本身的存在，对知识的理解，一直都是教育基本理论的核心构成部分。“因为知识问题历来是哲学上最重要的问题，而且也因为理解人类知识的本质和限度就是理解人类状况的一条重要途径。”[3]

---

① [英]培根著，许宝骙译：《新工具》，商务印书馆，1984年版，第8页。

② [英]B.霍尔姆斯、M.麦克莱恩著，张文军译：《比较课程论》，教育科学出版社2001年版，第1页。

③ 徐向东：《怀疑论、知识与辩护》，北京大学出版社2006年版，序言第1页。

中国基础教育中的基础一词，很大程度上就是基础知识的存在。在现行的中国学校教育制度中，幼儿园、小学和中学（含高中段）阶段的教育被称为基础教育，其中义务教育阶段（含小学和初中，为九年制）是基础教育的核心阶段。[①]基础教育中的基础一词，不同的国家有不同的看法。对于中国基础教育来说，中国学校教育中的基础是学生大脑在独立于计算机的前提下，尽可能地多储备知识，尽可能快地提取知识，所以中国学生的大脑在这两方面都得到了充分的训练。相对来看，美国教育的基础是指，学生大脑在充分利用计算机的前提下，放弃发展那些属于计算机的工作领域所需的能力，只发展那些属于计算机无法工作的领域所需的能力。[②]从这个维度上看，知识观的差异自然会影响学校教育的现实实践。

一、知识与知识观

“知识观是人们对知识的基本看法、见解与信念，是人们关于知识问题的总体认识和基本观点。”[③]知识本身的传承是教育存在的基础，所以知识观决定了教育内容的构成，并决定了教育内容的扩展和发展。知识观从内部维度上看，有知识的本质观、知识的价值观、知识的获得观等。在知识观的内在维度中，知识本质观是对知识的基本性质、基本属性、基本特征的界定，这是知识观中最为重要和基本的构成要素。知识价值观是对知识本身的作用、功能和效用的评价。知识获得观则是对知识的获得、知识的练习、知识的掌握的理解。从外部维度看，知识观与课程观、教学观、学习观、教师观、学生观等都有着不可分割的联系。相对而言，知识观具有潜隐性、反思性、时代性、联动性等特征。对于教学活动而言，知识观具有先导、定向、选择、激励、评价功能。知识观对教育的影响，主要有以下几个维度：

首先，知识观决定了教育中何种知识被认定为教育中的教学内容，也即学校教育主要教学什么。这是教育中最重要的前提之一，对此的认定，决定了学校教育内容的基本构成。知识观在教育中，通过对教学知识不断诠释，以及对学生的持续知识化，实际上再度影响了整个社会对知识的理解，最终形成该社会教育领域中的知识传统。

其次，知识观决定了在教育中，何种知识被视为最重要的教育内容。因为

---

① 卜玉华：《当代基础教育的“基础性价值”之思——基于中国、加拿大基础教育学校的考察》，《基础教育》2011年版第4期。

② 傅冰：《从中美教育比较的视角看如何培养学生的创造力》，《思想理论教育》2005年第10期。

③ 潘洪建：《知识观的概念、特征及教育学意义》，《江苏大学学报》（高教研究版）2005年第4期。

在任何一种教育中，都有着大量不同类别的知识，对这些知识重要性的判断标准，由知识观决定。在教育中，知识也分为重要知识、普通知识、经验性知识、理论性知识、概念性知识、思维性知识、过程性知识等。在中国的国家课程标准中，每一门学科的知识也被划分为不同的重要性序列，如要求掌握、要求理解、要求了解等，三者的重要性就有着明显的差异。要求掌握的知识大多是最重要的中心知识，而要求了解的知识则是边缘性的非重要知识。对这种知识的重要性的排序，也由教育中的知识观所决定。

再次，知识观决定了教育过程中，何种教育方法和过程是合理或者说是正确的。简而言之，知识观决定了学校教育中在知识层面的政治正确性。知识有不同的构成来源，或者来源于书本，或者来源于经验，或者来源于生活等等，对此种知识来源的认识，也是知识观的重要构成。在具体的教育教学中，如果更为重视学生的经验性知识，那么在教学中则会增加学生的提问、讨论和实践操作，增加学生的社会实践活动环节的比例，在知识层面会呈现出个性化、碎片化和多元化的趋势。如果更为重视学生的书本知识，则更为强调教学中的效率和严谨，注重知识层面的体系化和全面性。这种不同的倾向，其背后就是知识观对知识正确性的定义。

最后，知识观决定了教育本身在社会中的地位。在强调固定知识和书本知识的国度，学校教育拥有神圣的地位。而在强调学生社会经验和社会生活的国家，学校教育则可能仅仅被视为一种普通社会机构而已。不同的知识观，在很大程度上影响着社会对教育的认识，同时这种知识观本身也不断传承，最终形成了不同的教育范式。所以在分析教育范式的基本理论的过程中，不能忽视对知识观的分析。但不可否认的是，在任何时期，教育的知识观都不能否定固定性的确定知识的重要性，因为这是学校教育存在的基本前提。如果一切都是不确定的知识，实际上是对学校教育的直接否定。学校本身的结构，如小学、初中、高中、大学的划分，就建立在固定知识的基础之上。真正的问题是在什么阶段、什么时期、什么环节中增加一些非确定知识的存在，因为一切创新本质上都是不确定的。知识如果失去了不确定性，实际上也就割裂了创新性的可能。

二、知识观的主要流派

知识观是对知识的认识哲学，是对知识的定义、界定和选择。知识观对教育影响很大，不同的知识观，影响并塑造了不同的教育范式。因为知识观本身的重要性，知识观成为人类哲学中的重要构成维度。

整体上看，基于知识本身的客观性，知识观的主要流派有客观主义知识观和主观主义知识观；基于知识的建构来源类型，又分为理性主义知识观和建构主义知识观。

客观主义知识观认为，事物是客观存在的，而知识是对事物的真理性表征。知识是世界上客观存在的，知识是不依赖认识者而独立存在的客观实体，知识是普遍存在的，客观世界存在着永恒不变的本质，而知识正是对这种事物本质的反映。知识不因时、因地、因人而异，人类认识和掌握的目的在于发现事物这种客观存在的本质。另外，知识是中立的，不是主观的，知识并不受认识者的情感、态度、价值观、信念等因素的影响。[①]

主观主义知识观则与客观主义知识观相反，主观主义知识观强调知识本身的建构性，认为知识在形成过程中具有社会协商性，强调知识不是被“发现”的，而是被“发明”的。主观主义知识观的代表是建构主义知识观。建构主义知识观认为，知识并不是对现实事物的真理性的准确表征，只是一种解释或者一种假设，它并不是问题的最终答案。相反，知识会随着人类社会的进步而不断被改造，并随之出现新的解释和假设。激进的建构主义知识观甚至认为：知识不可能以实体的形式存在于具体个体之外，尽管人类通过语言符号赋予了知识一定的外在形式，甚至这些命题还得到了较普遍的认可，但这并不意味着学习者会对这些命题有同样的理解，因为这些知识的理解只能由个体学习者基于自己的经验背景而建构起来，所以知识的建构取决于个体特定情境下的学习历程。简而言之，建构主义并不完全承认知识的客观性、可靠性和确定性。[②]

整体上看，客观主义知识观认为知识具有客观性、普遍性和中立性的特点。建构主义知识观则强调科学知识是暂时性的、主观的、建构性的，会不断地被修正和推翻，不存在普遍、永恒的知识，任何知识都具有个体性、社会性、情境性和相对性。[③]客观主义知识观是现代学校教育教学中的基础性构成知识，是经典理论、知识的基本构成，也是人类社会对知识的传统认识和界定。但不能轻视建构主义知识观的价值，建构主义知识观是人类知识创新在知识领域的必要前提性认识，只有认识到知识本身的相对性，才可能不断推进知识领域的发展和创新。客观主义知识观认识到知识本身的绝对真理的部分构成的一面，而建构主义知识观则明确指出现实知识本身都只是有限真理。

经验主义知识观是人类社会中历史悠久的知识观，在今天仍然具有重要影

① 邢红军：《中国基础教育课程改革：方向迷失的危险之旅》，《教育科学研究》2011年第4期。
② 郑太年：《知识观·学习观·教学观——建构主义教育思想的三个层面》，《全球教育展望》2006年第5期。
③ 邢红军：《中国基础教育课程改革：方向迷失的危险之旅》，《教育科学研究》2011年第4期。

响力。经验主义知识观最早可以上溯至人类轴心时代，亚里士多德和孔子均为经验主义知识观的杰出代表。亚里士多德认为，理念不能独立于外部世界而存在，外部世界是人们感觉经验的基础，所以经验是知识的唯一源泉。简而言之，没有经验，便不可能有知识。[①]洛克、培根等哲学家都是经验主义知识观的杰出代表。另外，杜威也是经验主义知识观的重要代表。杜威认为，知识和思维都包含在经验中，经验是人与环境的相互作用。[②]

理性主义知识观的著名代表是柏拉图。柏拉图认为，知识产生于推理，理性是知识的源泉。所有知识都是有机体生来就潜在具备的，学习是把生而具有的理念从心灵深处回忆出来的一种过程，所以学习就是回忆。[③]柏拉图的思想经过法国哲学家笛卡儿、德国哲学家康德等人的发展成为哲学史上的唯理论或理性主义。理性主义知识观认为知识是人类依靠理性力量创造出来的，学科知识体系是人类理性能力的重要体现。在现代学校教育制度形成之初，夸美纽斯就从“泛智教育”出发提出百科全书式的课程，在他之后学校中的学科课程，都是以理性主义知识论为基础组织课程。[④]

理性主义知识观与经验主义知识观的主要分歧在于三个维度：其一，经验主义知识观强调知识取决于经验，理性主义知识观注重先天的、预定的心理。两者构成后天与先天之争。其二，经验主义知识观强调对事物的分析认识，理性主义知识观则看重事物的整体性，这就形成了部分与整体之争。其三，经验主义知识观注重经验证据和材料，而理性主义知识观则强调通过预感、直觉和推理可以更有效地了解行为，这可以称为实验与推理之争。[⑤]

三、知识观的影响力

知识观对社会的影响同样深远，综合来看，知识观在任何时期都是社会中存在并决定着教育和文化发展的重要哲学基础。

首先，知识观定义了何为知识，这是社会大众建构知识的基础。人类社会的文明是建立在文字的基础之上的，而文字则来自于典籍，典籍中的内容就是知识。所以从这个角度上看，人类的伟大著作都是知识的集合体，如西方的柏拉图的《理想国》，亚里士多德的《物理学》《政治学》，基督教的《旧约全书》《新

① 屈林岩：《学习理论的发展与学习创新》，《高等教育研究》2008 年第 1 期。
② 迟艳杰：《我国基础教育课程改革的知识论基础之反思》，《教育科学研究》2011 年第 5 期。
③ 屈林岩：《学习理论的发展与学习创新》，《高等教育研究》2008 年第 1 期。
④ 迟艳杰：《我国基础教育课程改革的知识论基础之反思》，《教育科学研究》2011 年第 5 期。
⑤ 屈林岩：《学习理论的发展与学习创新》，《高等教育研究》2008 年第 1 期。

约全书》等，中国孔子的《论语》和编写的六经，这些经典作品本质上都是知识，也奠定了人类社会对知识的想象和基本定义。对人类社会来说，知识就是财富，知识就是力量。对人类个体来说，知识是生命积极存在的基石，知识是人的真实的体现。在人生起始时期，如何让学生学好知识，就是教育的基本职责。在中国社会中，学校首先是读书的地方，学生上学受教育，主要是读书。“只有读书，才可以将前人的认识成果接受下来。不读书，可以不上学，学会生活，可以在生活中去学习。取消学校，学生在实践中，仍可学到许多课堂上学不到的东西，但学不到科学，学不到人类积累的科学成果。学校存在的客观基础，就是要解决新生一代如何与人类社会发展的高度相适应这一矛盾。”①

其次，不同的知识观决定了该社会的发展状况。如中国古代汉武帝独尊儒术之后，中国的儒学几乎等于知识，这导致中国社会对其他学科知识的忽视和轻视，最终中国近2000年的社会发展中，知识都几乎局限于儒学，实际上对中国社会的发展有着巨大消极和负面作用。西方中世纪时期，基督教的《圣经》才能被视为知识，其他的几乎都被毁灭掉，最终形成了西方在知识发展上灰暗的几个世纪，即黑暗的中世纪。知识观对社会发展的重要影响力，在今天的人类社会中仍然如此。重视固定知识的社会更趋于注重社会秩序，而更重视动态知识的社会在创新性上成长更好，但社会内部的知识秩序则更趋于矛盾。

最后，知识观最终会形成社会的一种无意识的存在，这种无意识的存在会显著地影响社会对教育和科学的定义。中国社会自孔子以来就有着牢固的学以致用的知识观，这一点一直深刻地延续到今天的中国，所以中国社会今天仍然强调教育和科学中的学以致用，而对哲学、思维、逻辑、艺术等学科有着本能的忽视，其背后的原因就是学以致用的知识观。

西方自古希腊开始，就将哲学置于尊贵的地位，即使在今天，西方的所有学科的最高学位都是PH.D，即“Philosophy Doctor ”的简写，即哲学博士。如数学的最高学位就是数学哲学博士，即“PH.D of Mathematics”，物理学的最高学位就是物理学哲学博士，“PH.D of Physics”。这一点也反映出西方社会的知识观传统特色。在最高的知识层面，中国社会强调的是知识的实用主义，有用的便是真理，所追求的是“用”。而在西方文化圈中，最高的知识则是该学科领域的哲学，所追求的是“真”。当然，客观评价，在知识维度，“真”比“用”远为纯净，并且更为理性，所以中国教育的知识观在一定程度上存在一些问题，在未来的发展中需要适当改变。

① 孙喜亭：《再谈“基础教育的基础何在”》，《教育理论与实践》2003年第8期。

第二节　中国基础教育知识观的历史追溯

中国基础教育知识观有其历史性传承，中国五千年的教育历史，不管是在经验上还是在哲学上，都强烈地影响了今天中国基础教育的知识存在状态。

一、中国知识观的历史传统

中国传统的知识观整体上是经验主义知识观。在中国历史上，在对知识的获得上，除老子、王守仁等极少部分人坚持向内用力、反省自得外，绝大多数均主张向外学而知之，重视经验的渐积和书本知识的学习。孟子在知识的获得上强调吸取和借鉴他人经验，提出“不以规矩，不能成方员”“不以六律，不能正五音”[①]。因此，知识观上，中国传统社会既重视经验的积累和人生的感悟，又重视书本的学习。[②]在知识观上，中国传统社会中的教育极为重视对经典书籍的阅读，这有点类似于西方永恒主义教育流派的知识观。即强调人类社会中总有一些经典书籍能够跨越时空成为人类社会中的永恒真理，教育最重要的就在于教育学生去深入阅读和理解这些人类社会中的永恒智慧。所以中国社会自孔子之后的三千余年中，教育所承担的主要任务就是阅读孔子所整理的六经，以及孔子自己的《论语》和《孟子》等书。这种强烈而长期的教育传统，最终导致中国教育极为珍惜传统经典，并且非常信赖书本知识。所以在中国社会中，学生在学校学习大多被社会习俗语言称为：读书。而教师所从事的教育教学工作，也被称为：教书。这种对书本知识的信赖在很大程度上奠定了中国社会对知识的崇拜，以及对知识阶层的敬仰。从这一角度上讲，也决定了中国教育在中国社会中的重要地位，以及中国教师阶层在中国社会中的特殊地位。

在中国传统社会中，有着长期的乡村士绅自治传统。这些士绅是当地社会中接受过儒家经典教育，并有着一定的科举功名的读书人，可能有着秀才、举人等的功名头衔。在具体的乡村社会中，这些人是知识界的权威。因为儒家经典教育的是世俗社会中的具体的道德规范，裁定乡村社会中的冲突和矛盾，就成了这些士绅的义务和责任。因为掌握着知识，并有着出仕的可能，加上一般家境相对优秀，所以这些士绅实际上掌握着中国乡村社会自治的权力。同时，当地的重大事情，或者需要大量人力物力的工程，一般也是这些士绅作为组织者和领导者，实施相关的乡村建设活动，如修建桥梁、改造村镇、改造河道、

① 孟子：《孟子》，《离娄上》章，中华书局 2010 年版，第 128 页。

② 潘洪建：《我国教育家视野中知识观与教学观的探讨》，《青海师范大学学报》（哲学社会科学版）2005 年第 4 期。

修建地下排水工程等等。这也是士绅的知识权威和社会地位影响力两者正相关的体现。直到今天，诸多遗留下来的乡村工程上都刻着当年组织者和相关人员的名字。所以在中国，尊重读书人、尊重知识有着悠久的历史传统。

在具体的中国社会生活中，还有着具体的对书与字的崇拜，这也是源于知识在中国社会中的权威。中国的家庭，父母会教育孩子尊重书，不允许毁坏书籍，甚至很多地方专门修建有字库塔，目的是彰显文字的神圣性。修建字库塔的目的在于，写有文字的纸张，不允许丢弃于垃圾堆和污水中，而需要收集起来在固定时间放入字库塔中烧掉，这样以彰显对文字和知识的尊重。在中国古代的政治生活中，都经常会发生将书和纸随意扔掉而招致皇帝责备的事情，所以对知识的崇拜，是中华民族的重要文化传统。

近代以来，知识观则有着一定的变化，整体上看，理性主义知识观从我国新中国成立后到今天，逐步具有明显的优势地位。其主要原因在于：首先，教师所受的教育就是建立在理性主义知识观体系基础上，这种知识观已经在教师头脑中根深蒂固。其次，理性主义知识观有助于儿童形成系统的知识体系和严谨的逻辑思维方式。最后，理性主义知识观能够便于教师有计划、有目的、有组织的传授，也便于教师的教学设计、实施、组织和管理，容易评价学生的学习效果，所以教师更倾向于理性主义知识观的取向。①

二、中国式的静态知识观

但另外一个角度，中国传统对书本知识和经典书籍的崇拜，导致了中国教育的另外一个问题或者缺陷，即过度陷入了一种静态的知识观，过度追求或者要求静态的真理性知识。这在一定程度上导致了社会对教育和知识的固定静态思维，也一定程度上导致社会中的创新勇气缺失，同时在思维和本能上讨厌不确定性知识。而事实上，任何一种创新首先都是一种不确定状态。

静态知识观的基本构成如下：在知识的构成上，强调知识本身应该是确定的内容；在知识的发展上，强调知识经典的恒定性；在知识的来源上，强调外在因素即权威人物的极端重要性；在知识的标准上，注重知识的固定倾向；在知识的存在状态上，强调书籍和典籍的形式感。从整体上看，静态知识观有着浓重的知识保守主义倾向，厌弃知识上的不确定性，是一种相对封闭并且发展保守的知识哲学。

---

① 张金梅：《什么知识最有价值？——当代中国幼儿教育主流知识观的嬗变》，《南京师大学报》（社会科学版）2002 年第 3 期。

而动态知识观与静态知识观是相对立的，在诸多领域针锋相对，相对来看，两者的主要差异如下：

在对知识的定义上，静态知识观强调知识本身必须是确定的内容，如果不是确定的内容，那么就不是知识。而动态知识观则认为任何知识都是在发展中不断流变，所以知识的存在状态本身就是不确定的，这种不确定的内容当然也是知识，还可能是更为准确的知识。静态知识观注重呈现为固定内容的知识，如书本知识、理论知识、系统化知识，这些都是确定的。而动态知识观则注重知识的发展性，强调知识本身需要不断发展创新。

在对知识的发展上，静态知识观强调知识是发展结束后总结出来的内容，是一种已经验证为真理的存在内容。而动态知识观则认为，知识都是处于发展中的，没有绝对正确的真理内容，所以知识需要在不断发展中向真理靠近。对比来看，静态知识观是一种结论性的或者结果的知识，而对知识产生的过程有所忽视。动态知识观是一种动态的过程性的知识，知识永远都处于过程之中，不断发展演变。

在知识的来源上，静态知识观强调知识应该是权威人物的产品，或者是在历史中已经被证明为真理的内容。动态知识观则强调任何人在知识的创造中都处于平等地位，所创造的知识正是在不断竞争中，才会证明谁是真理，所以不能仅因为是权威人物的产品，就认为是真理内容。静态知识观认为权威人物或者经典作品在历史的长河中是被证明为真理性的知识，知识需要时间的验证，所以对当下的发展中的知识有着本能地厚古薄今。而动态知识观则认为知识上的平等性，强调在这个竞争过程中，最终才能产生真理性的知识。

在知识本身的标准上，静态知识观强调体系化、确定性，认为知识必须有自己的固定标准，需要有逻辑严密的体系，具有明确的具体内容构成，否则就不是知识。而动态知识观则强调知识本身就不断发展变化，任何过度确定的结构化的知识体系都实际上已经是呆板的，或者是过时的知识，在知识的标准上更需要注重知识的发展性和批判反思。相对来看，静态知识观是学校教育中的一种基本存在，静态知识观构成了人类社会对知识的主要想象。动态知识观则处于学校教育的高级阶段，特别是大学中的研究生阶段，更为合理，因为动态知识观更为尊重对知识的批判和创新。

在知识的存在状态上，静态知识观注重知识的外在形态，如书籍、典籍等，是一种确定化的文化符号，并具有明显的神圣性或者神秘感。而动态知识观则承认一切形式的知识，包括民间传说、碑刻、文物、历史建筑等等，认为知识是人类社会中普遍存在的，是人人都参与其中并不断发展变化的内容体系。静态知识观更为严谨，更为正规，并且具有明显的筛选环节。能够被纳入学校的知识体系构成，大都是经过了权威专家们的集体审定。而动态知识观则更为松散，相对多元，注重发展性。

相对来看，静态知识观的知识结构类似于大树式的结构，有着明显的结构化和确定性，每一根大树都由根、茎、干、枝、叶等构成，每一个部分在大树的整体结构上都是明确、固定、结构化的。这种知识体系严谨、规整、细致，结构化优势非常明显。

而动态知识观的知识结构则类似于长江黄河，没有明显的结构化和确定性。在长江黄河中的每一段，河水滔滔不绝，但无从得知水从何处来。河中每一个部分的水流都相差不大，但长江后浪推前浪，连绵不绝，没有结构化，没有规整的内容，也没有主次和严格的逻辑结构，唯有向前滔滔不绝的流水。

三、传统知识观导致知识过度局限于世俗生活

虽然中国有道家思想的辩证法，但中国社会在知识观上总是本能地追求确定性和结构性。孔子本身非常伟大，他也是雅思贝尔斯在《大哲学家》中的人类四大哲学范式创立者之一。但中国社会对孔子可能过度尊敬了，导致后世对孔子的典籍缺乏反思和批判的勇气。中国自孔子之后，教育都几乎完全局限于儒学之中，这当然不是一件好事。

因为中国传统知识观中根深蒂固地学以致用，这已经成为中国社会中的一种无意识存在，导致中国社会的知识过度局限于世俗生活，严重影响了中国知识的广度和深度。虽然有《道德经》《周易》等的存在，但道家思想在中国只是一种思维上的调剂，在知识结构上和内容上，儒学占据尊贵地位。而儒学主要面对世间的政治、道德和伦理，过度局限于这种人类社会明面中的世俗生活，而缺乏对内蕴的真理深入理解。

所以在知识的广度上，中国传统社会严重缺乏对物理学、化学等学科的重点关注，只满足于对知识的运用，而忘记了对真理的追问和扩展。如果中国社会能够跳出世俗视角和学以致用的知识观，追问火药燃烧的原因，也许就可以建立现代化学和现代物理学了，但中国社会对此却缺乏兴趣和动力。因为在中国传统知识观中，这种追问没有社会意义，同时缺乏实用价值。在中国社会的知识观看来，知识只要能用就够了，管它背后有什么真理。这种非常有局限的知识观实际上延续到了今天的中国社会，所以中国社会的知识局限于世俗生活，

同时对知识的评价也局限于是否有用，这在相当程度上制约了中国教育和科学的发展。在知识的深度上，中国知识观也严重缺乏认识论、逻辑学等基础学科知识，导致中国社会哲学深度不足，对艺术、美学等学科缺乏基本的尊重，这些当然也会影响中国社会的美感和艺术高度。“科学在思想中给予我们以秩序；道德在行动中给予我们以秩序；艺术则在对可见、可触、可听的外观之把握中给予我们以秩序。”[①] 科学、道德和艺术三者很大程度上相辅相成。

这种局限于世俗生活的知识观，在哲学上是理性主义的，在构成上是经验主义的，相对非常缺乏浪漫主义倾向。浪漫主义在很大程度上是理性主义和实用主义的解毒剂，能够促使社会不局限于单纯的世俗生活中，有激情和动力去追求属于宇宙星空和终极真理等一类的精神层面的知识，并且能够摆脱现实社会中的矛盾和混争，从而实现对真理世界的探究。缺乏浪漫主义的知识观，会导致在知识领域缺乏历史视野和真理目标，而满足于现实社会的需要，实际上就可能降低知识品位，成为犬儒主义层次的知识体系。

任何社会的知识发展都需要有发展视野，一个民族没有仰望星空的人，这个民族迟早会被历史所淘汰。知识观不管出于体系如何精致的结构中，仍然需要一定的开放性和发展性，否则很容易陷入知识发展停滞。而知识发展停滞的结果，必然是社会发展停滞。

第三节　中国基础教育知识观基本构成

基于中国实用主义和静态知识观的哲学基础，中国基础教育有着自己的知识观。这种知识观既是中国当前基础教育中的一种现实存在，同时也在相当程度上决定了中国社会对教育整体知识层面的认识。

一、中国基础教育知识观的基本构成

当代中国基础教育中的知识观构成，除了受传统社会的影响之外，也追随着时代发展而进步，同时也有着很多比较学习西方的成分。一般而言，当代中国基础教育知识观主要有以下构成：中国基础教育的知识观主要是一种静态知识观，崇尚绝对正确；在教学知识上强调固定边际和范围；在知识的构成上更为重视学科知识，较为忽略经验性知识；在知识的发展上更重视外在知识，而对知识的个体创生有所忽略；在知识的目的上，更为强调学以致用，相对缺失

① [德] 恩斯坦·卡西尔著，甘阳译：《人论》，上海译文出版社 2004 年版，第 232 页。

对知识的真的维度的价值信仰。

首先，中国基础教育的知识观主要是一种静态知识观，崇尚绝对正确。因为在传统中国中，学校教学中存在明确的权威和经典。这种思维延续下来，导致在中国的中小学教育中不管是在教科书、课堂教学还是各种考试中，都存在着对正确的绝对信仰，强调标准知识和标准答案，崇尚教科书，在考试和竞争中都强调对固有知识的考查，并非常重视对原文、原书、原知识点的掌握。这种情况一方面导致了学校教育有规则可循，但同时也导致了学校教育的知识僵化，同时在学生思维训练方面，存在先天性的缺陷。对权威和经典知识的尊重是必要的，但如果过度敬畏，则可能导致批判意识和创新思维领域的问题。

其次，中国基础教育在教学知识上强调固定边际和范围。中国中小学教育传统以来非常重视教学大纲的作用，在第八次新课改之后修改为课程标准。这种课程标准对教学知识有明晰的知识边际，非常清晰地告知教师和学生，哪些知识需要掌握，哪些需要理解，哪些需要了解，哪些只是需要知晓。这种不同的知识边际，能够给学生和教师在教育教学的过程中带来安全感，减少对未知知识的恐惧。同时在中国中小学教学中对知识教学还具有明确的范围，即知识教学中的具体的知识点。在明确要求的知识点之外，基本就是不需要掌握的内容。这很好地减少了教学中的不确定性，而将学生学习过程中的知识范围进行了必要的限定。毫无疑问，这些圈定的知识点大多都是极为重要的知识，能够给学生带来稳定的知识体系，并对其知识观进行固化。但消极的一面也显而易见，学生对圈定的知识点之外的知识缺乏探索的动力和勇气。实际上，这也是教学在知识维度上的一种圈养。

再次，中国基础教育在知识的构成上更为重视学科知识，较为忽略经验性知识。中国中小学教育普遍非常重视学科知识，在具体的教学中也有着明显地或者潜在地将所有学科划分为主科和副科两种。主科如小学教学中的语文和数学，如中学阶段的语文、数学、外语、物理、化学等，相对其他学科具有明显的强势地位。副科如小学中的科学、品德、体育、美术等，中学阶段的音乐、美术、体育等。这种思维一方面是考试因素所导致，但不得不承认，这也是社会普遍认同的结果。这种划分的背后，所体现的是学校教育对学科知识德重视，即使这种学科知识对学生未来的实际社会生活没有什么用处，在学校教育中，仍然非常重视。这一方面确证了中国中小学教育中考试的功利性倾向，同时也有着忽视经验性知识的一面。在中国传统社会中，也同样有着“两耳不闻窗外事，一心只读圣贤书”的说法。所以中国的中小学教育就诞生了一种很奇怪的现象，很大部分学生对具有高难度的学科知识掌握得非常好，但对社会生活中的一些基本经验常识却全然不知。

又次，中国基础教育在知识的发展上更重视外在知识，而对知识的个体创生有所忽略，并且相对缺乏自信。知识本身就是人类文明发展的一种结果，也即知识本身是人类自身创造的，当然也就是人类个体创生的。但这种创生一旦形成，就变成了对他人的一种权威。中国中小学教育教学中，学生与知识之间严重缺乏一种必要的平衡，也即教育本身是需要学生懂得，所学习的知识也不过是人类自己创造的，每个人都有可能去创新。在具体的中小学教育中，学生和教师在教科书为代表的教学知识面前完全失去了必要的自我尊严，而是顶礼膜拜，导致教师和学生对于中小学中的权威知识，在一定程度上失去了挑战的勇气。在教育教学中更为重视这种外在的权威的知识，而对学生个体包括教师的知识创新都有所忽略，并且非常缺乏一种对知识创新的自信。

最后，中国基础教育在知识目的上，更为强调学以致用，而缺失对知识的真的维度的价值信仰。这一点是中国知识观的根本性缺陷。中国自孔子之后，一直极为重视学以致用，最终几乎成为一种国民集体的知识观，但这种知识观严重拉低了中国教育的层次。教育和科学均如此，需要追求人类最为重要的真、善、美三维顶级价值观。在知识维度，应该追求真的终极价值，不管现实中的知识是否有用，最重要的不是有用，而是是否为真理。但非常遗憾的是，现实中的中国教育，更多的满足于有用，而不是追求真的价值信仰。这在精神上伤害了中国教育的发展动力，一个满足于世俗层面上有用的教育很难培养和产生真正大师级人才。同时，过度迷恋有用的世俗价值，会让教育和科学发展更为势利，这也是中国近年来理科和工科非常强势，而对人文和社会科学相对忽视的重要原因。事实上，对于一个社会发展来说，理工科和人文社会科学是一体两面，只是在学科领域存在差异，但在终极真理和思维哲学维度是一致的。不能设想一个健康的社会能够仅仅依靠理工科建构。任何一个购买电视机的家庭，欣赏的都不是电视机本身，而是电视机中的节目。电视机是理工科的产品，而电视节目就是人文社会科学中的文学和艺术的产品。

二、基本构成的逻辑

静态知识观是中国基础教育知识观的基础哲学，是中国基础教育知识观的最主要影响因素。因为是静态知识观，所以在教学知识上强调固定边际和范围就成了中国基础教育的必然选择，这也是知识观的实践逻辑。基于静态知识观，中国基础教育在教科书上强调知识的体系化和结构化，最终形成了严谨的教学知识体系。

重视学科知识、书本知识实际上是中国古代四书五经流传下来的传统，其他形式的知识在中国相对显得不正式，这是历史逻辑。“维护客观知识的另一个重要意义在于，必须捍卫真理！这应该是学校教育的一个基本信念。在这个问题上，千百年来的教育传统是必须坚持的。正如波普尔所说：‘从量和质上讲，我们知识的最重要的来源——除了先天知识以外——是传统……我们知识的大多数来源都是传统的这一事实，证明反传统作为一种无用的东西是有罪的。’在真理问题上，教育是别无选择的。因为否认真理必然也否认求真精神，而培养求真精神乃是教育的神圣使命。”① 因为极端重视知识本身的存在形式，所以基础教育阶段，非常注重教科书。教科书在中国基础教育中就是圣经一样的权威，当然这本身提升了中国学生对知识和书本的崇拜和神圣感，但同时这种过度崇拜也导致缺失对权威知识批判反思的能力，实际上削弱了知识领域的发展创新能力。

中国基础教育更重视外在知识，而对知识的个体创生有所忽略，实际上这是中国基础教育强调教育和教师的权威的必然结果，这是结构逻辑。因为强调知识来源的权威性，这导致了中国基础教育中注重权威和传统知识，而忽视了知识本身的发展性和创生性。在具体的教育教学活动中，更多的是单向地向书本和权威学习，而缺乏对自我知识建构的训练。在一定程度上，这种属于知识上的自我矮化，将权威和教科书无限拔高，而忘记了一切知识都是人类的产物，这事实上对中国社会的创新性发展具有一定的负面影响。

学以致用则是中国基础教育知识观的评价指向，这是知识观领域的社会逻辑。因为中国社会注重实用主义，实用主义沿用到知识观中，必然强调知识学以致用。但这种学以致用一方面给了中国教育以尊贵地位，因为所学知识有用。另外一方面把中国教育引入歧途，包括今天的中国高等教育，处处都强调为经济服务，强调提升学生的就业率。这一点也是典型的实用主义哲学，但过度实用主义很可能导致丧失对真理和教育的信仰。过于追求利益的心态和趋势，可能会导致教育落入过度世俗化的泥潭，最终反而导致社会和科技的发展停滞。

---

① 江峰：《客观与主观：当代课程哲学的两种知识观评析》，《北京大学教育评论》2006年第4期。

第四节　中国基础教育知识观的特色与比较

中国基础教育知识观在静态知识观、实用主义指向等方面具有自己的特色，客观上形成了中国基础教育重视教学效率、重视课堂教学等基本特点。

一、中国基础教育知识观的特色

中国基础教育知识观最重要的特色在于静态知识观形成的严谨、体系化的基础教育知识体系。同时这也成为中国结构化的小学、初中、高中的学校体系的基础，最终形成统一的高考制度。从这个角度上看，中国的基础教育在知识上具有明显的控制化倾向。所有中小学的知识体系都是明确的、固定的和成体系的，这奠定了中国中小学教育教学规范化管理的基石，同时也能够给予中国中小学生一个平等的竞争空间。“将知识作为课程的基本要素以确定课程的门类和内容。认为人的多方面的发展是以知识的认识为本位和轴心而展开的。学生获得系统的科学知识的有效途径是教学。教学的有效方法，依然是课堂讲授。”[①]从这个角度上看，开放式的基础教育知识体系并不是中国社会所欢迎的，一个有着明确边界，有着明确要求的知识体系，或许更适合于中国的社会哲学。因为中国社会传统以来都是高度重视平等，在平等的基础上确保社会的和平，在此基础上追求其他社会价值。而一个相对固定的知识体系，确实有助于保障教育竞争的平等的知识空间。

另外，中国基础教育知识观的实用主义取向，是中国知识观在教育哲学上的最大特色。这一点一方面给予了中国教育在中国社会中的重要地位，因为教育能够给社会各个阶层带来实实在在的好处。古代是科举及第，光宗耀祖，今天则是提升个体社会地位，实现社会阶层向上流动。也即，这种具有实际指向的教育能够给社会个体带来希望，这种教育哲学无疑能够安抚社会中的不安定分子，能够最大限度调节社会教育矛盾，提升社会阶层流动的健康度。而为服务于这种公平的竞争，中国基础教育必须采取静态知识观。因为动态知识观带来的无边际的知识体系，会导致社会精英阶层通过金钱和权力等社会优势，扩展后代的教育中的知识优势，而社会下层阶层则可能无力扩展知识边界，而导致学生个体升学竞争中处于完全劣势。如果形成这种局面，将给中国社会带来社会动荡和社会矛盾，教育需要服务于社会发展，所以中国社会选择静态知识观和实用主义，两者实质上是一体的。

---

① 孙喜亭：《再谈“基础教育的基础何在”》，《教育理论与实践》2003 年第 8 期。

最后，中国基础教育知识观的经典主义倾向，有力提升了中国教育在中国社会中的地位，也是师道尊严的重要原因。因为中国知识观尊重权威，所以中国社会中的主流价值观体系稳固，学生整体都统一接受学校权威知识体系教育的，这种统一性当然也是社会主流价值观最有力的实践基础。教育代表着知识，而知识本身在中国社会中具有权威形象，故教育应当值得社会尊重，执行教育教学的教师的职业应当归为高贵。自古以来,中国教育都是朝廷和政府的重要关注领域，受到政府诸多的支持，同时也受到严格控制。这种知识上的保守主义很大程度上确保了中国文化的主流延续，同时也对思维存在一定程度上的僵化影响。

二、中国基础教育知识观的比较

中国基础教育知识观注重体系，强调知识边界，最终形成的基础教育阶段知识体系是明确、固定和严谨的。这种知识体系也实践了中国社会强调效率、平等和适度竞争的倾向。相比较来看，以欧美为代表的知识体系相对来看更为动态化，强调学校教育中的知识体系的无边界，追求教学中的开放性，在教学中也不注重知识的体系化。其背后的哲学当然也与其自由主义哲学相关。

在体系上，中国基础教育知识观是一种静态体系，注重学生学习的方便和理解的清晰性。这种体系严谨、明确，能够在相当程度上给学生提供非常体系化的整体知识结构。相对来看，西方基础教育知识观则注重动态发展，强调学生在教育教学中对已有知识的挑战和批判，并注重通过个体的自主研究，提出自己的知识内容。

在知识的边界上，中国基础教育知识观具有明显的边际。在中小学教学中，教师很少把内容扩展到教科书课程体系之外，学生也不倾向于过度扩展知识边界。因为对于学生来说，这样就太累了，且对于提升自己的学业成绩没有什么帮助。相对来看，西方基础教育强调知识的无边界性，注重扩展教学内容，并鼓励学生自己扩展知识，追求教学中的开放性。这种知识观可能会降低学生对已有知识体系的掌握深度，但能够对学生未来发展带来非常重要的知识激情和成就感。但不能过度诠释中国基础教育中的知识观中的过度客观主义，事实上中国学校教育过程本身也是主观和鲜活的。两者实质上构成了主观与客观的一体，这是教学过程中的辩证法。一个基本的学校教育事实就是，学生在学习书本知识、现成知识时，他的理解活动仍然是主观的，或者说他的建构活动是主观的，但他理解或建构的对象以及最终目的却是客观的。在此过程中，客观的知识体系仍然是极端重要的。不能因为理解和建构活动是在主观意向的基础上，不能因为这种活动伴随着主观知识的产生，就否认它的对象和目的是客观知识、书本知识或现成知识。[①]

总体上看，知识观的差异，其背后既有教育哲学的分歧，也有社会结构的原因。在教育哲学上，西方自柏拉图以来，就强调教育的核心是发展学生的天赋，所以西方在知识观上注重知识适合个体，追求个体接受知识的自由度，同时也重视这种因为个体差异而实现的动态化发展知识体系。而中国传统以来，教育主要就是读书，这一点决定了固定知识在中国教育中的极端重要性，在知识方面，中国社会讨厌没有边际的知识体系，要求在固定知识范围内进行教育竞争。在社会结构上，中国追求的是大一统的结构化和控制型的和谐社会，注重通过教育竞争而实现社会阶层的流动，所以极为重视教育竞争的公平性，为力求公平竞争，必须把教育知识限定在必要的范围内。西方国家在社会结构上，追求的是动态平衡，强调个体的自由发展，尊重个体的自由空间和发展天赋，所以在教育中要求必须给予学生动态的知识以及没有边界的知识内容体系。

第五节　中国基础教育知识观的流变与发展

中国基础教育知识观随着时代的发展而逐步流变。今天随着中国社会的发展，中国教育范式必须从复制型走向创新型，这必然将影响知识观领域的改变。

一、中国基础教育知识观的流变

近代以来中国社会科技落后，一直处于被动挨打的局面，所以中国的教育范式就是典型的复制西方发达国家的教育，不管是教育结构，还是教育内容，包括教育理念，基本都是复制。这种复制的优势在于能够最快速度改变原有落后的教育体系，吸取西方教育精髓，追赶西方教育发展。整体上看，这种复制型的教育在近代以来非常成功，培养了中国社会发展急需的科技、军事、政治、管理等领域的人才，建构了中国现代教育体系。

但今天中国社会发展的时代已经基本改变，中国已经成为世界第二大经济强国，科学技术上的复制已经用到了极致，中国经济和社会已经不可能继续通过复制西方而实现发展了。也即，中国社会和经济发展状况已经决定了中国必须从当前的复制型走向创新型。中国教育也是同样逻辑，必须从传统的静态知

---

① 江峰：《客观与主观：当代课程哲学的两种知识观评析》，《北京大学教育评论》2006 年第 4 期。

识观走向适度的动态知识观，从复制型走向创新型。

知识观从复制型走向创新型是时代发展的必须，但在具体的基础教育教学中，以下领域需要重点推进：

在知识的边界上，中国基础教育需要改变固定知识边界的观念，扩展学生的知识视野。其目的在于提升学生的知识激情，孕育其必要的知识上的浪漫主义，为未来的个体发展增加激情和动力。如果教育不能保护和激发学生追求知识真理层面的激情和兴趣，不能有效提升教育本身的艺术性，那么学校教育就将变得枯燥和无味，虽然学生因为功利主义的高考等目标而实现了基础教育阶段的勤奋和努力，但这种勤奋难以保持可持续性。最终到了大学阶段，学生一方面会丧失对知识和真理的兴趣，另一方面，学生也会失去创新能力。

在知识的价值观上，中国基础教育需要保持对知识的尊重，这是一种知识观层面上的尊重。在面对具体的知识内容和结构体系时，要敢于提升学生的批判反思能力。如果没有敢于直面挑战知识权威的勇气，那么个体的学习就将只是单向的僵化的复制型学习，这是低层次的学习。学生在这种学习中，很难建立知识上的控制感，同时也缺乏自我发展的知识真理维度的成就感。在教育和人类知识真理发展中，都需要这种成就感以对抗探究真理过程中的枯燥和痛苦。没有这种成就感，很难保持这种对知识真理探究的激情和勇气。

在知识的标准上，中国基础教育需要适度提升多元化的知识结构。让学生理解知识本身来源的多元性和不确定性，以及知识在发展中呈现的多元性。通过对这种多元形式知识的理解，提升学生理解和创造知识的自我效能感。这并不是说中国基础教育一定要从静态知识观完全走向动态知识观，知识观不能从一个极端走向另外一个极端，而是指在教育教学中，需要适当地增加学生探究的空间和过程，这样有助于学生理解知识本身的发展性。

在知识的学习上，需要适度减少单向的复制型学习，增加学生的创新学习、自主学习、个体探究的比例。通过这种自我探究形式的学习，理解知识本身的多元性和差异性，能够有效提升学生学习中的控制感，同时提升学生在教育教学中的参与感。这种参与感和控制感在研究生阶段，将成为学生个体创新研究的重要潜质，因为创新本身也需要有探究经验和能力作为支撑。

在知识的自我建构中，注重个体自我检验知识的能力。建构学生自己的知识结构和知识体系，最终实现个体对知识的理解，并掌握知识自我建构的情感价值观，以及对权威的准确理解。权威知识是一定时期内得到大多数人同意的解释，这种解释具有历史性，如果随着时代的发展，这种解释可能被另外一种更准确的解释所代替，那么这种原来的权威就变成了非权威。所以从这个角度上看，权威知识都具有历史性或者暂时性。认识了这一点，学生个体在发展中就具有了创新的可能和必需的勇气。

二、中国基础教育知识观的未来发展方向

中国基础教育知识观在未来发展中必须兼顾中国社会的发展需要和稳定需要两个维度的需要。

在稳定维度，中国基础教育仍然需要静态知识观，需要重视知识边界，注重在此基础上实现公平教育竞争。中国的基础教育知识观体系严谨，结构稳定，内容确定性程度高，在知识的普及上具有先天的优势。所以这种知识观有助于提升社会个体整体上的知识结构和知识能力，在教育对于社会的稳定性提升上，具有明显的正面作用。因为知识结构稳定，全国基础教育都采取基本一致的教育教学内容，这在相当程度上提升了社会个体知识结构的一致性，同时也对学生的流动建立了良好的基础。学生在基础教育阶段转学到其他学校，几乎不存在知识上的差异，因为全国基本都是一致的。同时，这种体系化的知识结构，还形成了中国统一高考的知识基础，全国可以采取同样的试题和试卷，并且可以纳入一个体系中公平竞争，事实上这奠定了中国教育公平竞争的知识基础，对国家和社会的稳定具有非常重要的作用。一个文化价值观基本统一的国家，是很难分裂的，即使面对分裂，也将是分久必合。中国基础教育阶段学校教育不可轻易否定书本知识，如果否定了书本知识为代表的静态知识，那么教师和学校都失去了存在的价值和意义，不然学校教育为何要教科书，为何要考试？“一个显而易见的事实是，教师是按课程选择和组织的知识去教学的，我们不能一面要求他们完成课程要求的知识教学任务，一面又告诉他们这不是知识。”[①]

但是，必须要注意的是，在知识的发展维度，中国静态知识体系必须随着时代的发展不断变革。在学校的具体教学中，需要重视对知识边际的扩展，但这种扩展应该是一种思维训练，而不能进入教育竞争内容。创新型教育需要不确定性，但必须把不确定性控制在必要的限度。否则，完全的不确定性，可能导致教育竞争的非结构化，提升教育本身在社会竞争中的无序和混乱，这反而可能导致中国社会的矛盾激发。“建构主义阐述的更多的是科学研究前沿的认识过程，反映了最新的科学知识产生的曲折的认识历程，但这些过程是否有必要

---

① 江峰：《客观与主观：当代课程哲学的两种知识观评析》，《北京大学教育评论》2006年第4期。

在今天的基础教育学科课程里重演一遍，就需要认真考量而不能妄下断语。”[1]

一定的动态知识观是必要的，这是中国社会发展的必须，也是教育第二基本定律的要求，教育发展需要符合社会发展的需要。因为中国社会、科技、文化的快速发展，中国社会必须从对西方社会的复制型发展走向创新型发展范式。相对来看，教师需要一定的建构主义知识观，但同时也要认识到建构主义知识观的使用界限，本质上说，建构主义知识观不是基础教育课程设置的理论基础。在课程领域，同样需要平衡理性主义和经验主义。[2]教育作为培养社会个体的主阵地，必须服务于创新人才的培养，从目前的复制型教育范式走向创新型教育范式。在这一过程中，中国教育范式将从目前的大规模的强势的工业范式，逐步走向农业范式教育，尊重学生的天赋，发展学生的潜能，实现社会的创新型发展。

① 邢红军：《中国基础教育课程改革：方向迷失的危险之旅》，《教育科学研究》2011 年第 4 期。
② 迟艳杰：《我国基础教育课程改革的知识论基础之反思》，《教育科学研究》2011 年第 5 期。

伦理体系是任何一个国家的基础教育的重要构成，伦理体系在诸多领域影响着基础教育的教育教学。“学校是文明生活的传播者，是人格成长的引导者，是个人发展的促进者，真正的学校，始终是充满德性力量的学校。”① 如果说基础教育所呈现的是一幅油画的话，那么伦理体系就是这幅油画的底色，只不过这种底色可能经常被人有意无意忽视了。

第一节　伦理体系对基础教育的全面影响

伦理体系对基础教育诸多方面存在重要影响，人类学校教育在任何时期都存在道德的属性。即使是自然科学和工程科学,仍然存在道德与伦理的问题。直到今天，人工智能的伦理原则仍然是一个亟待解决的问题。“教育的伦理基础或伦理本性，是对教育本质的一种伦理追问，是对教育基本伦理预设的审查，是对教育在长期历史发展进程中表现出来的伦理精神的概括。”② 所以，中国基础教育的伦理体系，对基础教育的发展和存在状态，都有着不可忽视的地位和影响力。

一、伦理体系的主要构成与流派

影响基础教育的伦理体系主要由三部分构成：

其一是道德哲学，也即该社会主要的道德意识形态。这是决定了该种社会道德规范、政治意识和学校教育等具体领域的社会底色，是该种社会中的无处不在的社会意识形态的存在，当然对基础教育的影响巨大。道

① 王本陆：《学校制度建设的伦理基础与基础教育课程改革》,《教育研究》2004 年第 7 期。

② 王本陆：《教育伦理哲学刍议》,《高教探索》2002 年第 4 期。

德哲学对基础教育主要是在道德思维、道德假设等层面的影响。

其二是道德价值观体系。这种道德价值观体系一方面影响着社会对基础教育的定位，包括教育内容的选择和教育目标的确定，同时还直接成为学校教育的具体内容，在诸多领域直接影响着教育的具体实施，并成为对教育的道德性判断的基本标准。道德价值观体系对基础教育直接影响力主要表现于核心价值观体系，核心价值观具体规定了基础教育中的价值观具体内容。

其三是学校德育。作为在实践领域中的教育伦理体系的构成，学校德育一方面深远影响着学生的发展，同时也对学校自身的道德性和教育过程的道德性均有着重要影响力。学校德育是一种实践性的教育工作，对于伦理体系在学校教育中的具体实践有着重要作用。

在学校教育本身的伦理定位上，主要理论流派有文明价值论、文化共享论和育人成才论等几种理论流派。文明价值论认为教育是延续和提升人类文明的基本途径，所以尊重文明、延续文明和发展文明是教育的重要社会使命。文明价值论主要规定了教育存在的合理性，强调教育是源于文明本身的价值。文化共享论认为教育过程本质上是一种文化共享的过程，是让学生学习人类先贤所创造的文化成果以及师生共享智慧创造和人格魅力的过程。文化共享论关注教育伦理前提和伦理属性，规定了教育活动的合理性基础。育人成才论则强调教育的宗旨和归宿是促进下一代的成长，即促进学生身心健康发展。教育的核心目标是要帮助学生从自然人成为社会人，学习社会规则，成为合格的社会成员，同时教育还要培养个体博学多才，具有智慧和创造性。[①] 三种理论流派分别从人类文明、文化共享和学生个体发展三个维度定位了教育的基本伦理，这也是教育三大基本定律的表现。文明价值论对应第二定律——教育在发展上必须适应社会的发展，强调人类文明的延续。文化共享论对应教育第三定律——教育在价值基础上必须尊重人性，注重教育过程的人性化。育人成才论对应第一定律——教育在实施中必须发展学生的天赋，强调教育本身在于提升学生的知识、能力，培养其智慧和创造性。

二、伦理体系对教育的影响力

基础教育几乎任何一个领域和过程，均有着伦理体系的影响。伦理体系的差异，在很大程度上也形成了基础教育范式的差异。如追求自由主义的美国社会，建构的是自由主义的教育范式。而具有严谨作风的德国文化，最终形成的是严

① 王本陆：《教育伦理哲学刍议》，《高教探索》2002 年第 4 期。

谨的德国教育范式。教育本身追求真，同时也是善的事业，所以教育善应当是教育的道德理性，教育崇善应当是教育伦理规范的总原则。具体而言，教育的善表现在教育公平、教育民主、教育人道主义与和谐发展等基本教育原则中。[①]伦理体系对教育的影响力，主要体现在以下几个领域：

首先，伦理体系诠释和定义了道德的标准。作为社会化的最重要手段和途径，学校教育在任何一个社会中都扮演了重要角色，而社会化中一个极为重要的构成就是道德标准。何为道德、何为正义、何为正确，这些都是人类社会中极为重要的问题。伦理体系一方面解释了道德的基本构成，同时也在学生的教育中直接定义了道德标准，这个标准同时也是审视教育自身道德性的标准。一定程度上看，伦理体系决定了教育中的道德正确。

其次，伦理体系构成了教育的道德目标。教育在方向上有着真、善、美的终极三维目标。真指的是真理，是指向知识维度的；善则指的是道德，是指向伦理维度的；美指的是美感，是指向艺术维度的。而伦理体系，则构成了教育的道德领域的目标，这也是教育的终极目标之一。特别是传统以来非常重视道德的中国教育，对伦理体系非常重视，传统意义上的中国教育内容基本都是伦理道德。伦理体系制约着教育的道德空间和可能路径。教育有着自己的道德空间，因为教育本身必须是道德的。教师必须具有自己的职业道德，学校教育必须具有自己的道德性，而这种道德空间本身不是教育自己决定的，而是需要伦理体系来定义的。另外，教育本身还涉及教育路径的道德性的问题，如在具体教育中，面对学生犯的错误，在道德性上，是更强调学生的自由性，还是强调教师对学生的教育纠正的权力和义务。这在不同的伦理体系中，就可能出现不同的甚至是相反的答案。

最后，伦理体系还决定了教育的伦理特色。伦理体系影响师生关系的结构，影响校园文化的风格。基础教育中非常重要的构成就是校园文化和班级文化，其中包括教室内部的布置和结构，以及教学范式和风格，这些都与教育伦理体系密切相关。所以伦理体系实际上就是一种基础教育的道德底色，虽然很可能在实践中或者研究中被忽略，但事实上却无处不在。

第二节　中国教育伦理体系历史追溯

中国教育传统以来有着浓厚的道德色彩，中国社会也一直被视为道德之邦和礼仪之邦。从孔子开始，中国社会就极为强调道德伦理。所以在中国传统教育中，

---

① 王本陆：《教育伦理哲学刍议》，《高教探索》2002 年第 4 期。

道德伦理也构成了中国教育的基本内容。近代以来，自然科学和社会科学进入了学校教育，但伦理体系仍然是中国学校教育中一个极为重要的基本存在。

一、中国教育伦理传统

中国教育的伦理体系的历史渊源主要源于孔子所奠定的教育伦理哲学。孔子在多个领域建构了中国社会对教育的道德定位：

首先，孔子建构了中国社群主义道德伦理哲学，成为中国后世的基本社会道德伦理哲学。孔子的道德伦理致力于建设社会整体的和谐，其目标指向大同社会，并在社会道德价值观体系中极端重视社群的优先性。所以中国自孔子之后，在价值取向上优先指向于社会和集体，这一点也与马克思主义非常接近。中国一直都是并且也将一直是社群主义社会。[①] 这也是中国道德伦理哲学上的历史选择。孔子儒学同时决定了中国本质上是一个世俗社会。“孔子与一神论宗教的先知不同，他绝口不谈人类如何获得个人救赎。孔子主张通过个人修养获得国家的救赎。孔子思想着眼于现世，肯定的是一种社会守则，而不是来世的救赎。”[②]

其次，孔子建构了一套道德价值观体系。如五常：仁义礼智信；三纲：即君为臣纲、父为子纲、夫为妻纲。在价值观的逻辑体系上形成了一个严密并具有巨大时代进步意义的道德体系。这一构架将社会中的所有成员都统一到一个价值观体系中，客观上形成中国传统社会中的核心价值观体系，确保了中国社会内部的秩序化与和谐性。同时通过教育的力量，最终形成了整个中国社会的价值观共识。

再次，孔子的教育伦理通过经典书籍影响中国社会。孔子所编撰的经典书籍，如六经：《诗经》《尚书》《礼记》《乐经》《周易》和《春秋》，成了中国传统文化最为经典的核心构成部分。这些经典对于中国后世的道德伦理哲学具有重大影响力。如《诗经》既是文学，也是民风。《礼记》表述了中国礼仪的基本框架。《乐经》是中国古代少有的艺术美学领域的经典。《周易》则成为中国古代思想领域的高峰。《春秋》则是用以史为鉴的方式，为后世留下了历史智慧。中国之后还在科举考试中以四书五经的方式，广泛流传和广泛阅读，最终形成了中国社会中的教育基本内容，对社会影响巨大。

---

① [美] 郝大维、安乐哲著，何刚强译：《先贤的民主——杜威、孔子与中国民主之希望》，南京：江苏人民出版社 2004 年版，第 9 页。

② [美] 亨利·基辛格著，胡利平等译：《论中国》，中信出版社 2012 年版，第 11 页。

最后，孔子树立了中国特色的圣贤人格，这是中国教育目标的基本指向。即使是在当代中国，这仍然是教育的基本指向，只是在表述上发生了一些变化而已。这一点与西方差异明显。西方自古希腊以来的知识传统是智者传统，所指向的培养目标是智者，所强调的是理性主义，所追求的是人类顶级价值观中的真的一维。但在中国孔子看来，智者还不够全面，中国要求的更重要的还有道德伦理。中国社会精英人物不只是见识卓越,还需要有顶级的道德伦理价值观。这种人物，在中国有着专门的名词：圣贤。圣贤自此成为中国教育的指向目标，圣贤代表的道德伦理也成为中国教育的核心内容。虽然后世将孔子所奠定的教育加上了科举制度的功利主义色彩，但那本不是孔子所希望的。孔子所树立的圣贤形象，今天仍然是中国教育的理想目标指向，这一点，无论朝代更迭，时代发展，从没有改变。

二、马克思主义解放伦理的重要影响

近代以来，马克思主义传播到中国，指导了中国革命，在社会意识形态和教育领域，都有着极为深刻的影响。马克思主义是一种解放伦理，其目标指向解放全人类，其追求的是共产主义理想，在价值观上极为珍视人类的平等、自由、民主与和谐。这种解放伦理对中国教育的发展影响巨大，在道德目标上，教育必须成为建设社会正义的阵地，在教育发展中力求公平、正义和平等。马克思主义解放伦理是当前中国教育伦理的核心构成部分，其影响主要在教育政治和教育政策等领域。同时中国儒家伦理仍然在中国教育伦理中占据重要位置，其影响则主要是在教育中的社会交往规范和社会道德领域。虽然当代中国教育伦理与传统比较来看有着某些领域的重要变化，但在社群主义、基本社会规范等领域，仍然相对稳定。

在社会和政治领域，马克思主义解放伦理主要体现为共产主义思想和社会主义运动的政治伦理。共产主义既是一种社会理想，也是一种政治意识形态，一种社会实践。按照恩格斯的经典表述：共产主义是关于无产阶级解放条件的学说。[1] 共产主义思想的目标指向不只是无产阶级解放，更是全人类的解放。在道德伦理领域，共产主义既是指向人类集体的解放，指向共产主义，同时也指向个体的解放，追求个体的全面和谐发展。这种解放哲学是马克思主义伦理领

① 马克思、恩格斯：《马克思恩格斯选集》（第 1 卷），人民出版社 2012 年版，第 295 页。

域的基本构成，也是人类历史上第一种真正指向人的解放的伟大哲学。马克思主义解放伦理指向的共产主义社会，是一种各尽所能、各取所需的理想社会。在个体发展上，人类历史的其他阶段中，教育主要是一种获得社会竞争优势和社会地位的工具，而在马克思主义解放伦理中，教育是一种通过个体全面和谐发展，进而发挥才能奉献社会的途径。简而言之，其他社会阶段的教育充斥着利益和不平等，而社会主义教育需要将这种教育平等和公平性给予每一个社会个体。所以马克思主义解放伦理不只是在伦理体系上深刻影响中国基础教育，在教育实践上也同样具有重要影响。

马克思主义解放伦理对中国基础教育的伦理体系在以下领域中具有重要影响力：

首先，马克思主义解放伦理规范了学校教育的道德性。马克思主义解放伦理决定了学校教育的公共性、公益性和平等性，不允许学校教育成为部分人的保持特权和经济利益的工具，而将教育视为社会建设的和社会治理的重要途径。社会主义教育是培养社会主义劳动者，而不是剥削者，这是与一切旧教育在政治上划清界限。[①]这种强烈的道德性，决定了中国基础教育本身需要在走向上确保教育公平和协调发展。

其次，马克思主义解放伦理指向人类社会的解放和个体的解放。这是中国教育在伦理上的社会目标，其解放伦理决定了教育不能成为社会压迫的工具，相反，教育应当成为人走向个体解放的依托。社会主义教育不是培养统治者，而是培养社会主义社会的建设者和劳动者。

再次，马克思主义解放伦理在价值观上规范了中国基础教育的价值观选择。马克思主义解放伦理有着自己的价值观选择，追求解放，建构社会和谐和正义，注重社会和谐发展，提升社会的福利和保障。个体需要通过教育提升自己的知识和能力，其目的在于为社会主义建设服务。

最后，马克思主义解放伦理决定了中国基础教育的社会主义政治性质属性。马克思主义解放伦理指向社会主义政治意识形态，所以中国基础教育具有社会主义政治性质属性，强调无产阶级专政，强调社会主义方向，指向共产主义理想，致力于培养社会主义建设者和接班人。最终反映到法律上，我国《教育法》规定："教育必须为社会主义现代化建设服务，必须与生产劳动相结合，培养德、智、体等方面全面发展的社会主义事业的建设者和接班人。"

---

① 王炳照：《传承与创新—从新民主主义教育方针到社会主义教育方针》，《北京大学教育评论》2009 年第 1 期。

第三节　中国基础教育伦理体系基本构成

中国基础教育伦理体系涵盖伦理哲学、价值观体系、学校德育实践体系等。伦理体系既是一种道德哲学的存在，也是一种现实的道德实践范式的存在。

一、中国基础教育伦理体系的基本构成

中国基础教育的伦理体系主要有以下几个部分构成：其一是在社会伦理倾向上，由中国马克思主义伦理和儒家伦理构成的社群主义伦理；其二是在价值观体系上，由社会主义核心价值观体系构成的主流价值观体系；其三是在学校教育教学实践中，德育贯穿于学校教育教学所有环节和所有领域，服务于学校立德树人的根本任务，这是伦理体系在学校教育中的实践性存在。

在社会伦理道德哲学领域，中国基础教育是典型的社群主义道德哲学。在中国基础教育的几乎各个环节，均有着社会和群体在价值判断和目标指向上的优先性，这也是中国强调集体主义的重要教育哲学基础。社群主义道德哲学在很多领域给予了中国教育发展的健康性，在一个历史如此悠久的幅员辽阔的国家，一直有着文化上的包容性和国家整体感，这一点主要是依赖于这种对社群主义伦理的信赖甚至是信仰。中国历代以来的青少年，都被激励着要精忠报国和服务社会。这种精神上的国家力量，使部分对西方自由主义一知半解的人难以理解其伟大内涵，也是中国社会一直在发展中不断自我扬弃并在当代复兴的哲学力量。从比较的视角看，这种社群主义的道德哲学基础，与西方主流的自由主义价值观差异很大。自由主义重视个体的权利和发展空间，对于西方个体发展来说，这无疑是极端重要的。但在一个一直是世界第一人口大国的国家，在诸多领域，个体自由需要适度地让位于社会群体利益，这也并不是一个难以理解的选择。因为有了这种天然的潜意识的社群主义道德哲学基础，中国教育在发展中，虽然有着相对保守的一面，但也许这是中国历史智慧的选择。

在核心价值观体系领域，中国一直有着鲜明的主流价值观。在传统中国，孔子建构的三纲五常成为社会中的一种基本价值观信念。这种价值观信念最终成为中华民族的一种集体价值观，构成了中华民族的心理世界，在诸多领域对中国社会贡献巨大。即使是在今天颇多非议的三纲，即君为臣纲、父为子纲、夫为妻纲，在当时仍然具有极大的时代进步性，在那个时代构成了中国主要的政治和生活价值观。君为臣纲，即所有大臣均要忠于皇帝或者朝廷，则将一个松散的社会在社会行政管理体系上形成了一种紧密的价值观体系，事实上将全社会的管理群体纳入了一个团队之中。父为子纲，将社会中的每一个青少年纳

入了一个伦理体系，孩子需要听父母的话，同时也赋予了父母对子女的管教权利，将全社会的所有青少年都纳入了父母的教育范围。夫为妻纲事实上在那个时代仍然有着社会意义，将家庭中的事物的终极权力纳入了家长中的丈夫手中，这对于家庭矛盾的处理，至少在一定程度上有规可依，虽然对女性的权力有所忽视。最终，经过三纲的逻辑体系，全社会的所有青少年都需要听从父母，而所有的家庭都需要听从官员，所有的官员都要忠于朝廷和皇帝，这事实上将社会的一切成员都纳入了一个伦理体系。这实质性地将中国社会的紧密度大幅提升，整个社会的社群主义哲学倾向鲜明。其后通过董仲舒的《春秋繁露》，所建构的天人感应的社会哲学逻辑，将三纲建构的伦理体系的最后遗漏者——皇帝，也套进了道德的框架。"天道之常，一阴一阳。阳者，天之德也；阴者，天之刑也。"[①] 因为皇帝也需要听从上天的意志，而上天会通过天人感应的方式向皇帝示警。"与天同者大治，与天异者大乱。"[②] 从此之后，中国所有成员都被圈进了伦理体系。直到今天，中国社会的道德意识形态仍然是社群主义道德哲学。

而学校教育教学实践中，德育贯穿于学校教育教学所有环节和所有领域，服务于学校立德树人的根本任务，这是伦理体系在学校教育中的实践性存在。德育在中国学校教育中地位很高，德育是学校教育的重点和关键。其原因主要在于中国社会对道德伦理的珍视。在传统教育目标的指向上，指向注重道德的圣贤，当代则是德才兼备、全面发展的社会主义事业建设者和接班人。所以中国学校教育中不管是在学科教学中，还是在具体的学校实践活动中，德育无处不在。一定程度上讲，中国学校德育的要求就是处处德育、时时德育。

德育的实践性存在，在以下几个维度支撑着伦理体系在教育中的影响力：

其一是，德育通过直接的德育学科教学，体现着伦理体系的直接影响力。德育学科主要是品德课程，在法治课程进入中小学之前，小学是《品德与生活》《品德与社会》，在初中是《思想道德》，在高中阶段是《思想政治》。当前增加了法治教育，课程名称变更为《道德与法治》。这种直接的德育学科教学，给予了学生直接的道德伦理价值观的知识体系，不管在行为和情感等内在维度是否有效，但在道德认知上，中国德育是相当成功的。简而言之，这种德育课程学习使中国学生系统性获得了道德伦理知识体系，并通过学业考试而强化认识。即使是学生在现实中不能达到实践层面上的高度道德水准，但在道德认知层面是不存在问题的。

---

① 董仲舒：《春秋繁露》，中华书局 2012 年版，第 445 页。

② 董仲舒：《春秋繁露》，中华书局 2012 年版，第 446 页。

其二是，德育通过强大的德育队伍，对学生影响巨大。德育队伍主要由班主任队伍构成，这也是中国基础教育中最为重要的教师群体，对学生的影响力都非常深远。班主任工作在学校教育中归为德育领域，也是学校中对学生道德情感价值观最为直接和强大的影响群体。班主任为代表的德育工作者，既承担对学生的道德教化的任务，同时还承担对学生的生活指导和生活帮助等职能，这也是一种典型的生活德育的实践。

其三是，中国学校将德育活动固定化和活动化，对学生的伦理意识的潜在影响巨大。学校德育层面经常通过一些常规性和运动性的教育共同影响学生，如常规性的校园文化建设，非常规性的学校大型文娱活动、校园主题活动等。在中国学校教育中，这些活动大都有其背后明确的德育逻辑和德育使命。这种长期的、固定的德育熏陶，导致中国学校教育对学生的潜意识层面的影响力巨大。同时，这也是教育艺术性的表现，学校如果单纯进行知识教育教学，就可能过度枯燥和单调了。

二、中国基础教育伦理体系的内在逻辑

在三个层面的基础教育的伦理体系构成中，哲学层面给了基础教育伦理底色，核心价值观给予了基础教育以基本道德价值观骨架，而学校德育则将前两者强制性地施加于每一个青少年身上。三者共同服务于中国基础教育的伦理领域的发展。

伦理哲学层面的社群主义倾向，让中国基础教育呈现出了致力于社会和谐和平等建构的目标。同时中国基础教育的结构，也呈现出这一点。中国学校教育体系中，小到一个班级，大到一所学校，对于学生成长来说都有着明显的家庭的感觉，所以今天中国很流行同学会，这就是明证。马克思主义解放伦理提升了中国基础教育的政治高度和正义性，把教育从人类社会的工具提升到一种正义的社会生活的高度，并实质性地提升了中国教育的平等、和谐和正义性。儒家伦理则是中国基础教育的文化特色，同时也通过深厚的儒家伦理内容，奠定了中国社会对教育的基本看法和标准。准确地说，中国教育的尊贵地位本身就是由儒家伦理奠定的。

核心价值观则是中国基础教育的道德骨架，并构成了一个明确的分层次的体系。古代中国的三纲五常是奠定中国社会结构和秩序的基本骨架，今天中国的社会主义核心价值观体系也起着同样的重要作用。任何一个社会都需要一些具体的价值观的存在，这些价值观具体构成调节着社会中的基本关系，同时也构成了社会对道德伦理的基本认识和想象。中国社会传统以来都选择核心价值

观，而不是自由主义价值观。在中国社会中，道德伦理领域是黑白分明的，善的就是善的，恶的就是恶的，道德与不道德泾渭分明。

学校德育则是前两者在学校教育中的直接投射，是反映的现实版的伦理体系在学校教育中的存在。学校德育一方面是对未成年学生道德情感价值观的引导，同时也是对学校教育者群体的一种道德暗示和道德再教育，是一种通过明确的德育内容对学校群体的系统影响，其构成除了德育内容，还包括德育组织机构、德育人员体系、德育活动等，这些同时也构成了青少年对社会道德性的基本理解。在学校教育中，对于学生成长来说，道德并不是简单的知识，而是实实在在的校园生活中的矛盾处理、人际关系和生活问题，这些都需要学校德育体系去处理和协调，并在这种处理中对学生进行道德引导。所以学校本身是需要道德的，在一个不道德的学校中，对学生进行德育注定是失败的，建构道德的学校和培养道德的学生个体，是学校德育体系的基本任务。

第四节　中国基础教育伦理体系的优势与缺陷

中国基础教育在伦理体系上有着自己的诸多特色，在今天西方自由主义伦理占据世界舆论主流的时期，其存在的价值更显重要。这种特色至少是对传统的一种坚守，而仍然存在的传统，本身就说明了其内在的实践理性和历史智慧。

一、中国基础教育伦理体系的世界谱系

中国基础教育的伦理体系在诸多方面塑造了中国基础教育的特色。如中国的儒家伦理的家国一体化的伦理倾向，就对基础教育阶段的学校内部结构有着明显的影响。在中国基础教育阶段实施的班主任制度中，班主任负责教育和管理一个班级，并负责协调所有科任教师和学生家长，这种结构就很类似于中国的传统家庭，班主任所扮演的就是家长的角色。中国中小学普遍存在的教研组制度，也是中国的家国一体化的一个缩影，每一个教师在学校中都归属于一个教研组，包括校长、主任等管理人员也是如此。教研组制度是一个非常重要的组织，“中国的教师是幸运的，因为教研室制度和教研员角色，帮助他们摆脱了职业的孤独，为他们的专业成长提供了切实的帮助。”[①] 这种教研组既是学术讨论、教学经验交流学习的组织机构，也是教师群体在生活中和工作中相互帮助的组织，能够带给教师归属感，也是一个标准的教学群体的家庭结构。

---

① 从立新：《中国基础教育三级教研组织研究》，《教育科学研究》2011年第9期。

因为中国的主流价值观的伦理体系，所以中国基础教育中黑白分明，注重正面引导，在教学过程中是明显的教师主导，其结构也是注重教师的权威性和道德性。这种结构模式一方面加大了教师的责任，同时也对教师有着很高的道德和能力要求。所以教师在中国从来就不是一种普通职业，这一点是与英美等国家的教育传统差异很大的。英美国家的教师只是一种普通职业，谈不上权威，但在中国，对教师道德的高要求是教师职业本身的内涵要求。中国注重教师的道德引导，强调教师身正为范。“师者，所以传道、受业、解惑也！”[①] 其中传道，就代表着教师需要在道德伦理领域履行对学生和社会的责任。

二、与自由主义教育伦理的比较

中国基础教育伦理体系与自由主义教育伦理相比较，在这些领域表现出明显的差异：

首先，在价值观体系上，中国教育伦理体系强调主流价值观，并且是一种确定的价值观体系，黑白分明，善恶标准明确。而在自由主义教育伦理中，并不追求和设定主流价值观，强调价值观之间的自由竞争，黑白并不分明；在教育过程中强调学生的自由选择，并且本能地反对道德价值观的灌输。中国价值观体系的构成内容非常明确，内在多种价值观之间也是相对平等的关系，同时价值观之间存在协调和和谐的要求，并不将某一种价值观视为高于其他价值观，而需要视具体情况判断。相对来看，西方自由主义教育伦理中，自由价值观是绝对优势地位的价值观，其他价值观都不可违背自由，并且在自由与其他价值观之间发生矛盾和冲突的时候，其他价值观都必须服从于自由价值观。

其次，在教育道德目标上，中国教育伦理体系追求社会和谐和人类解放，强调群体利益，注重教育的平等性和正义性。而自由主义教育伦理则是追求个体的自由发展，强调个体的自由空间，注重个体的发展的自由性和天赋潜能的发展。中国教育伦理体系指向的理想社会目标的渊源主要有两个：其一是中国古代的儒家的大同社会，强调人人亲和友爱，社会富足和谐，人们安居乐业；其二是马克思主义的共产主义社会的理想，强调无产阶级的解放以及所有人类的解放，追求各尽其能的社会贡献范式，物质富足，精神高尚，社会和谐。而自由主义教育伦理则指向自由主义社会，强调社会的动态平衡，最终通过自由竞争形成一个自由社会。

最后，在具体的学校德育中，中国强调体系化的德育，有着明确的德育队

---

① 韩愈：《师说》，载于《古文观止》（上），中华书局 2001 年版，第 553 页。

伍、德育内容、德育目标和德育课程。而在西方自由主义伦理中，学校德育强调个体自由，是一种并不强制性的相对柔和的德育范式。中国学校中德育处于核心地位，班主任体系是中国德育中富有力量的德育队伍，德育内容强调体系化，并通过考试提升学校师生对德育课程的重视程度。西方学校德育主要是道德教育，呈现的是一种相对自由的内容体系，并且德育课程与德育队伍并没有中国德育的地位重要。

三、中国基础教育伦理体系的优势

中国基础教育伦理体系的优势在于以下领域：

首先，中国基础教育伦理体系给予了中国未成年学生一个明确的道德价值观体系。也许这个道德价值观体系可能存在争议或者遗漏，但是这却是建构青少年道德伦理体系非常坚实的基础。任何一个社会都需要自己的基础性道德价值观，中国这种明确的主流价值观体系确实给中国社会带来了一个善恶分明的价值观基础，在很大程度上有效建构了中国社会的道德基础。中国古代是通过学校的教育而实现对社会的道德伦理教育。首先学校通过儒学教育，将儒家的道德伦理体系内容教育给学生个体。其后学生通过科举成为社会的精英，一部分出仕直接成为官员，通过对地方进行文治教化，而提升社会的道德伦理水平。另外一部分则成为当地有名望的士绅，通过乡村地方事务自治，实现乡村社会的道德维持与提升。当代中国同样是通过学校实现社会的道德伦理教育，中国没有强力影响的宗教体系，所以民众的道德价值观主要是通过家庭教育和学校教育实现的。中国家庭教育的作用在现代社会呈现出一定程度的减弱，主要是因为学生与家长在一起的时间越来越少，而学生非常重要的青春期，主要是寄宿制的中学阶段，这决定了中国学校在德育领域中的极端重要性。

其次，中国基础教育伦理体系的社群倾向，一方面与中国传统文化无缝衔接，同时另一方面也与中国政治相结合。所以中国伦理体系能够整合文化、传统与政治，并深入社会生活，形成较为长远的社会目标和建构学生历史性的视野。这对于中国形成社会合力，建构安全、和谐与和平的社会，具有重要意义。中国德育中的道德伦理一定程度上讲是理想主义的，是讲述和灌输相对完美的理想道德价值观，以及道德领域中的圣贤和英雄人物。简而言之，这是一种拔高了道德伦理水平的教育。但这种教育的优势在于，能够有效提升学生个体道德价值观的认识水平。即使在道德实践层面可能存在一定的难度，但在道德认识水平上，是问题不大的。同时，这种道德价值观教育还通过将远大的社会道德目标教育给学生个体，有利于从道德视野和社会目标提升学生个体的道德高度。

最后，中国基础教育伦理体系中德育是一个现实的强大存在。这一方面给了中国德育以极高的尊贵地位，同时另一方面也能够有效整合政治、教育和管理等诸多领域的合力，形成对青少年学生道德情感价值观的综合影响。这种强大的德育体系的存在，决定了中国基础教育的产品合格率很高，次品率较低，确保了社会建构的质量。中国德育在实践中呈现明显的结构化、内容体系化、明确化，并且通过强大的学校德育的组织体系，加上德育考试体系，最终能够综合形成对学生的强大影响力。这种影响力是非常明显的，即使学生因为学习太多太频繁可能有所反感，但事实上，中国几乎所有高中以上的学生在思维上呈现出明显的马克思主义哲学的思维方式，在价值观上呈现出明显的爱国主义和社会主义倾向，这实际上就反证了中国德育体系的强大影响力。

四、中国基础教育伦理体系的内在缺陷

没有任何一种教育范式是完美无缺的，中国基础教育伦理体系仍然存在其内在缺陷。事实上，在道德伦理体系中，本身也不可能完美，即使是人类的价值观体系内部，也存在显而易见的矛盾和冲突。如自由和平等之间，就存在明显的矛盾。

首先，在价值观体系上，中国基础教育伦理体系的结构过于刚性，但人类社会的道德价值观的发展本身就是处于不断流变之中的。所以这种刚性的道德价值观体系在正确的时候还算合理，如果价值观本身已经过时或陈旧，就可能变成教育中的沉重的道德包袱。中国的道德价值观主要是一种客观价值观体系，强调内容的确定性，在一定程度上忽视了主观价值观体系。所以中国社会在道德价值观领域，呈现出一种相对更为具有硬度的道德思维倾向。在学校德育中，具有过多的理想主义，这种理想主义很多时候只是理论上的或者伦理学中的，但却可能让学校教育给学生，最终学生在社会实践中无法实施，这可能导致学生在道德上产生一定程度的矛盾。一方面，因为所受教育的道德伦理的理想主义，而呈现出一种完美的道德价值观的认识。但另一方面，在现实社会中又不可能实施，必须采取另外一种道德价值观体系，虽然道德高度降低，但更实用。但这就在道德上会形成冲突，并且可能导致学生对理想的道德价值观产生怀疑，进而怀疑一切道德价值观，甚至走向犬儒主义。

其次，在社群主义伦理倾向上，有着天然地压制个体自由空间的倾向。这对于社会的创新性发展实际上是不利的。一个人如果过于考虑他人的感受，是很难实现革命性创新的。但中国伦理体系本身就把每个人都置于一个群体之中，并且要求个体对其他成员承载义务，这很多时候可能导致社会个体的生命不能

承受之重。中国道德价值观整体呈现出一种儒学的现世主义，强调在社会中的实用性。这本身可能不是问题，但如果整体价值观只倾向于个体的社会实践，而不关注心灵世界，那就是一个很严重的问题了。中国道德价值观强调和谐、和平、平等、正义，这些事实上都属于尼采伦理体系中的奴隶道德，只会让人越来越平庸，而不是卓越。相反，勇气、激情、血性、荣誉等，这些尼采伦理体系中的贵族道德，则在中国学校伦理体系中非常欠缺。而缺失了这些贵族道德，则会导致中国学生群体越来越胆小，越来越平庸，更信奉"木秀于林，风必摧之"之类的保命哲学。这种价值观倾向如果不能得到改变，未来会严重影响中华民族的创新能力。同时，中华民族的发展必须尊崇英雄，提升对荣誉的追求。习近平同志指出："祖国是人民最坚实的依靠，英雄是民族最闪亮的坐标。"[①] 在学校教育中，"对中华民族的英雄，要心怀崇敬，浓墨重彩记录英雄、塑造英雄，让英雄在文艺作品中得到传扬，引导人民树立正确的历史观、民族观、国家观、文化观，绝不做亵渎祖先、亵渎经典、亵渎英雄的事情。"[②]

最后，强大的德育体系本身并没有问题，但不代表德育一定没有问题。如果德育内容存在问题，或者德育队伍存在问题，就可能导致对学校教育的负面影响。因为这种强大的德育体系，很容易被社会和政治所控制。所以，德育必须要确保自身的正义性，但这一点，事实上并不是那么容易。中国学校德育与学生工作是相互紧密联系的，这导致学校所在地方政府对学校的一些政治行为也会影响学校德育，比如部分地方经常将学校学生作为政绩工程的重要执行者，做很多的形象工程和政绩工程。在这些行为中，所开展的形式主义和政绩工程实际上对学生德育工作存在明显的负面影响。

第五节　中国基础教育伦理体系的时代发展

新时代的中国基础教育伦理体系，呈现出一些重要的时代特征。如社会主义核心价值观和中国梦，都对中国基础教育伦理体系有重要影响。

一、社会主义核心价值观

社会主义核心价值观基本内容为 12 个基本价值观，分别是：富强、民主、

① 习近平：《习近平谈治国理政》（第二卷），外文出版社 2017 年版，第 351 页。
② 习近平：《习近平谈治国理政》（第二卷），外文出版社 2017 年版，第 351 页。

文明、和谐；自由、平等、公正、法治；爱国、敬业、诚信、友善。[①] 12个核心价值观主要具体分为三个维度：第一个维度是国家层面的价值目标，包括富强、民主、文明、和谐；第二个维度是社会层面的价值取向，具体是自由、平等、公正、法治；第三个维度是公民个人层面的价值准则，具体是爱国、敬业、诚信、友善。三个维度的12个核心价值观相互联系、相互贯通，体现了中国特色社会主义的伦理价值观特色。

社会主义核心价值观是当代中国精神的集中体现，凝结着全体人民共同的价值追求。[②] 其伦理基础主要有两个来源：其一是马克思主义的解放伦理，其二是中国儒家文化的儒家伦理。马克思主义解放伦理是马克思主义在伦理学上的体现，其特点是注重平等，追求和谐，强调无产阶级的解放，最终指向人类社会的解放。马克思主义解放伦理的维度体现有：民主、文明、自由、平等、公正等价值观。儒家伦理则是中国传统伦理学，注重和谐，强调社会和平，注重亲亲友善，其价值观体现为：和谐、法治、爱国、敬业、诚信、友善等。两种伦理基础都是中国社会中的强大的现实存在，儒家伦理是中国社会道德规范的基石，马克思主义解放伦理则是中国社会政治意识形态的伦理基石。

社会主义核心价值观对中国基础教育的伦理影响很大，其主要贡献在于：其一，社会主义核心价值观实现了价值观体系的结构化。这种结构化非常符合中国学校德育的现实需要，并且也是中国基础教育的思维范式的体现。其二，社会主义核心价值观不只是体现了政治意识形态，还体现了具体的社会生活规范。这是政治与道德的结合，也是中国德育范式中道德与政治结合的现实体现。其三，社会主义核心价值观在伦理基础上注意了马克思主义与中国传统文化精华的结合，贴近政治，同时也贴近生活，有利于推进中国社会治理和提升学校德育的质量。

二、新时代的中国梦的影响

中国梦是当前中国学校德育中的重要构成部分。2012年11月29日，习近平同志在参观《复兴之路》基本陈列时提出了实现中华民族伟大复兴的中国梦。2013年3月17日，习近平同志在十二届全国人大一次会议闭幕式时进一步指出："实现中华民族伟大复兴的中国梦，就是要实现国家富强、民族振兴、人民幸福。"[③]

---

①《社会主义核心价值观基本内容》，《人民日报》，2014年2月12日。

② 习近平：《决胜全面建成小康社会，夺取新时代中国特色社会主义伟大胜利——在中国共产党第十九次全国代表大会上的讲话》，人民出版社2017年版，第45页。

③ 习近平：《习近平谈治国理政》，外文出版社2014年版，第39页。

中国梦不同于美国梦，更为强调社会层面和个人层面的梦想的结合，美国梦主要体现为个人的梦想。中国梦主要分为三个层面：其一是国家富强，这是指向国家层面的梦想；其二是民族复兴，这是指向社会层面的梦想；其三是人民幸福，这是指向个体层面的梦想。中国梦注重梦想的力量，注重社会精神层面的建设，力求通过精神的力量，提升社会精神层面的高度，最终实现推进中国特色社会主义的建设。

中国梦的核心理念主要有：首先，中国梦是中国社会主义运动在新时代的进一步深化。中国共产党今天是执政党，肩负着提升社会主义建设质量，提升民族复兴的动力，最终实现中华民族的复兴，这是对执政初衷的重要回顾和教育定位。其次，中国梦强调梦想的力量，提升中华民族建设中的精神高度和精神动力。特别是在今天人类社会越来越物质化的时代，不忘初心，重提梦想，有利于提升社会治理的精神高度和力量。最后，中国梦既是对马克思主义的实践，也是对中国传统精神的继承。马克思主义强调人类解放的伟大使命，中国传统精神强调修身、齐家、治国、平天下。中国梦则是指向建设一个人民幸福、国家富强的中国，这是近代以来中华民族的伟大梦想。

中国梦对中国基础教育的伦理体系具有重要意义。当前中国基础教育必须高度重视中国梦教育，“广泛开展理想信念教育，深化中国特色社会主义和中国梦宣传教育，弘扬民族精神和时代精神，加强爱国主义、集体主义、社会主义教育，引导人们树立正确的历史观、民族观、国家观、文化观。”[①] 首先，学校德育体系需要提升和重视学生的梦想的力量，减少功利主义，提升学生精神层面的高度。这需要学校提升德育的层次性，注重学生精神力量的培养。其次，学校德育需要结合国家建设的需要、社会治理的需要以及个体发展的需要，提升个体的道德伦理素养。最后，学校伦理体系需要重视德育的艺术性，通过富于美学的教育，赋予学生梦想的教育，最终实现学校德育的使命。

三、中国基础教育伦理体系的时代发展

在全球化的时代，中国伦理体系受到了较大的冲击。但伦理体系是社会建设的重要基础，中国基础教育伦理体系一方面需要正视这种外来的冲击，另外一方面需要结合时代的发展，大力推进自我建设提升。

全球化时代，中国基础教育伦理体系存在一些重要的时代变化：

---

① 习近平：《决胜全面建成小康社会，夺取新时代中国特色社会主义伟大胜利——在中国共产党第十九次全国代表大会上的讲话》，人民出版社 2017 年版，第 43 页。

首先，在社会个体伦理层面，个体之间的关系更趋于平等，而不是传统社会中的秩序化。这种更为平等的个体伦理关系，将是未来社会建设中的常态。传统社会中有着明显的权威和秩序，但在未来的社会中，权威可能主要限于知识和真理维度，在伦理体系中，权威感会逐步下降。

其次，在社会群体伦理层面，社会个体的道德伦理更为自由和变化，而不是传统社会的固定化。传统社会中个体的道德价值观是确定化的，什么行为适合于什么环境，是清楚明白的。在未来的社会中，个体的道德伦理更趋于自由，同时基于这种自由，道德规范会呈现出明显的流变趋势。客观价值观可能会受到一定的削弱，主观价值观会呈现出明显的主流化趋势。

最后，在伦理指向上，社会个体的目标更为多元，而不是传统社会中的明显的同质化。传统社会中道德价值观体系结构明确、内容确定，道德目标指向同质化程度较高。在未来社会中，个体的道德伦理的同质化可能会降低，个体的道德目标可能趋向多元。

在外来冲击方面，中国基础教育伦理体系主要面临以下冲击：

其一是西方自由主义伦理的冲击，社会更为重视自由价值观。因为西方自由主义的强势地位，并被演化为所谓的普世价值观。实际上除了西方国家，其他文化圈的国家很少有把自由作为首要价值观的。但这一点对中国以及其他文化价值观的世界存在冲击，则是一个不争的事实。

其二是国际理解维度，多元主义价值观存在很大的冲击力量。因为世界文化多元，同时因为现代国际理解的推进，所以多元文化价值观的影响力日增，这种多元伦理价值观对中国的主流价值观存在一定的影响。

其三是宗教领域，部分不健康的宗教可能以邪教的方式给中国基础教育带来一定的麻烦。中国本身宗教影响力不强，佛教又是一种宽容和宽和的宗教，所以传统中国的宗教领域不存在太大的危险性。但今天，部分不健康的宗教，打着宗教的旗帜，对中国社会存在一定的负面影响，中国德育需要具有反邪教的教育内容，并需要高度注意在这个领域的防微杜渐。

在内在革新方面，中国基础教育体系需要注意：

其一坚持马克思主义解放伦理的伦理基础。“人民有信仰，国家有力量，民族有希望。”[①] 中国基础教育伦理在未来需要坚持马克思主义解放伦理的伦理基础，推进社会治理，提升社会个体的精神层次，注重社会和谐建设，并需要有

① 习近平：《决胜全面建成小康社会，夺取新时代中国特色社会主义伟大胜利——在中国共产党第十九次全国代表大会上的讲话》，人民出版社 2017 年版，第 42 页。

人类解放的伟大道德理想，否则人无远虑必有近忧。过度世俗化将一直是中国学校德育的一个潜在的危机，如果缺乏信仰，德育事实上将在精神层次上大幅下降。

其二是坚持对传统中国伦理体系精华的传承。中国儒学给予了中国社会基本伦理规范，道家思想在自然发展、和谐发展等维度以及思维层面给了中国伦理巨大支持，中国佛教思想则在善恶伦理上，奠定了中国的善恶基本观念。“深入挖掘中华优秀传统文化蕴含的思想观念、人文精神、道德规范，结合时代要求继承创新，让中华文化展现出永久魅力和时代风采。”[①] 中国基础教育伦理体系需要结合时代发展，对中国传统伦理体系实施扬弃。

其三是进一步推进中国基础教育中德育的艺术性，通过美的德育提升中国德育的影响力。伦理体系主要是通过学校德育实现的，学校德育的生命力在于艺术，中国基础教育学校德育必须大力提升德育的艺术性，彰显道德的力量，提升学生的道德层次和精神层次。

其四，在全球化的时代，中国基础教育伦理体系需要注意伦理坚守，坚持德性论的德育路径。中国文化价值观独树一帜，是世界重要的人类文明范式。中国基础教育伦理需要坚守中国德性论的德育路径，注重通过道德的内容、道德的方法、道德的目标、道德的行为提升青少年的道德伦理水平，实现中国社会的健康发展。这一点既需要坚守德性论的德育范式，也需要注意反对西方自由主义德育范式和情感主义德育的冲击。

---

① 习近平：《决胜全面建成小康社会，夺取新时代中国特色社会主义伟大胜利——在中国共产党第十九次全国代表大会上的讲话》，人民出版社 2017 年版，第 42 页。

教师与学生是学校教育中的基础性主体存在，没有教师或者没有学生，也就不存在学校教育。但教师与学生之间的关系，在不同的教育范式中，呈现出不同的结构性特征。这种教师与学生之间的结构性特征，一方面是学校教育的不同教育理念的体现，同时也彰显着不同风格的基础教育的师生观。

第一节　师生观的基本构成

教师与学生之间的基本关系，以此为基础的学校教育中的教师与学生之间的基本结构，教师与学生直接的情感、教育和管理等关系，以及这些结构和关系背后的逻辑，最终构成了学校教育中的师生观。

一、师生观的基本构成

教师与学生之间的教育关系，是师生观最主要的内涵构成，但师生观还包括诸多维度的内涵。教师与学生之间既是一种教育的关系，也是一种生活的关系，还是一种亲情的关系。师生观在学校教育中，至少有以下基本构成：

其一，师生观在现实学校教育层面体现于教师与学生之间的身份、地位、支配等关系性存在。这种关系性存在是该种教育范式的师生关系的普遍性规律，如果仅仅只具有小概率的规律，那么这种师生关系谈不上是师生观。也即，师生观是宏观上的教师与学生之间的结构性关系，这种结构性关系体现了该种教育范式中的教师与学生之间的现实教育关系的整体特征和倾向。

其二，师生观在哲学或者意识形态层面，是该种社会中普遍认同的教师与学生之间应然关系的投射，即在大众的想象中，教师与学生之间就应该是这个样子。也即，师生观不只是一种实践性的结构性存在，还是一种社会意识形态的存在，是社会大众所共同认可的或者设定的一种教师与学生之间的关系定位。社会正是通过这种师生观去审视现实学校教育中的教师与学生之间关系的健康度。

其三，师生观从属于该社会中的学校教育的内在教育逻辑。自由主义的师生观首先必须符合自由主义价值观，而社群主义的师生观，则天然地将教师的职业罩上了社群伦理要求的色彩。简而言之,师生观主要决定于教育的主体哲学，也是教育的主体哲学在教育实践中的一种现实表现。

整体上看，师生观既是一种实实在在的现实存在，体现在学校教育、班级管理中教师与学生之间的自我定位，同时也是一种社会意识形态般的存在。虽然表面上这种师生关系可能看不见摸不着，但社会大众都觉得本该如此。师生观的不同设定和解释，在很大程度上决定了基础教育现实实践中的具体方法和过程，并在相当程度上规范了教师的自我定位以及学生的自我认同。如果教师与学生之间在师生观上存在矛盾和冲突，那么在现实的教育实践中，教师与学生也将面临尖锐的教育冲突。

二、师生观的重要影响力

师生观在诸多领域影响着基础教育的结构与范式。教师对于基础教育的重要性不言而喻。相对于高等教育教师来说，基础教育阶段的教师对学生的影响力更大，也更为深远。因为基础教育面对的是未成年人，需要得到教师的帮助和影响。而高等教育阶段的学生已经是成年人，已基本具有自己的独立性，教师的影响力相对要弱一些。一定程度上看，教师的实践需要被人理解，因为他们是教育质量的最终提供者和决定者，无论好坏。在任何一种教育范式中，都需要听取教师的意见，要能够让教师清晰有力地表达自己的观点，并理解其背后的教育理念和教育伦理。[①] 师生观的设定和实践，最重要的因素是教师，在两者之间的关系上，教师相对而言居于支配的地位。

在基础教育阶段，学生大都是未成年人，心智和身体可能均不够成熟，这种情况下，教师对学生的影响力很大。基础教育的师生观对基础教育的实践、理念和想象都有重要影响力。所以师生观既是一种教育基本理念，同时也是一种现实教育存在，两者是一体两面，都对基础教育实践影响深远，最终还会直接形成一

① [加] 卡伦·芒迪等编，徐辉等译：《比较与国际教育导论：教师面临的问题》，教育科学出版社 2009 年版，第 143 页。

种教育领域中的惯例和传统，同时成为基础教育中的教育哲学的重要构成内容。

师生观的影响力主要呈现在以下几个维度：

其一，师生观决定了社会对基础教育教师的基本要求。师生观实际上反映了社会对基础教育阶段教师的教学、德育、管理等方面的全面要求。教师与学生之间影响力的强弱、关系程度的紧密或者宽松，主要取决于该种社会师生观的设定。基础教育教师面对未成年学生，一方面需要引导学生发展，同时另一方面还要面对学生的独立性追求，所以教师与学生之间的矛盾是必然存在的。特别是在青春期，教师与学生之间的关系至关重要，而能否引导学生度过这个人生发展中的危险期，主要取决于教师与学生之间的关系。青春期阶段，学生在中国基础教育阶段大都是寄宿制的初中阶段，父母鞭长莫及，而教师则是学生身边可以信赖的人。所以在基础教育阶段，师生观远比高等教育阶段重要。因为在高等教育阶段，学生大都已经是成人，具有基本成熟的社会协调能力和社会思考能力。

其二，师生观决定了基础教育实践中教师与学生之间的基本关系。中国基础教育中教师与学生之间的关系是一种紧密的关系，学生与教师在教学和生活中都是紧密互动，教师不只是负责教学，还需要在生活中帮助学生，甚至在安全上要保护学生。这种紧密的师生关系既是中国教育传统的结果，同时也与当前中国基础教育阶段大量的寄宿制学校相关。在寄宿制学校中，学生能够信赖和帮助的主要是教师。

其三，师生观呈现了该社会基础教育的基本教育哲学，并成为基础教育的基本形象和基本理解。学校的构成主体就是教师与学生，教师与学生之间的关系涉及基础教育的一切领域。一切教育问题本质上都是人的问题，所以师生观本身就反映了该社会对学校教育的基本假设，并成为该社会中基础教育的基本形象标准。社会也是通过对教师形象和学生形象去建构对基础教育的理解和要求的。如中国社会中的教师形象，首先就是孔子的形象，要求智慧和道德，并具有人格魅力。而成功的学生形象，强调才华，注重勤奋，还要求品行端正。在现实的社会想象中，首先就是状元、榜眼和探花等形象。这也是今天中国高考状元仍然具有重要社会影响力的重要原因。这种符号化的形象一定程度上有利于社会大众对基础教育的理解，并不是一件坏事。

其四，师生观决定了该基础教育范式的基本教学过程特征。师生观事实上高度相关教师与学生之间的权力、权利、义务、责任等，并涉及教学过程结构和管理的领域，不同的师生观会导致基础教育在教师影响力、教师对学生的管理权限、学生的个人发展空间、学生的自由度等领域的差异，而这些本身就是教学过程中的重要构成。不同的师生观，在教育实践层面会形成不同的教学结构和教学模式。“北京的教师认为教师最重要的素质是把事情陈述清楚，然后是热情、水平、灵敏和耐心。芝加哥的教师认为灵敏是教师最重要的素质，这点反映出他们更关注是否把儿童看成独立的个体，然后是热心、耐心和水平，最后是清楚明了。”① 中国基础教育中强调学生向教师学习，注重教师的道德引导，教师是一种光辉的形象。所以中国基础教育是一种学习中心的教学结构，教学过程严谨，呈现出明显的结构化。而在美国基础教育中，强调教师的引导性，但教师也只是一项普通职业，社会和家长均鼓励学生向教师挑战，形成一种学生中心的课堂教学结构，最终教学过程呈现出一种松散、自由和多元的结构特征。这两种教学结构的背后，是相对紧密的中国基础教育师生观和相对自由的美国基础教育师生观。

第二节 中国教育师生关系的历史追溯

中国师生关系有着悠久的历史文化传统，这些传统是构成社会对师生观设定的主要依据。中国的教师的形象和目标定位不只是一个教育领域的问题，甚至是一个重要的政治性问题。习近平同志强调，在中国基础教育阶段，教师都要力争能够学为人师，行为世范，做有理想信念、有道德情操、有扎实知识、有仁爱之心的党和人民满意的好老师。② 理解中国师生关系的历史发展，有助于理解当代中国基础教育师生观的具体内涵和基本逻辑。

一、中国教育师生关系

中国教育的师生关系历史需要追溯到孔子。孔子强调有教无类，广收弟子，所以传说孔子有弟子三千，其中贤人 72 人。虽然孔子弟子众多，在很大程度上可能仅仅只是一个名分，并没有今天基础教育中小学教学中教师与学生之间如此之多的紧密联系和接触。但孔子与其弟子之间的亲密度，确实在《论语》中得到充分体现。在中国历史中，不只是孔子，而是几乎全部教师与学生之间的关系，大多比较亲密。所以这种师生之间的关系，在中国是类似于一种父母与子女之间的亲情关系的。即使在对中国教育影响深远的科举制度中，皇帝都将最后的进士的排序考试纳为自己控制，也即殿试。通过皇帝亲自主持的殿试，

① [加] 卡伦·芒迪等编，徐辉等译：《比较与国际教育导论：教师面临的问题》，教育科学出版社 2009 年版，第 41 页。

② 习近平：《做党和人民满意的好老师》，《中国教育报》，2014 年 09 月 10 日第 5 版。

选出一甲进士中的状元、榜眼、探花，以及裁定二甲进士名单。这是一项非常具有政治意义的教育考试行为。其目的在于通过殿试，这些中进士的科举人才，都成为天子门生，也即皇帝的学生。从而通过师生关系固化皇帝与大臣之间的关系，因为朝廷大臣主要来自于这些进士，最终这种结构化的师生关系形成大臣对皇帝的效忠。所以在中国历史上，背叛师门在任何时代都不是一个光彩的名声，对自己老师的基本尊重，以及教师对学生的帮助，就成了中国社会中的一个基本逻辑。

这种社会历史逻辑一直延续到今天的中国，其变化事实上并不大，中国教师与学生之间的亲密关系，大多能够持续相当长的时间。最终，教师与学生之间的关系也成了中国人伦的基本构成内容。当然，也需要指出，这种相对紧密的师生关系，也导致了诸多问题的产生。如中国教师对学生的控制性倾向，以及学生鲜于能够批判教师，这对社会创新能力的发展相当不利。追寻一种更为民主、平等的师生关系，是中国教育中师生关系未来的必须走向。

整体上看，在基础教育阶段，教师与学生之间的关系主要有教学关系，也包括德育关系，还包括管理关系。

基础教育中教师与学生的基本关系是教学关系，教学关系指的是教师通过知识教学，促进学生的知识、能力等领域的发展。教学关系是教师与学生之间的基本结构性关系，不存在教学，也就不存在教师与学生。而学生与教师之间的现实具体关系，也主要由教学关系决定。在现实的中小学中，学生大都是因为喜欢一个教师，而喜欢上一门学科。同样，如果学生讨厌一位教师，也可能厌弃一门学科。

德育关系指的是教师引导学生的道德、思想和情感领域的健康发展。德育关系在中小学阶段非常重要，如果教师不能与学生建立良好的德育关系，教学很可能面临失败结局。但教师需要明确，教师与学生之间非常重要的不是刻意讨好学生，教育不是娱乐，而是一件严肃的工作。德育关系对教学关系影响很大，一位教师如果不具有良好的德育能力，很难成为优秀的教师，很多时候可能连课堂秩序都难以维护，有效教学就很难实现了。

而管理关系则更为复杂。在学校教育中，教师与学生之间还是管理者与被管理者的关系。学校是一个人员众多的单位，其内部必须有秩序，而这种纪律和秩序主要依靠教师维护。因为涉及教师如何在教育实践中管理学生，这些管理行为既涉及对学生问题行为的处理，还包括对学生荣誉的确定和授予，以及班级组织的建设。这需要教师的管理艺术和能力，同时必须具备管理科学常识和掌握管理艺术与技巧。

二、中国师生关系的特殊性

中国教师具有社会传统所授予的职业尊严和专业权力，这是理解中国师生关系的重要前提。这种教师的职业尊严并非其他国家教育文化传统中普遍具备的。中国教师普遍有自己的办公室，即使是集体办公室，如教研组办公室，但中国教师同样具有明显的私人职业空间。中国教师普遍享有教学上的自由裁量权，这种权力并不受到学生的强力影响，也即，教师大多拥有最后的专业决定权力。但相对来看，美国同行就差异很大。相对来看，“特别是在非英语国家或地区中，教师在学校的时间和空间方面都存在两个重大的差异：其一，共享备课空间和时间，其二，吸引人的教师的工作空间。”[①] 即使是具体的教师工作环境，中国与美国也是差异很大的。“现存的美国教育体制下，班级中缺少教师的办公桌，每个教师教 15 名到 30 名学生，由于要教所有的科目，每天与班上的学生在一起的时间达到 4.5 到 6 个小时。在上学前、放学后，教师几乎没有时间备课，可能每周还得安排两次额外的备课时间。”[②]

因为中国教育在社会阶层流动和社会阶层重构过程中的重要地位和作用，所以中国师生关系存在诸多的特殊性，主要表现如下：

其一，因为中国教育竞争在学生人生发展中的重要性，所以中国社会本能地扩大教师的教育影响力。虽然在今天有所减弱，但中国教师整体上对教学的控制权力仍然是非常大的。虽然中国教师的行为是服务于学生的学习发展，中国课堂教学是典型的学习中心式的教育结构，这种结构有利于教学效率的提升，但对学生的个性发展确实存在一定的消极性。

其二，因为中国缺乏西方基督教堂和伊斯兰社会中的清真寺之类的强大宗教机构，所以中国社会中的教师存在着重要的道德教育的职能。这一点也决定了中国社会必须提升教师的管理权力和道德标准，同时也必须加强中国教师的道德职能。其中的一个关键问题就是教师的职业道德，如果学生遇上一个道德低下的教师，将面临极为棘手的问题。在教学上，这种道德低下的教师可能会直接误人子弟。在德育上，这种教师可能会严重误导学生的发展，甚至这种教师本身也可能成为道德问题之源。所以，基于这种现实逻辑，中国社会需要提升教师的社会地位，因为一个社会不可能将这么重要的道德教育的使命交给地

① David Reynolds 等著，孙河川译：《世界顶尖级学校——学校效能国际风景线》，高等教育出版社 2005 年版，第 313 页。

② David Reynolds 等著，孙河川译：《世界顶尖级学校——学校效能国际风景线》，高等教育出版社 2005 年版，第 313 页。

位低下的阶层去完成。社会地位低下可能会导致两个严重问题：其一是教师的质量低下，因为社会地位低，不能吸引优秀人才；其二，社会地位低，必然导致社会影响力微弱，这也将严重影响中国教师的道德教化使命。

其三，当代中国社会的家庭结构基本趋于简单化，但家庭中学生的父母大多需要同时工作赚钱，所以在中国社会中，实际上教师承担了未成年人的教育的最重要和最主要工作。父母没有时间和精力，而祖父母一辈隔代教育本身存在很多缺陷和问题。这种家庭结构决定了中国社会赋予了教师极为重要的教育和管理职责，还有对青少年的保护职责，目的在于确保青少年健康和安全成长。

其四，中国的师生观一直处于流变之中，特别是今天西方自由主义占据世界主流的时代，导致中国的教育结构也趋于变得自由和宽松。但这种自由和宽容又没有配套的社会结构来分担教育和教师的职责，导致今天的学校教育正有着可能混乱化的不良趋势。传统的权威型的学校教育正在消解，但问题是学校本身就需要权威，如果学校不是知识权威，学校本身就是不需要存在的。换言之，取消了学校和教师的知识权威的形象，学校和教师本身也就失去了存在的理由了。

第三节　中国基础教育师生观的基本构成

中国基础教育师生观主要涵盖教师与学生之间的基本关系，以及这种关系背后的结构和逻辑。师生观很大程度上既决定了基础教育中教师与学生的结构与关系，同时也是社会长期形成的教师与学生的基本评价标准。

一、中国基础教育师生观的基本构成

基于历史文化的传统，今天的中国基础教育师生观主要有以下基本构成：在师生关系中，教师在师生之间的关系上居于明显的权威地位，中国教师大多居于支配者地位。但教师与学生之间的关系不是简单的支配者与被支配者的关系，而是一荣俱荣一损俱损的利益共同体关系。教师与学生之间除了教育教学之外，还存在明显的亲情关系。在社会形象维度，中国教师被要求学识渊博和道德高尚，学生则是被要求学习勤奋和才华出众。最后，教师在中国社会有着天然的奉献者的角色定位。

其一，教师在师生之间的关系上居于明显的权威地位。在辈分上与学生的父母类似，这种一定程度上的监护者的地位，在面对学生的时候有着明显的地位优势，所以在很大程度上，中国教师大多居于支配者地位。教师在教学关系、德育关系和管理关系中，均为这种指导者角色。在中国的基础教育阶段的教学中，

“教师既要充分肯定学生对既定事实的怀疑意识和批判精神，让学生自主学习，又要勇于指导和引导学生获得一个正确的结论。”[①] 这里所体现的，也是教师本身在知识领域中的权威性。

其二，教师与学生之间的关系不是简单的支配者与被支配者的关系，教师还在诸多方面和领域必须为学生负责，在学业、道德、人格甚至安全领域，教师必须维护甚至保护学生。如果学生在这些领域出现问题，社会大多归咎于教师的失职。从这一角度上看，教师与学生处于一荣俱荣一损俱损的利益共同体关系。

其三，教师与学生之间除了教育教学之外，还存在明显的亲情关系，这种师生关系大多持续终身，即使关系不亲密，但很少有否认这种关系的存在。师生关系在中国社会中是一种特殊的亲情关系，这种关系较为固定，但也会随着时间而发生变化。师生关系有着明显的边际和界限，也即教师与学生主要是一种教育关系，这种关系如果转换到利益关系等时，会出现变化。简而言之，教师不能将这种师生关系简单转换到其他领域，这种转换是不被中国社会所接受的，师生关系主要局限在学校教育中。

其四，在社会形象维度，中国教师被要求学识渊博和道德高尚，学生被要求学习勤奋和才华出众。中国教师因为承担着知识传授和道德教化的责任，所以必须在知识领域具有一定的权威，学识渊博是一种理想形象，即使达不到这种理想状态，教师也应当在知识维度超过普通人。否则，一个知识维度存在一定问题的教师，在行业内部会受到同行和社会的轻视，也很难得到学生的尊敬。道德高尚更是中国社会对教师职业的基本要求，因为中国学校教育主要承担对学生的道德教化的职能。学生在中国的理想形象主要有两个维度：第一是学习勤奋。中国社会文化尊重勤劳，强调勤能补拙，所以要求学校培养学生勤奋的进取精神，这也是社会主义教育强调培养劳动者的逻辑。第二是才华出众。人类社会都尊重具有天赋的人才，中国社会也不例外。中国自古以来有着对才子的尊重，所以希望学生才华出色，最终造福社会。

其五，在师生关系中，中国教师还扮演着奉献者的角色。学生在中国基础教育中，一方面是被支配者，在另外一方面，教师的言行也深刻影响着学生的发展。所以学生没有想象中那样敌视教师的行为，因为学生自己也很清楚，教师的绝大部分行为，都是为了学生的学习发展。所以，在很多西方自由主义教育中难以想象的严格管理在中国中小学教育中出现，并没有招致想象中的学生的怨恨。其中很重要的原因在于，学生自己也很清楚，在这种严格的教育教学

① 汪卫平：《课堂三问：教学伦理视角的考量》，《教育理论与实践》2010 年第 3 期。

环境中，教师很大程度上比学生更为辛苦。比如中国地狱般的高中阶段，对于学生来说，也就三年时间辛苦，但对高中教师来说，一生都如此辛苦。所以在中国基础教育界，很多教师与学生都认同：严格是爱，宽松是害。这种理念，在自由主义教育看来，难以理解，甚至可能被归于荒诞。

二、中国基础教育师生观的内在逻辑

中国教师居于支配者地位是基础教育师生观的结构逻辑，基于中国社会结构的原因，中国教师居于支配地位能够提升教育的影响力，这也是与中国教育在中国社会结构中的重要地位相匹配的。这种支配者地位能够有效提升教育教学效率，同时也能够促使学校内部形成结构紧密的班级群体，这也是与中国社会结构化的思维相适应的。

教师与学生处于利益共同体关系是基础教育师生观的动力逻辑，这一点促使中国教师全力以赴，提升学生的知识能力，同时确保道德情感的健康发展。因为利益共同体的关系，同时也增加了学生与教师之间的亲密关系，能够有效提升基础教育对学生发展的正面影响力。学生的学业成绩也是教师的工作业绩，两者一荣俱荣一损俱损的关系，能够提升教师本身的工作质量，也能够让学生理解教师的严格教育教学的行为，最终形成良好的教育合力。

教师与学生之间的亲情关系是中国社会家庭结构与单位伦理的推演逻辑。中国人与人之间的关系相对于自由主义社会是更为紧密的，教师与学生之间既是教学结构，同时也是一种扩大化的家庭结构，这种结构一方面能够增加学生对学校的归属感，同时也激发出教师对学生的爱，能够更投入地爱学生和保护学生。这种亲情关系，还是一种必要的感情保险，也即在具体教育教学中，如果存在一些误解和矛盾，在这种亲情之下，能够得到有效的缓解或理解。

在社会形象维度，教师与学生的形象要求是中国社会的文化逻辑。中国教师要求学识渊博和道德高尚，学生要求学习勤奋和才华出众。这两者实际上都是中国德才兼备的社会哲学在教育领域中的投射。同时，教师本身在中国社会中就是知识阶层的一个重要形象群体，必须承担中华民族对士人和贤才的形象期待，这种期待本身也是对教师专业发展的一种动力和要求。对学生而言，中国社会是普遍尊敬才子的，对状元的文化想象，本身就是中国社会中教育形象和教育理想的一个基本构成，也是对学生自我发展的一种期望。

中国教师的奉献者的社会形象是中国基础教育师生观的历史逻辑。因为教师与学生之间的紧密关系，同时学生是未成年人，这决定了教师可能拥有过大的权力和影响力。为了预防和确保教师行为的道德性，将教师的形象置于一个奉献者的高度道德的地位，则能够用心理暗示制约教师的不道德行为的可能倾向，同时提升教师的道德自觉。因为中国的历史智慧之一就是，社会中的教师群体的道德性必须得到保障，否则社会发展将面临严峻道德问题。

第四节　中国基础教育师生观的实践智慧

中国基础教育中师生关系整体呈现出明显的结构化，其具体实践体现为班主任制和任课教师集体协作制。中国的教师制度主要是采取分工协作，也即是多位教师对一个班级的学生实施教育教学，所以在具体的师生关系上相对比较复杂。

一、中国基础教育师生观的实践

中国基础教育中非常重要的师生关系制度就是班主任制度。在具体的中小学教育教学中，教师与学生之间的关系远比想象中的复杂和深刻，而其中最为关键的协调者就是班主任。班主任制度指的是在中小学中，每一所学校的每一个班级，都有一个主要负责的教师，即班主任，这名教师对学生的学习、纪律、活动和组织等领域全面负责。在全面负责的背后，也是与之相对应的权力和责任。也即，任何一个班级的学生事务主要由班主任负责管理，该班级的相关教育教学事务，也主要由班主任负责协调，这个班级的学生都主要依从于班主任。不管是在学习上、安全上、人格发展上，班主任对学生的影响几乎是全方位的。当然，如果班级建设存在问题，班主任也要付出代价和承担责任。

班主任制度主要有以下基本构成：

首先，班主任是班级管理的领导者，负责班级的管理事务，组建班级各种组织机构，并负责构建学生干部体系，管理和协调相关教育教学事务。这些事务对于学生来说非常重要，同时也是班级文化的基本结构。一个正派的班主任，会建设一个正派的班级，培养出一批优秀的学生。反之亦然，一个不好的班主任，是学生发展的厄运，也是学校管理中的麻烦制造者。

其次，班主任是班级具体常规事务的处理者，并负责维持班级秩序和营造良好学习环境。这是班主任的常规事务，班主任每天都需要跟学生见面，并处理相关班级事务。所以班主任的勤政非常重要，学生能经常见到班主任，并处理相关事务，本身就是对学生学习发展的一种激励和示范。一个不勤政的班主任，事实上都是不合格的班主任。

又次，班主任是班级学生的心理健康维护者和保护者，与学生之间存在紧密的心理关系。班主任是学生在学校生活中的保护者，学生遇到困难后，需要得到班主任的帮助。所以班主任在人格倾向上，需要外向、温暖的暖色调人格，不能是冷漠、内向的冷色调人格。一般而言，班主任任职大多都持续到学生毕业，所以班主任对学生影响既全面又深远。既是学生心理上的安全依靠，同时也是学生学习成绩、班级班风健康与否的主要影响者和决定者。

最后，班主任是班级任课教师的协调者，并且是班级对外交往的代表，负责家校联系等。中国班级任课教师众多，特别是中学阶段，大多是10个左右任课教师，如何协调好任课教师，也是班级建设的一个重要维度，这个困难的任务就主要由班主任承担。同时，班主任还需要同家长协调沟通，提升家校联系的质量，共同致力于提升对学生的教育教学质量。

所以在中国的中小学中，班主任的选择极为重要。一定程度上说，一个好班主任就是一个好班级，一个不好的班主任可能就是一个后进班。这就涉及一个非常重要的问题，学生在读书期间能否遇到一个好班主任。这一点，甚至在很大程度上影响着学生的人生志向。同时，班主任与学生之间的关系还存在相当的固化现象，因为学生大多都会默认是某某班主任的学生，对其他任课教师有着潜在的忽视。同时，学生家长与学校交流的过程中，也几乎只与班主任交往，这些都扩大了班主任的影响力，同时也提升了班主任与学生之间的紧密关系。所以相对来看，在中国基础教育阶段的学校中，教师要提升地位和影响力，班主任是必须经历过的职位，否则很难有足够的地位和影响力。同时，只有任职过班主任，对学校教育内部的教育教学的全貌，才算能够真正的理解和掌握。

中国的班级任课教师体系主要是交叉任课制度。即一位教师任教的科目大多都是固定的一个学科，一般至少为两个班级，比如中学的语文教师，一般任课都是教学两个班的语文。这是由科目的课时量决定的，如果教学科目是周课时较少的物理，可能就需要教学3个班，如果是政治或者历史，可能就需要教学4个班甚至5个班。这种交叉任课的教师制度，有利于发挥教师的专业特长，同时一个班级众多的任课教师，也有利于提升学生的新鲜感。如果一个教师包班上课，承担语文、数学、音乐、美术等等科目，对教师专业的全面性要求很高，同时学生也可能觉得很无趣。

在这种交叉任课的教师制度下，任课教师与学生的关系相对班主任来说要疏远一些，所以任课教师也会注意调整自己的权力和责任。如果遇到一般事务，可能自己就能够处理，如果遇到相对严重的事情，比如学生比较严重的问题和违纪行为，任课教师可能会提交给班主任处理。这种事情就需要班主任的协调，如果班主任协调不当，很可能导致班主任与任课教师之间的矛盾。特别是遇到较为自我的班主任，学生可能会讨好班主任，而花更多的精力和时间，提升班主任任教的科目成绩，而对任课教师无礼，这就会导致很多班级教育问题和矛盾的产生。在中小学,学生大多都是喜欢一个教师从而喜欢上一个科目的。所以,即使是班级内部的师生关系，也存在一定的微观政治。

二、中国基础教育师生观的实践智慧

学校教育中的教师经验和智慧对于教育质量是至关重要的。“教育者的主要责任是不仅要通晓环境条件所形成的实际经验的一般原则，而且也要认识到在实际上哪些环境有利于引导生长的经验。最为重要的是，他们应当知道怎样利用现有的自然的和社会的环境，并从中抽取出有利于建立有价值的经验的东西。”[①] 在长期的历史发展中，中国基础教育中形成了诸多的实践智慧，主要有：

教学相长的智慧是中国师生观中的重要智慧，也反映出中国基础教育对教师与学生之间关系定位的文化特性。教学相长指的是教师在教学过程中，一边教学，同时也一边在增长自身的知识和能力。这实际上反映出中国教师文化的谦虚的一面，并非单一的教师对学生的教学，同时还包括教师在教学过程中向学生的学习，以及在教育教学过程中的经验重构。教学相长在智慧上也同“三人行，必有我师焉”一脉相承。强调中国教师在教学过程中的自我学习和发展，这与今天的教师专业发展在精神上是一致的。

师生之间的亲情关系是中国基础教育中的一个重要的社会结构性智慧。教师既强调对学生的教育教学，还同时强调教师对学生生活和心理的关心和帮助。班级实际上也是一个家庭，教师所扮演的就是父母的角色，既需要有父亲角色的强硬、纪律和安全，也需要母亲角色的宽厚、宽容和关心。所以中国学生与教师之间的关系非常亲密，这种亲密关系甚至能够保持很多年。

宽严适度的实践智慧是中国师生关系的一个重要构成部分。中国教师强调要对学生严格要求，一个不严格要求的教师很难被认定为一个优秀教师。因为中国社会的逻辑是通过教师的严格要求，激发出学生最好的天赋和最佳的勤奋，最终实现最高的学术成绩。所以中国社会中强调对学生的严格是一种深层次的爱。同时中国社会本身的和谐价值观，强调教师对学生的宽容，要求教师对学生不涉及原则问题的事情，都应该有策略地处理，包括宽容和理解。这种宽严适度的智慧还在于，能够保持教师与学生之间的亲密关系，同时还能够保持教师的必要的权威，以能够维持必要的班级秩序，同时能够激发学生的学习动力。

---

① [美] 约翰·杜威著，姜文闵译：《我们怎样思维·经验与教育》，人民教育出版社 2005 年版，第 259 页。

中国基础教育阶段的学校教育中，一般是要求师生有适当距离的。德国著名美学家费歇尔曾说过说：“我们只有隔着一定的距离才能看到美，距离本身能美化一切。”心理学基本规律也表明，人与人总是处在一定的时空距离的位置关系上，这种时空距离传递着不同的心理感受。人们对超常的靠近表现排斥，只有距离适当，彼此之间才会有好的印象，才能产生美感。教师与学生需要保持一定的美的距离，在庄重的前提下亲切，亲切的基础上庄重，和谐相处。①

教师权威下的学生群体平等的智慧，这是中国教师与学生之间在关系结构上的一个重要智慧。中国学校中，教师强调需要具有自己的权威，这种权威可能是专业权威，可能是教学权威，也可能是管理权威，也可能源于人格魅力。但如果教师不具有权威，在职业上则具有相当大的缺陷，教师将失去对学生的强力影响力。教师需要具备一定的权威，以应对学生中的不良行为和不良情绪，以及必要的矫正能力。基于此，中国班级的结构实际上就是：在教师的权威下，学生之间平等地一起生活、学习和交往。如果失去教师的权威，学生之间就会出现无政府状态，强者会欺负弱者，为了相互帮助和协作，学生内部会出现帮派化，最终会呈现出丛林化的可能。所以中国通过教师的权威，压制住班级内部的不良行为，最终实现学生内部的和谐和优秀班级文化的建设。

中国基础教育师生观是一种紧密型的师生关系，这种紧密型事实上有着重要的实践智慧。首先，这种紧密型的师生关系赋予了教师重要的教育责任，也即对学生知识能力的培养，还包括对学生的道德情感教育，这种定位是基于中国本身的世俗化社会的考量。如果失去了教育和教师对学生的严格教育，中国社会就没有其他的对青少年成长的重要影响力量了。家长忙于工作，政府和政治对学生的教育来说距离遥远。这会导致社会的结构性问题。其次，这种紧密型的师生关系还迫使教师尽全力保护和发展学生。因为这种紧密关系的师生关系，决定了如果学生发展不好，那么教育和教师就需要承担相应的责任。所以这种结构表面上教师和学校影响力很大，但事实上也是一个真正的紧箍咒，对中国教育和中国教师压力巨大，这种压力也是动力。最后，这种紧密的师生关系一方面是传承了中国家庭中的紧密结构关系，同时也是学生未来进入社会之后，中国社会中单位内部人员之间的紧密结构关系的预演。在中国社会结构中，家庭结构、单位结构中人与人之间的关系都是紧密的。这种与师生的结构紧密性趋于一致，也是中国社会的基本理论。

---

① 李德显、于立娜：《理解与把握基础教育阶段师生距离的“度”》，《教学与管理》2006年第12期。

中国基础教育中的师生关系，在很大程度上也是社会关系的投射。因为在中国社会中，也非常重视上下级关系，重视父辈与下一代的关系，这种关系一方面可能是支配与被支配关系，但另外一方面，支配者必须负责被支配者的诸多发展权利的保障，否则可能就会被归于无能的指责。这在中小学教育中也体现无疑。如果教师不能给予学生优秀的学业成绩，包括不能给以学生安全保护，那么这种教师就会被社会加上无能的印记。

第五节　中国基础教育师生观的社会基础与未来挑战

中国基础教育师生观具有社会基础的支撑，正是中国社会结构决定了中国教师与学生之间的基本关系的预设，同时，中国的学制也与青少年的发展期密切相关。虽然学校教育主要有教师、学生和教学内容三个要素构成，但需要关注的是，国家重点关注课程内容，社会重点关注学生，相对而言，教师是无人关注的。[①] 学校教育事实上并非世外桃源，也很容易受到一些非理性思维的冲击，但教育是国家和民族的发展大事，教育决策者不能陷入从众意识而失去基本的判断能力。[②] 今天中国教师面临诸多挑战，“教师有双重职责：治愈自身与世界的隔离感，以便有能力去引导别人回家。”[③] 在教师的定位上，既不可简单的职业主义，把教师归为普通的职业范畴，也不可把教师过度浪漫主义，以过高标准要求教师，形成道德上和能力上的绑架。

一、中国基础教育师生观的社会基础

首先，学生在生活上与家庭的疏离需要教师的全身心投入，这是中国师生观的重要社会基础。中国基础教育的师生观，是未在学校教育圈内生活的人所难以理解的。一方面，教师与学生之间关系亲密，同时另一方面又管理严格。一方面感觉不近情理，但另外一方面，教师与学生之间在心理上却非常亲近。不管是在小学，还是在中学，大多数学生遇到问题，首先都是找教师，而不是找父母。在中国，学生上了小学开始，父母的权威就退位给了教师。所以这一点在社会关系上也体现非常明显，教师与学生之间的关系，在中国大多是一种敬爱的复杂关系，而不是学生与父母之间简单的亲密关系。学生与教师之间的

---

① 汪卫平：《课堂三问：教学伦理视角的考量》，《教育理论与实践》2010 年第 3 期。
② 汪卫平：《课堂三问：教学伦理视角的考量》，《教育理论与实践》2010 年第 3 期。
③［加］大卫·杰弗里·史密斯著，郭洋生译：《全球化与后现代教育学》，教育科学出版社 2000 年版，第 33 页。

敬爱关系，一方面是学生对教师的爱戴，另外一方面也有着对教师的基于教育与教学管理权力而带来的尊敬。所以中国学生从家庭走入学校，大多才开始理解秩序、纪律和协作，这些都是家庭教育中很难给予的。其中很重要的原因就在于对教师的尊敬，最终促成了学校教育中学生的人格素养的健康发展。也可以如此说，在中国家庭教育中，父母或许基于对子女的溺爱而难以实施的惩罚，大多交给了教师，最终由教师规正了青少年学生的不良行为。这种社会逻辑，即使在今天的中国，仍然具有极为重要的社会意义。特别是对于计划生育产生的独生子女一代，在家庭生活中学生个体很难理解竞争和严格，而到了学校，则面对教师的管理、同伴的竞争。正是因为有了教师的适当管理权力，才能确保青少年的健康人格的养成。

其次，青春期的特殊性与中国学制的契合，是中国师生观的另外一个重要基础。在小学阶段，学生的心理和身体都不成熟，在学校生活中会遇到很多困难和问题，需要在学校期间得到教师的帮助和保护，所以教师与学生之间关系需要亲近。中国的中学阶段，很大部分的学校都是寄宿制学校。而中学阶段的学生正处于青春期，这一时期学生心理不成熟，但身体已经逐渐成熟，开始追求个体的独立性。所以青春期的学生因为追求独立性，但又需要家庭和教师的帮助，这一时期会呈现出既反叛又需要家庭和教师的帮助的状况。但学生与其父母相对关系更为紧密，学生基于对独立性的争取，其反叛的对象主要是家长。相对来看，教师本身与学生之间的关系相对更为正式，而班级内部学生众多，青少年在这种同龄人的群体里，会得到相当大的独立性。所以学生与教师之间的关系相对来看，矛盾会更少。父母正是与学生太接近，并且习惯于控制学生的生活和学习，而学生则因为对独立性的争取，要求自己做主决策，从而反对父母干涉自己的事务。这才是父母与学生之间产生矛盾的重要原因。但教师相对来说没有这些麻烦，教师与学生之间距离相对较远，在矛盾上反而更少。所以在青春期，教师反而能够跟学生之间保持一种相对较近的关系，这对确保学生的健康发展是必要的。但基于学生青春期的具体特点，处于青春期前期和中期的初中阶段，学生更为反叛，控制情绪更为困难，所以初中阶段教师的管理任务更为困难，其教育教学职业难度更大。而高中阶段，相对学生已经进入青春期后期，其行为更为理性，情绪控制能力增强，其教育教学难度相对得到降低。

二、中国基础教育师生观的内在缺陷

中国基础教育师生观仍然存在一些内在缺陷，主要有：

首先，教师与学生之间的关系非常亲近，学生长期具有对教师特别是对班主任的依赖心理，这实际上降低了学生的独立性和自我发展能力，在自我发展的同一性上存在一定问题。学生在学校的学习和生活中，大多习惯于找老师解决。包括在中国的中小学中，也非常流行告密文化，指的是学生向教师告状。这种告密文化本身对学生的发展不利，因为不能提升学生自我解决问题的能力。同时也给教师工作增加了很多麻烦，不处理，则可能被视为老师不重视，不关心学生，但如果处理，又大多是一些鸡毛蒜皮的事情。

其次，中国教师与学生之间的关系主要是一种管理者与被管理者的关系，学生整体上缺乏与教师平等对话的能力和思维，可能导致学生过多的听话人格的倾向。教师特别是班主任，对班级管理具有明显的权威性，但这种权威性也存在内在的缺陷，学生习惯于听从教师的安排，并且班干部具有明显的地位优势，这些都可能导致学生从小就习惯于听话，听老师的话，听班干部的话。这对于学生的现代独立人格素养的形成，特别是公民道德素养的形成，是具有一定负面影响的。

最后，教师与学生之间的利益共同体的关系，虽然能够促进教师对学生的教育教学精力的倾注，但也经常导致教师为了提升自己的教学业绩，而过度地压榨学生的时间和精力，导致学生失去学习的激情和兴趣，最终反转为对学习的厌恶。而这是对学生的发展极为不利的。因为教师的业绩就是学生的学业成绩，学生的学业成绩考得好，教师的业绩也就出色。本身这是通过教育管理措施提升教师的教育教学投入度的，但很多时候也演变成教师为了提升学生的成绩，也即自己的教学业绩时，不择手段，不考虑学生的承受力，而过度占用学生的精力和时间。甚至在考试中，安排学生舞弊和抄袭，直接降低了学校教育的道德性。在中小学，经常发生这样的事情，语文、数学、外语等主科教师，占用学生的体育、音乐、美术、品德等学科的课堂，而教学语文、数学、外语等主科知识，目的是提升学生的主科成绩。学生不一定会欢迎这种行为，但也只能消极反抗。特别是遇到班主任这么做，那就更没有办法。如果只是任课教师这么做，也许还可以通过班主任协调，减少这种行为。

三、中国基础教育师生观的时代冲击与挑战

当前，基础教育发展中，也有着对中国基础教育师生观的诸多冲击，主要有：

首先，中国基础教育师生观受到学生中心论的强力冲击。学生中心论主要源于卢梭的教育思想，强调尊重学生的天赋，顺从学生的自然发展，强调教育不能用成人社会的知识和要求把儿童教育成为小老头。学生中心论是今天西方自由主义教育的核心师生观，也是西方基础教育中的政治正确，对今天中国基础教育的冲击非常强烈。在教育结构中的权威上，学生中心论反对教师作为权威；

在教师与学生之间的关系上，学生中心论强调学生为教育的中心；在教育的真理上，学生中心论强调自然的教育才是正确的教育，反对教师代表的知识体系；在学校教育的指向上，学生中心论指向学生的自由发展，反对教师对学生的经验指导。今天中国的师生观在人格上越来越趋于师生完全平等，但在知识和真理维度，中国基础教育应该坚持教师代表的知识和真理的权威性，自然主义教育并不是中国教育应当选择的方向，因为这涉及太多的不确定性，与中国的主体教育哲学存在一定冲突。

其次，自由与秩序的矛盾是中国基础教育时代发展中遇到的重要挑战。自由是人类社会最基本的价值观之一，而秩序也是人类社会发展必需的社会基础，但两者却存在一定的矛盾。西方自由主义教育的最重要特征在于强调自由价值观是教育中的首要价值观，所以在教育教学中，注重学生的自由空间和自由选择权力，强调学生的自由是教育中的首要政治正确的存在。但在中国基础教育中，沿袭中国社会的基本理论，注重秩序和正义，同时关注安全与自由。简而言之，在中国师生观中，学生的自由并非是最重要的教育价值观，学校的教育秩序和教育公平竞争同样重要。但基于西方自由主义的强势，近年来中国基础教育中也面临相当大的冲击。但必须明确，教育中的自由并不一定等于个性，也不一定等于创新。个性与创新需要自由，但自由只是必要条件，不是充分条件。同时，并非自由就一定能够实现培养学生的个性和创新能力，任何学校教育的存在，都需要秩序以及必需的教育公平竞争。

再次，中国教师的教育权限与责任，是当前中国基础教育师生观中需要重点厘清的领域。“不管对不对，教师有孤独感；这不仅因为他所从事的是一种个体劳动，而且也因为教育激起了过多的期望，因而教师往往受到了不公正的批评。”[①] 当前中国基础教育中教师正处于一种困境之中。一方面中国相关教育法律法规几乎没有肯定教师的惩戒教育权力，在教育法学界甚至认为中国教师没有法定的教育惩戒权力。但同时中国教师又必须面对学生对校级班规的违反，包括严峻频发的校园暴力事件。如果中国教师不具备基本的教育管理权力，那么教师无法维持学校基本的教育教学秩序，同时中国教师也没有能力为弱势学生提供基本的安全保护。而惩戒权力本身就是教育管理权力的必要构成部分。中国近年来对青少年学生存在浪漫化的一面，总认为小孩子不会做什么坏事，事实上中国基础教育阶段的校园暴力本身是非常严峻的。如何控制学校必要的秩

① 联合国教科文组织编著，联合国教科文组织总部中文科译：《教育——财富隐藏其中》，教育科学出版社 1996 年版，第 15 页。

序和安全，重塑教师与学生之间的正确关系，是未来基础教育师生观需要慎重定位的领域。在学校教育中，不能简单地强调以人为本，学校教育中的以人为本就是以学生为本，但这种提法本身是模糊不清的，在实践上为放任学生提供了依据，削弱了学校教育应有的教育功能。[①] 本质上说，应当说以学生的全面发展为本，而不是简单地以学生为本。以人为本很容易被理解为迁就学生的兴趣和需要，这样做看上去温情脉脉，实质上是放弃了学校教育的职责。

最后，中国基础教育需要正视中国师生观的智慧：亲情、责任和严格。中国师生观中有着诸多的智慧，如教师与学生之间的亲情，能够让教师对学生提供教育上和心理上的支持，包括在人生的重要阶段，教师也能够为学生提供重要的经验和建议。而学校教育对教师本身赋予了重大的责任，这种责任逼迫教师付出大量的时间和精力为学生提供优质的教育教学服务。但仍然需要高度关注的是，需要高度重视教师发展，“教师发展与学生发展存在着高度的正相关，教师自身的持续发展是学生持续发展和教学质量持久提高的最基础的支持性条件和有力保证。”[②] 教师没有发展空间，学生的持续发展很难有保障。

中国师生观之间的关系是一种相对严肃并且较为严格的教育关系，这种严格才是一种深层次的爱，能够提醒学生做好自己的学业，提醒教师尽到自己的教育责任。这种有着一定距离但仍然紧密的关系，能够让学生在一定的压力的基础上更好地激发出自己的全部能量，取得优秀的学业成绩。从这个角度上看，中国基础教育的师生关系渗透着中国基础教育的重要社会智慧。

在未来的发展中，需要注意中国教师本身的职业地位和权力的保护，“在教师们试图做更多的事而不仅限于传授知识、声明他们必须而且能够改善社会之时，他们的传统地位受到了侵蚀，他们的自主权和自由权也受到了损害。”[③] 在基础教育发展中，需要更为尊重教师群体本身的经验和智慧，“倾听教师的意见能够明晰所包含的教学内容和方法，以及它们在逐渐生成的过程中所包含的多重性，这是一种鲜活生动的经验。每种教学方式都体现了多样性，并且反映了原则与实践的分歧和互补性。”[④] 中国基础教育的质量，在任何时候，最终仍然是取决于中国一千余万的基础教育教师，这是任何教育决策者必须谨记的基本原则。

---

① 王本陆：《学校制度建设的伦理基础与基础教育课程改革》，《教育研究》2004 年第 7 期。
② 汪卫平：《课堂三问：教学伦理视角的考量》，《教育理论与实践》2010 年第 3 期。
③［英］B. 霍尔姆斯、M. 麦克莱恩著，张文军译：《比较课程论》，教育科学出版社 2001 年版，第 4 页。
④［加］卡伦·芒迪等编，徐辉等译：《比较与国际教育导论：教师面临的问题》，教育科学出版社 2009 年版，第 143 页。

现实教育的实践范式并非仅仅是教育自身的逻辑结果，还有着背后的哲学、社会、历史、文化等逻辑。“任何时候我们想要讨论教育上的一个新运动，就必须具有比较宽阔的或社会的视点，否则，我们就会把学校制度和传统的变革看成是某些教师的任意创造。”[①]基础教育实践范式的背后有着教育哲学的支撑，教育哲学在教育理念、教育假设、教育路径等诸多方面影响着基础教育的选择。

第一节　教育哲学对基础教育的影响力

哲学是人类社会的智慧结晶，同时哲学也通过对思维、逻辑、价值等领域的影响力而推进人类社会的发展。人是一种文化符号的动物，这种文化符号，需要思维进行基本建构，需要通过假设设定价值，需要逻辑实现交往。每一个社会都有着原初的基本假设，也有着思维的基本范式。教育哲学在任何一种教育范式中都是极为重要的存在，何种教育被视为正确，教育中何种目标被视为终极目标，不同的教育价值之间如何取舍抉择，这些的背后，都有教育哲学的重要影响。

一、教育哲学与教育

教育哲学是思考教育领域中的基本假设、基本价值、基本逻辑和基本目标等的学术领域。教育哲学在很大程度上影响了教育的基本目标和基本过程，同时通过学校学制、教科书体系、教育评价体系等实现对教育的影响。任何一种教育范式都有其背后的教育哲学，唯一

①［美］约翰·杜威著，赵祥麟等译：《学校与社会·明日之学校》，人民教育出版社2005年版，第25页。

的差异只是这种教育哲学是否被教育实践者清晰地认识到。

在基本假设上，教育有着多种可能的选择。教育是基于社会化的基本假设，是基于知识传承的基本假设，是基于个体天赋发展的假设，还是基于社会分层的需要，对相关维度的不同回答，会导致不同的教育范式之间的重要差异。

如果选择社会化，那么教育范式会非常重视学校德育及其道德发展的使命。如果选择知识传承，那么会非常重视学校教育知识体系的全面性和深入性。如果选择个体天赋的发展，那么会高度重视学生个体的自由空间和自由发展。如果选择社会分层的需要，则会高度重视教育竞争的设置强度和频率。

社会大众对教育哲学的认识一般较为疏远，即使是学校教师和教育管理者，大多也认为教育哲学比较遥远。如果被问到教育实践为何如此，最多的一种回答可能就是：一直都是如此。事实上，如果对教育哲学缺乏深入反思，会导致见木不见林的问题。如果缺乏教育哲学领域的深入思考，不能理解教育基本假设的问题，教育改革与发展就会变成无头苍蝇，没有方向，也难以拥有智慧和逻辑。

二、教育哲学对基础教育的影响力

教育哲学对基础教育的影响力主要表现在以下四个维度：

首先，教育哲学决定了基础教育的基本假设。基础教育中必然存在学校、教师、学生、教科书、教室等基本要素，这些要素之间的基本关系，主要是由教育哲学所决定的。如教师与学生是什么关系就非常重要，不同的师生关系会影响到学校教育的机构设置，教科书的编写风格，甚至教室内部的设置特色。如果基本假设中认为教师是学校教育的核心和灵魂，那么教育实践中会突出教师的引导、指导和管理作用，在教室的布置中会注重规范和严谨，在教科书中会注意教师授课的体系化和结构性，而这些还会影响到学校的基本结构，导致在学校的基本结构中，教师的地位会相对偏高。但如果在教育基本假设中，设定学生是学校教育的核心，那么在教学范式中会呈现出差异很大的一面，在教育实践中会非常重视学生的天赋和空间，教师的引导和管理作用会被降低，同时教科书的编写会给学生的思维留下较大的自由空间。

其次，教育哲学决定了基础教育的基本目标。人类的教育目标也在历史发展中呈现明显的变化。“通过教育，社会能明确表达它自己的目的，能够组织它自己的方法和手段，因而明确地和有效地朝着它所希望的前进目标塑造自身。”[①]

---

①［美］约翰·杜威著，赵祥麟等译：《学校与社会·明日之学校》，人民教育出版社 2005 年版，第 14 页。

所以杜威认为："教育是社会进步和社会改革的基本方法。"[1]在古雅典，教育试图培养有修养的灵魂，要求受教育者明智、敏锐、有分寸、和谐，而且有审美能力和纯粹沉思的乐趣。在古罗马，教育首先让孩子们成为战士，为军功而勇敢战斗，对文学艺术则不怎么感兴趣。在欧洲中世纪，教育首先是使人信奉基督教，教育是为了传播基督教教义。在文艺复兴时期，教育具有明显的世俗性和人文性。如今，在西方国家，科学逐步取代了艺术以前在教育中所占的地位，教育进一步走向世俗性。[2]

任何一种社会都有着自己的终极目标假设，如果社会缺乏终极目标假设，那么社会在相当程度上将可能是低俗和病态的。缺乏终极目标，那么在精神上就没有依托，并且在道德上就可能失去道德引导力量。因为缺乏终极目标，特别是精神上，那么人就只留下了一种可能的恐惧：不可避免的死亡。在这种恐惧下，人会尽可能追求享受，甚至可能包括享受虐待他人，这种社会在道德上只可能走向堕落和沦丧。而这实际上就是人类宗教的终极价值，抚慰人类的心灵。在教育领域也是如此，如果失去了教育的基本目标，特别是有道德高度和价值高度的教育目标，教育将可能堕落为政治权力的附庸或者金钱的奴隶。所以，教育哲学在教育目标上的影响非常重要，并且影响深远。

再次，教育哲学决定了基础教育的基本价值判断。教育哲学在价值判断上左右了教育实践范式的选择。如在基础教育中，在创新与学习之间，哪一个价值更为重要，这个命题的选择将导致教育实践的重要差异。如果选择学习，那么会高度重视基础教育知识体系的全面性和系统性，会产生一种严谨的教育范式。如果选择创新，那么则会高度重视教育中的不确定性的重要地位，因为一切创新都需要不确定性的空间。一切确定的话，就没有创新的空间了。如果强调不确定性，在教育实践范式中，则会强调知识体系的自由弹性，在教学中会注重学生的想象空间。另外在知识的全面性和深度之间的选择，也会影响基础教育的基本选择。如果选择全面，必然会影响深度，而选择深度，则会导致全面性减弱。另外教学范式的严谨和自由之间，谁更为重要，也是一个重要抉择。

最后，教育哲学决定了可能的教育路径。教育哲学在相当程度上提供了关于谁是知识、谁是真理的基本假设。而对于基础教育中，知识和真理的基本假设则决定了教育的路径。不同的教育哲学，通过对知识和真理的假设，设定了

---

①［美］约翰·杜威著，赵祥麟等译：《学校与社会·明日之学校》，人民教育出版社 2005 年版，第 13 页。

②［法］涂尔干著，沈杰译：《道德教育》，上海人民出版社 2006 年版，第 231 页。

不同的教育路径。在欧洲的中世纪，圣经才是知识和真理，所以教育主要限定于对圣经的学习。在中国古代，四书五经才是知识和真理，当然学校教育的教学和学习也就必须指向四书五经了。在今天的基础教育中，也同样如此，如近年来，中国科技落后，导致中国极端重视理工科，所以中国社会就流传了一句话：学好数理化，走遍天下也不怕。其背后的基本假设就是数理化才是最重要的知识和真理。而今天在中国高考中，语文、数学、外语的分值最高，文科理科都必须学习，所以在实际的基础教育中，语文、数学、外语的地位就最高。其背后的基本假设无疑就是语文、数学、外语是最重要的知识和真理，其分值的设定、在学校教育地位的设定，实际上都是这种基本假设的逻辑结果。

第二节　中国基础教育的教育哲学渊源

中国教育历史悠久，在长期发展的过程中，具有自己的教育哲学。教育哲学不只是影响中国教育实践，还决定了教育在社会中的基本地位和基本结构。

一、中国基础教育的哲学传统

中国基础教育的教育哲学渊源，主要源于四个维度：其一是源于孔子的经验主义的教育哲学；其二是源于道家的自然主义哲学；其三是源于近代以来的社会主义教育哲学；其四是源于近代以来的西方教育哲学。四个维度的教育哲学都对中国基础教育有着重要影响，最终形成了较为复杂而多元的现实层面的中国基础教育的教育哲学。

孔子的经验主义哲学对中国基础教育影响巨大，在诸多领域建构了中国社会对教育的想象。即使在今天的中国，在教育界的绝大部分教育行为中，都可以轻易地找到孔子的教育哲学。孔子的教育哲学主要在这些方面影响了中国基础教育：

其一是经验主义的哲学思维范式。孔子的哲学是一种典型的经验主义范式，不强调严谨的分析和推论，而主要依靠社会经验对事物进行直接判断，如“学而不思则罔，思而不学则殆”[①]“智者乐水，仁者乐山”。[②]如果是理性主义哲学，这必然会用洋洋万言进行推理论证，但孔子则是简单的两句话直接阐释，前无分析，后无论证。这种经验主义的哲学其优势在于简单明确，并且能够直面问题，

① 孔子：《论语》，《为政》章，山西古籍出版社1999年版，第15页。
② 孔子：《论语》，《雍也》章，山西古籍出版社1999年版，第62页。

最终形成口号般的强大力量。与此相似的如培根的经验主义哲学："知识就是力量""历史使人明智"等。这种简练的经验主义哲学，简单直接，内容明晰，对人类的发展具有重要力量。不能简单认定孔子类型的经验主义哲学低于理性主义哲学。这种经验主义哲学最终导致中国基础教育非常重视现实层面的教育实践，强调现实的可操作性，强调符合社会现实的发展逻辑。这种经验主义的教育哲学，在今天是中国基础教育的主流哲学，在未来也几乎不会有太大改变。

其二是孔子的有教无类的平等主义教育哲学，以及相关的一系列具体的教育方法体系。这是孔子哲学对中国基础教育的具体教育实践的直接影响，中国基础教育的具体方法层面的哲学，大多是孔子所奠定的，后期的改变主要都是小修小补。孔子儒学的平等主义教育哲学与今天的社会主义教育哲学非常接近，也是中国社会一直注重平等的重要哲学基础。基于平等主义教育哲学，中国古代在教育领域是基本不存在严格阶级差异的。

其三是孔子的学而优则仕的社会教育哲学。这对中国社会影响巨大。一方面直接促成了中国的科举制度的实践，另外一方面树立了知识分子在中国社会的特殊地位。科举制度的哲学源头源于孔子，其核心思想就是知识渊博、品德出众的人才，应该出仕为官。这些出仕的知识分子应当利用自己的知识造福社会，利用自己的品德引导社会，利用自己的地位倡导知识。这三者对中国社会的发展影响巨大，在很大程度上打破了中国传统社会的阶层固化，成为社会阶层流动的重要通道，为社会底层社会阶层带来了希望，所以"朝为田舍郎，暮登天子堂"就成为中国读书人的基本理想。但不可避免的，科举制度包括其学而优则仕的教育哲学，有着浓厚的功利主义色彩，导致中国教育尽可能地追求教育成功。古代是科举及第，今天基础教育同样如此，只不过将科举变换成了高考。考上名牌大学，就成了中国基础教育中学校、教师、学生和家长最重要的目标。虽然功利主义色彩浓厚，但这无疑给中国基础教育的学生发展带来了无尽的动力和希望。

道家文化对中国基础教育哲学影响相对来说，影响范围不及孔子为代表的儒家思想，其影响力主要在于思维方式上。道家的自然主义是中国基础教育中的一个事实性的哲学存在，强调自然、本真、非刻意，强调教育结果的自然天成，追求教育过程中的天人合一。这种简单但却相对纯朴的思维方式，一直都受到中国社会的喜爱。基于道家思想的潜在影响力，中国基础教育中的另外一面，是强调教育中的顺势而为，天然地反对过度的解析和外在建构。

中国基础教育的教育哲学，一方面是中国传统哲学在教育领域中的延续，另外一方面，近代以来的西方教育哲学也对中国教育哲学有着重要影响。重要的有卢梭为代表的自然主义教育思想、杜威的实用主义教育思想、福禄贝尔为代表的幼儿教育思想等。在具体的学校教育教学实践中，在很多领域都能够找到这些具体的教育哲学的影响。

二、社会主义教育哲学的强大影响力

近代以来，社会主义教育哲学对中国基础教育具有极为重要的影响。在价值观、教育目标、教育发展路径等维度，影响力巨大。今天中国基础教育的基本理论，在政治哲学层面主要是社会主义教育哲学。共产主义理论是关于无产阶级解放的条件的学说。[①] 共产主义社会是全人类解放的伟大社会理想。社会主义是共产主义的低级阶段。[②] 社会主义教育哲学追求人类的解放，这种解放伦理和解放的教育目标，是中国社会主义教育哲学在教育目标层面的最重要的构成。社会主义教育哲学在教育公平、教育民主、教育平等领域具有明显的特色。整体上看，中国基础教育在教育哲学层面，属于典型的社会主义教育哲学，与欧美为代表的自由主义教育哲学差异很大。

比较来看，自由主义教育哲学的社会目标指向自由社会，社会主义教育哲学则指向共产主义社会。自由主义教育哲学的首要价值观在于自由，而社会主义则更为重视教育公正。自由主义教育哲学更追求个体的自由发展，而社会主义教育哲学则更为偏爱个体的和谐发展。自由主义教育哲学更为追求教育的个体成功，而社会主义教育哲学则强调教育的个体发展需要与社会发展相协调。这种教育哲学的差异，反映到现实层面的教育实践，体现出诸多教育实践的重大分歧。

社会主义教育哲学对中国基础教育的发展影响作用巨大，也是当前中国基础教育的主要指导性教育哲学。在我国的社会主义发展中，毛泽东同志对社会主义教育有着重要指示，其社会主义教育的经典论点主要有：其一，社会主义教育事业必须由党来领导，具体体现在政治、组织和思想上的领导。这是强调社会主义教育的政治方向，并注重在教育发展中的政治领导。其二，教育必须为社会主义政治服务。这是强调教育要为社会主义建设服务，推进中国社会主义事业发展。其三，社会主义教育的目的在于培养全面发展的劳动者。这是对教育目标的重要阐述，教育要致力于培养社会主义劳动者。[③] 第四，社会主义教

---

① 马克思、恩格斯著，中共中央马克思恩格斯列宁斯大林著作编译局译：《马克思恩格斯选集》（第1卷），人民出版社2012年版，第295页。

② 邓小平：《邓小平文选》（第三卷），人民出版社1994年版，第252页。

③ 张俊宗：《毛泽东对社会主义教育事业的探索》，《科学社会主义》2010年第3期。

育必须要有群众观点，要与社会实际结合，与人民的生产实践结合。这是强调社会主义教育的群众路线和教育的普及性。[①]

社会主义教育哲学主要有以下基本构成：

教育必须具有社会主义政治性，必须贯彻社会主义政治意识形态。这是社会主义教育哲学的阶级性和社会性的体现，注重社会主义政治意识形态，在教育实践领域注重推进阶级差异的消除，要求教育致力于推进无产阶级自身的解放，强调教育的全民性和免费性。在《共产党宣言》中，马克思、恩格斯提出了工人阶级夺取政权后的十项措施，其中第十项措施就是关于教育的经典论述："对所有儿童实行公共的和免费的教育。取消现在这种形式的儿童的工厂劳动。把教育同物质生产结合起来，等等。"[②]

教育的个体目标指向个体解放和全面发展，培养社会主义劳动者。这是培养目标的基本指向，社会主义教育不是为了培养统治者和压迫者，而是培养社会主义劳动者和建设者。在社会主义社会中，只有分工的差异，没有职业的贵贱。这既是社会主义教育哲学的理想目标，也是奋斗的目标。在社会主义教育中，教育不再是封建社会中的读书做官，也不再是资本主义社会中的追求个人财富。[③]社会主义教育致力于推进个体的自由发展，在马克思和恩格斯的经典论述中，共产主义社会的实质是："在那里，每个人的自由发展是一切人的自由发展的条件。"[④]社会主义注重个体的全方位的解放，而个体全方位的解放必须建立在教育的基础上。"唯一实际可能的解放是以宣布人是人的最高本质这个理论为立足点的解放。"[⑤]社会主义教育服务于个体的解放，这是一种实质性的尊重人性的教育范式。

教育在价值维度必须指向社会主义公平、平等和协调发展。教育必须进行社会主义核心价值观体系的教育，在道德伦理领域，致力于社会公平的建设，注重受教育者的平等性，推进教育的整体协调发展，实现最大限度的教育公平。基于社会整体和谐的取向，社会主义教育非常注重教育公平竞争，对今天的中

---

① 郑大华、任青：《探索发展人民教育之路——毛泽东社会主义教育思想的主题》,《教育研究》2013年第12期。

② 马克思、恩格斯著，中共中央马克思恩格斯列宁斯大林著作编译局译：《马克思恩格斯选集》（第1卷），人民出版社2012年版，第422页。

③ 顾明远：《从新民主主义教育到社会主义教育——纪念中国共产党成立90周年》,《教育研究》2011年第7期。

④ 马克思、恩格斯著，中共中央马克思恩格斯列宁斯大林著作编译局译：《马克思恩格斯选集》（第1卷），人民出版社2012年版，第422页。

⑤ 马克思、恩格斯著，中共中央马克思恩格斯列宁斯大林著作编译局译：《马克思恩格斯选集》（第1卷），人民出版社2012年版，第16页。

国教育发展来说，促进教育公平和提高教育质量是中国社会主义教育必须高度重视的两大任务。[1]社会主义教育是培养社会主义劳动者，而不是剥削者，这是与一切旧教育在政治上划清界限。社会主义教育哲学一方面提升了教育的精神境界，同时另一方面也赋予了教师群体的强烈的社会责任感。

教育在社会主义社会中是推进社会建设的重要途径，而不是制造等级差异的工具。这是社会主义教育的基本定位。“教育体系通常有利于社会上、经济上特权阶级的成员和那些在学业上最富有禀赋的人们，因而破坏了或者损害了大量学生的前途。而且当学校在培养团结和合作之类的美德时，它还使用相反的一些方法，培养不健康的竞争精神。”[2]在传统阶级社会中，教育大都是一种维护统治阶级利益的工具，所以在受教育权利方面，实质上压制被统治阶级。而在社会主义教育哲学中，强调教育是一种推进社会建设的途径，是建设和谐、繁荣的社会主义社会的重要渠道，而不是制造等级差异和压制被统治阶级的政治工具。教育回归了教育的第一定律，发展学生个体的天赋，并用这种天赋为社会发展服务。毛泽东同志在教育的具体路径上，强调书本知识与实际知识相结合，脑力劳动与体力劳动相结合，知识分子与工农群众相结合，[3]要求教育发展共产主义情操、风格和集体英雄主义的气概。[4]邓小平同志高度重视教育必须同生产劳动相结合，[5]其核心指向就是教育不能脱离社会主义政治方向，培养的是劳动者而不是统治者。

教育在基本伦理维度必须贯彻马克思主义解放伦理，指向人类解放的精神高度。这是社会主义教育哲学的精神高度。与自由主义通过个体的自由发展定位个体的基本假设不一致，社会主义教育将人性基本假设定位为个体的社会关系。马克思指出：“人的本质不是单个人所固有的抽象物，在其现实性上，它是一切社会关系的总和。”[6]社会主义教育哲学中的核心词是解放，不只是解放无产阶级，而是全人类的解放。教育应当为此服务，并推进人类社会的和谐和繁荣。人的全面发展是社会主义教育的基本追求，要求学生在德、智、体等方面都得

---

① 顾明远：《从新民主主义教育到社会主义教育——纪念中国共产党成立90周年》，《教育研究》2011年第7期。

② 联合国教科文组织国际教育发展委员会编著，华东师范大学比较教育研究所译：《学会生存——教育世界的今天和明天》，教育科学出版社1996年版，第113页。

③ 张俊宗：《毛泽东对社会主义教育事业的探索》，《科学社会主义》2010年第3期。

④ 毛泽东：《毛泽东文集》（第7卷），人民出版社1999年版，第.398页。

⑤ 邓小平：《邓小平文选》（第二卷），人民出版社1994年版，第107页。

⑥ 马克思、恩格斯著，中共中央马克思恩格斯列宁斯大林著作编译局译：《马克思恩格斯选集》（第1卷），人民出版社2012年版，第135页。

到发展。[①] 具体而言，个体全面发展指的是个体在道德伦理、智力智慧、体育体质和审美情感等领域的全面发展。社会主义教育强调个体的主流社会属性，而社会主流属性需要个体全方位的发展。这种发展的全面性既是社会主义教育的本质要求，也是与欧美为代表的自由主义教育相区别的。自由主义教育强调一切尊重个体自由发展权利，但社会主义教育则注重社会主流价值观和主流判断在个体成长中的重要性和标准性。社会主义教育高度尊重学生的个体天赋，注重学生发展的个性化和创造性，以实现共产主义社会的理想：各尽所能、各取所需。“不言而喻，要不是每一个人都得到解放，社会也不能得到解放。”[②] 社会主义要通过各种措施，使社会全体成员的才能得到全面发展。[③] 社会主义社会中，生产劳动给每一个人提供全面发展和表现自己的全部能力的机会，生产劳动不再是奴役人的手段，而成了解放人的手段，劳动从一种负担变成了一种快乐。[④] 社会主义教育还高度尊重学生的创造性和创新性能力的培养，让学生在未来社会发展中，通过对个体最大能力的发挥的同时，实现自己的社会价值。

第三节 中国基础教育哲学逻辑的基本构成

基础教育的每一个现实层面的实践本身都是一个选择，而选择都有其背后的逻辑。所以对现实层面的中国基础教育实践的认识，既需要从教育本身的现实性维度分析，也需要从思想或者哲学维度分析。中国社会对教育的期待、对教育本身的认识有其哲学上的特殊性，而这种特殊性也部分构成了中国基础教育的哲学逻辑。

一、中国基础教育的哲学逻辑基本构成

中国基础教育哲学逻辑的构成较为庞杂，在相关领域对中国基础教育影响较大，主要有：在教育目标指向上，中国教育哲学指向繁荣发展的和谐社会，简而言之，社会性目的是中国基础教育的首要选择。在教育价值层面，教育公

---

① 顾明远：《从新民主主义教育到社会主义教育——纪念中国共产党成立90周年》，《教育研究》2011年第7期。

② 马克思、恩格斯著，中共中央马克思恩格斯列宁斯大林著作编译局译：《马克思恩格斯选集》（第3卷），人民出版社2012年版，第681页。

③ 马克思、恩格斯著，中共中央马克思恩格斯列宁斯大林著作编译局译：《马克思恩格斯选集》（第1卷），人民出版社2012年版，第308页。

④ 马克思、恩格斯著，中共中央马克思恩格斯列宁斯大林著作编译局译：《马克思恩格斯选集》（第3卷），人民出版社2012年版，第681页。

平是中国教育哲学的明显特征。在教育过程中，追求确定性，重视结构化，是中国教育哲学的基本倾向。在教育思维层面，经验主义是中国基础教育的主要思维模式。在个体教育哲学层面，中国基础教育追求个体全面发展和和谐发展两个维度的共同发展。

中国基础教育哲学在教育的目标指向上，指向社会性目的，其目的在于建构和谐和繁荣的社会。这一点也是对中国历史哲学的一个传承，中国儒学强调通过文治教化，实现大同社会的理想。基于这个逻辑，中国传统社会通过对个体的四书五经的教育，并通过科举制度，选拔治理国家和治理社会的精英人才，推进社会的和谐和稳定发展。今天中国基础教育哲学在目标指向上也是这个逻辑，社会中需要什么教育内容，最终就会将其增加到基础教育中。如社会需要提升法治意识，那么中小学中就会增加法治教育内容；社会需要提升历史和国情的教育，那么就会增加历史的相关课时，并在德育课程中增加国情的相关内容。教育哲学的社会性目的指的是，在中国基础教育哲学中，教育目标的终极假设是指向社会，在教育实践的选择逻辑上，第一选择是符合社会的逻辑，而不是教育的逻辑。这一点不存在是否正确的问题，因为基本假设本身不涉及正确与否，只是一个现实存在的假设。这种基本假设并不是能够通过辩论和反思而消解的，因为基本假设已经成了社会中的一种潜意识的无意识存在。即使教育界认为教育假设存在问题，但也很难说服社会接受，因为这种假设本身就是一种现实的社会意识存在。要改变一个社会的集体意识，需要时间，还需要社会性逻辑支撑。而在社会性逻辑中，教育只是社会结构中的一个构成维度。

在教育价值层面，中国社会更为重视教育公平，而不是学生天赋的自由发展。因为中国历史以来国家规模极大，人口众多。这种大规模的国家，最大的问题不是外敌入侵，而是内部可能的混乱。所以中国在教育的价值层面，一直极为重视教育的公平性，这种力求教育公平的目的在于确保社会的稳定。当然，其必然的后果就是可能会削弱或者压制部分学生天赋的发展，并会形成一种严格的具有确定空间的教育，而不是一种自由发展的教育。也即，在教育公平和教育创新两者之间，中国基于社会的逻辑，选择了教育公平。

在教育过程维度，中国基础教育哲学追求确定性，重视结构化。这种追求确定性的教育哲学，注重基础教育的教育内容和选拔范围都在一个确定性的范围，目的在于强调教师教学的确定性、学生学习的确定性、教育选拔的确定性。这种确定性的优势在于能够给教师和学生带来必要的控制感和安全感，并且能够照顾到教育公平。基于确定性的教育哲学，中国几乎所有课程都有着国家课程标准，都规范和限定了每一门课程的知识、能力等范围，包括知识广度和深度。

结构化则是中国教育哲学的另外一个重要特征，强调课程体系的结构化，学校体系的结构化，考试内容的结构化，甚至学生个体在知识和能力上的结构化。这种结构化是中国社会重视全面的一个体现，同时也体现了中国教育思维的基本特征：注重在结构化的教育中培养结构化的全面发展的学生个体。

在教育思维层面，经验主义是中国基础教育的主要思维模式。中国基础教育在教学中重视经验，学校经常会召开教育教学经验交流会或者班主任经验交流会等。在学生层面,也强调学生之间的相互帮助。经验主义指的是在哲学层面，更为重视经验的积累、经验的学习和经验的改造。具体在中国基础教育中，会依据经验主义，给学生大量的习题，积累相关学习经验，并且给学生提供多种学习方法和经验，目的在于提升学生掌握知识和方法的掌控力。这种经验主义取向的教育哲学，决定于中国社会的经验主义的传统。所以中国基础教育在知识上，注重对经典的学习，强调基本的认知、记忆、背诵和练习，并不追求学习理论的复杂性。在道德发展上，中国基础教育是偏向于古典德性论的，相信学生学习道德的人，掌握道德的知识，实践道德的行为，最终就会变成道德的个体，这是一种注重训练道德行为和培养道德心理的教育范式。

最后，在个体教育哲学层面，中国基础教育追求个体全面发展与和谐发展两个维度的共同发展。中国社会并不是压制个体的发展，而只是要求这种个体的发展，需要适合于或者置身于社会发展的大背景之中。中国基础教育在个体发展上，追求全面性，即德、智、体、美全面发展。当然这只是一种理念，一种值得追求的理想状态，并非要求学生完全能够全面发展。在和谐发展维度，指的是学生个体能够注重全面发展的同时，提升自身发展的协调性和特色。这种全面与和谐的发展，是中国基础教育的个体发展目标，也体现了中国社会中存在的大而全的思想。虽然可能导致学生个体同质性较强，但确实确保了中国社会个体的整体的合格性较高。在中国基础教育中，不合格的个体，会被基础教育强力改造为合格。相对而言，西方自由主义教育哲学则可能会尊重学生的不合格，其培养社会个体的次品率远高于中国基础教育。

二、中国基础教育哲学的内在逻辑

社会性目的是中国基础教育的首要选择，这是中国基础教育哲学的目的论逻辑。基础教育的发展在目的论上或者偏向于个体发展，或者偏向于社会发展。教育第一定律是发展个体的天赋，第二定律是符合社会发展的要求。在教育的具体发展中，两者都是底线要求，不可违背。但在具体的实践中，两者之间在底线要求之上，有着侧重的可能。西方现代教育强调个体的自由发展，其目的指向是更为注重个体的天赋。而中国社会则更为强调社会性目的，指向大同社会或者共产主义社会的社会理想。

中国社会更为重视教育公平，但未将学生天赋的发展作为首要价值。这是中国基础教育哲学的价值逻辑。基础教育既需要关注学生之间的公平，也需要关注个体的天赋发展。前者是学生之间的事情，后者是单个学生个体的事情。中国更为注重人与人之间的关系，强调这种关系建构对于社会的重要性。中国古代强调：不患寡而患不均。[①] 其背后的哲学指的是在一个社会中，最重要的问题不是人们没有财富或者缺少财富，更麻烦的是财富的不均。没有财富或者缺少财富可以通过勤奋去集体增加，但如果财富不均则会导致社会混乱。在中国基础教育中也接受了这一哲学思想，所以中国基础教育中更为注重教育的公平竞争，而相对缺乏对学生个体天赋的尊重和发掘。这一点事实上也是存在问题的，一个社会最重要的并不是完全平均主义，有天赋的精英人士的个人出人头地，很多时候也是社会的福音。他们可以通过自己的事业，提升整个社会的财富水平或者科技水平，缴纳更多的税收，从而提升了所有社会个体的收益，并提高了社会福利水平，例如马云、刘强东、比尔·盖茨等。中国基础教育的发展未来需要提升对教育本身的认识，教育是一个正和游戏，而不是一个零和游戏。也即，教育本身是能够增加社会的整体财富的，在整体财富增加的情况下，所有人都会得到增长的利益，这就是正和游戏的教育优势所在。以零和游戏思考教育的发展，是不符合教育的基本性质的。

中国基础教育哲学追求确定性，重视结构化，这是中国基础教育哲学的教育过程逻辑。确定性是中国整个社会的基本理论，中国社会有俗语：九鸟在望，不如一鸟在手，所以强调在社会各项事业中，要追求确定性的看得见的利益或者好处。这种确定性能够给基础教育带来明确的结构、明确的竞争路径、明确的教育结果，对基础教育的发展和普及是具有极大的积极意义的。但问题也在于此，一切追求确定性，但终极的真理是没有这种确定性的，并且也是没有这种功利性的利益的。所以中国基础教育培养出来的学生个体也同基础教育本身一样，偏向于功利性要求，缺乏对终极真理的向往和尊重。这实际上严重降低了中国基础教育的精神层次。

经验主义是中国基础教育的主要思维模式，这是中国基础教育的思维逻辑。中国社会整体而言都强调经验主义，注重经验的实践性。经验主义既是中国基础教育的鲜活性和生命力的重要来源，但同时也束缚了中国基础教育，导致缺

① 孔子：《论语》，《季氏》章，山西古籍出版社1999年版，第179页。

乏对真善美的终极价值思考，并且在认识论和形而上学的维度，也存在先天性的不足。因为重视经验，所以中国基础教育领域非常重视经验交流，包括校长经验交流会、班主任经验交流会、教师教学经验交流会等，相关形式多样，对直接提升教育教学质量确实有其积极价值。

中国基础教育追求个体全面发展和和谐发展两个维度的共同发展，这是中国基础教育哲学的标准逻辑。个体的全面发展是中国基础教育的哲学目标的标准外在框架，和谐发展则是内部逻辑。因为中国注重社会个体的道德素养，重视教育直接承载的知识和能力，重视学生的身体健康，这就是德智体全面发展，再加上现代人必须具备的美育，最终形成德智体美全面发展的外部框架。美育是中国教育必须重视的领域，中国传统以来都缺乏美学的熏陶，实际上非常缺乏对美的敬畏。所以中国社会对美的事物，或者占有，或者毁灭，中国历史上经常出现宫殿、城市被一把火烧掉，其背后实际上就是美学基础的严重缺乏。和谐发展是中国自古代道家思想开始的基本社会标准，强调人自我发展的和谐，注重人与社会的和谐，强调人与人之间的和谐。这种和谐既强调个体德智体美各个构成维度的平衡，也强调个体在不同发展时期和年龄阶段的发展和谐。

第四节　中国基础教育哲学逻辑的实践理性

中国基础教育的哲学逻辑在理性上是典型的实践理性，而不是源于理性主义的理论理性。所以相对来看，中国基础教育注重现实性，但在理性主义和理论体系维度，存在一定的先天缺陷。

一、中国基础教育哲学逻辑的实践理性

中国基础教育的哲学逻辑最为明显的特征之一就是强烈的实践理性。实践理性并不追求纯粹理性，或者说理论理性。“理性的理论应用关注的是纯然认识能力的对象，而关于这种应用的理性批判真正来说所涉及的只是纯粹的认识能力，因为这种能力激发了以后也得以证实的怀疑，即它很容易越过自己的界限，迷失在无法达到的对象，或者甚至是相互冲突的概念中间。理性的实践应用则已经是另外一种情况。”[①] 纯粹理性强调任何行为都必须有其背后的终极真理，在建构其行为时必须要求理论支撑，在具体选择上强调终极真理。没有理论支撑的实践，被视为不符合理论逻辑，在理性上是有缺陷的。实践理性则与此不一致，

---

①［德］康德著，李秋零译：《实践理性批判（注释本）》，中国人民大学出版社 2011 年版，第 12 页。

实践理性更为重视行为的具体环境，强调选择行为必须依据具体的环境，并依据可能的条件，最终进行相应的选择。“实践的诸原理是那些包含着意志的一个普遍规定的命题，这个规定在自身之下有更多的实践规则。如果条件仅仅被主体视为对他自己的意志有效的，那么，这些原理就是主观的，或者只是一些准则；但如果条件被认识为客观的，亦即对每一个有理性的存在者的意志都是有效的，那么，这些原理就是客观的，或者是一些实践的法则。”[①]

实践理性并不追求理论上的高大全，而更在乎具体教育实践中的可操作性和现实性，并强调在过程中的不断调试，所以实践理性在中国基础教育中有着广泛的存在。中国基础教育追求学以致用，在管理中追求可操作性，最终形成了注重经验、注重实践、注重教育的社会性功能的特点。这种实践理性一方面给予了中国基础教育的现实合理性，但另外一方面，其问题也很明显，因为这导致中国基础教育的视野较为狭窄，眼光不够长远，过度满足于实用，最终导致中国学生的创新性不够，并且在追求科学研究的真理维度有重大缺陷。

整体上看，中国基础教育发展的方向背后体现的是国家的教育意志、社会的教育需求和人民的教育意愿，最后基础教育走向何处，取决于上述多元教育价值诉求博弈的结果。[②]基础教育本身的基础，也有着多重含义，但其背后都有着社会的逻辑。有关基础教育“基础性”的理解之一是：“基础教育要为高等教育打基础。”另外一种理解是：“基础教育是整个社会和国家发展的基础。”[③]两者的背后，就是社会的实践理性。实践理性是中国社会的普遍思维范式，在教育中祛除是非常困难的。所以中国基础教育改革与发展需要正视实践理性的合理性，但同时不应忽视其危害。特别是中国基础教育的地方中小学和地方教育行政机构，非常需要在教育哲学层面得到提升。但真正的问题也在这里，这些教育机构大多对教育哲学不屑一顾，只希望能提供有用的、可实践的具体教育政策和教育方法，而对问题之源和智慧之本的哲学几乎不感兴趣，也不愿意学习。

二、中国基础教育哲学逻辑的实践范式

基于中国基础教育的哲学逻辑，在实践范式上也呈现出典型的中国哲学的特色，主要表现如下：

---

① [德] 康德著，李秋零译：《实践理性批判（注释本）》，中国人民大学出版社，2011 年版，第 17 页。

② 杨清溪、柳海民：《合理发展：基础教育发展的新路径》，《东北师大学报》（哲学社会科学版）2017 年第 2 期。

③ 石中英：《如何理解基础教育的“基础性”》，《人民教育》2005 年第 24 期。

首先，中国基础教育范式呈现出明显的经验主义的教学方法体系。经验主义既强调教育内容本身源自于经验，同时也注重教学过程中的经验生成和总结。中国学校中的优秀教师，经常被追问教学的基本经验，优秀学生也经常被追问学习经验。事实上，经验最终只具有机械模仿的可能，如果缺少了理解和体验，经验本身的科学性就会大打折扣。经验既不是万能的，也不是可以放之四海皆准的。但中国教育对经验的重视，实际上对两方面存在缺陷：其一是缺乏对实际体验或者探索的尊重。因为能够学到经验，以为学习到经验了就具有相应的能力和水平了，忘记了任何事情都需要真实的探索和具体实践，最终产生了表面上懂、实际一窍不通的学习者，在社会生活中会导致出现重大问题，如中国著名的纸上谈兵的赵括的悲剧，就是一个典型的案例。其二是缺乏理论深度。因为满足于经验，认为有了经验就足够了，只注重表面上的问题解决，而缺乏对理论深度的探寻，这实际上也是中国诸多特级教师身上的实际情况。只具有教育教学经验，而难以提升到理论高度，缺乏相应真理性知识体系建构的能力。这种对理论深度的探索的缺乏，其背后是对真理的漠视，这实际上也是中国近代落后的重要原因。所以在教育领域和科学研究领域，都需要高度重视：知其然，更要知其所以然。

其次，中国学校教育注重结构化，表现特别明显的是结构化的学校德育体系。这种结构化实际上是一种现代主义的哲学思维。中国基础教育注重现代主义的基本特征：强调规范，注重确定性，采取固定路径，最终形成一个系统性的教育结构体系，所有教师和学生都在其中被体系化。这种现代主义的教育有其优势，如教育效率极高、教育程序明确、教育标准确定、教育路径明确、教育目标确定。但其缺陷也非常明显：所有教师和学生在其中都不具有良好的自主性，并且这种结构并不强调个体的自由空间，所有个体在其中都需要遵守相应的规范，最终走上同样的教育路径，成为教育体系预先设定好的教育产品。机械、呆板和缺乏弹性，这些都是结构化背后的问题。

最后，中国学校教育教学中，注重秩序、关注和谐发展的教育理念。中国学校教育，也许最为注重的是安全和秩序。今天中国的小学，放学时所有学生都要由家长一一的领回家，如果家长没有到校，学生就会一直被要求在教室等待，直到家长来领回家。其背后的逻辑就是学校担心安全问题。这种对学生安全问题的几乎恐惧的态度，在中国基础教育中已经成为常态。在中学阶段已经基本取消了3000米长跑，因为发生过学生长跑猝死。过度重视秩序，必然导致学生自由空间的严重压缩。和谐发展本身是必要的，但如果过度扩大和谐的理念，包括对学生群体内部问题的无视，或者是强制和解，则可能导致更大的问题。

第五节 中国基础教育哲学逻辑的内在缺陷与发展挑战

中国基础教育的哲学逻辑，传承了中国社会的经验主义和实用主义，但在理性主义和浪漫主义维度，存在内在的缺陷。从历史的视野看，中国基础教育在哲学逻辑上需要有一定的修正。

一、中国基础教育哲学逻辑的内在缺陷

中国基础教育哲学存在一定的内在缺陷，主要表现在以下维度：

首先，中国基础教育在哲学范式上，属于经验主义维度，实际上相对缺乏理性主义的思维范式。西方自古希腊开始，在学术领域注重两个维度的哲学：其一是以太阳神阿波罗为表征的理性主义，代表的是知识和理性，追求的是形而上学以及知识理论体系为结构的真理世界。其二是以酒神狄俄尼索斯为表征的浪漫主义，代表的是激情和浪漫，追求的是浪漫主义和理想主义。理性主义带来知识和真理，浪漫主义带来激情和梦想，两者都是人类社会不可缺少的构成哲学。缺少了理性主义，人类失去了知识和真理，那是人类社会不可或缺的构成部分。如果缺少了浪漫主义，人类社会失去了激情和梦想，那么人类社会就会落入机械教条的世界中，太无趣，缺少美学，这也是人类不能忍受。中国的经验主义维度的思维，既需要理性主义推进知识真理维度的水准的提升，也需要浪漫主义提升美学的水平，尊重学生的个体天赋。

其次，中国基础教育在哲学范式中的浪漫主义与理想主义缺乏地位。中国基础教育过度结构化，过度追求实用主义，过多地强调功利主义的倾向，导致基础教育范式中浪漫主义严重缺乏。并且基础教育中充斥着功利主义的竞争，以及具体的功利的教育目标，这些都对学生的教育理想和人生理想存在严重侵蚀，导致中国学生相对缺乏对真理、美的内在追求。缺少了浪漫主义，导致中国基础教育实践上缺乏美感，非常无趣。学生学习很辛苦，教师教育教学也很累，学生要面对过多的习题和考试，教育过程很机械、很枯燥、很无趣。所以在学生的未来发展中，中国学生普遍缺乏激情和浪漫主义的人生理想。

最后，过度功利主义的教育竞争，导致基础教育中卓越与勇气的气质劣势。这是一个非常严重的问题，中国本身就有着犬儒主义的社会价值观，经过功利主义的教育之后，其犬儒主义更为严重。犬儒主义在古代与现代的涵义差异很大。在古代，犬儒主义有着其高贵的精神的一面，强调生活简单，生活自然，不追求功名和财富。古代著名的犬儒主义哲学家与亚历山大大帝的故事就是一个典范例子。第欧根尼是著名的犬儒主义哲学家，生活简单，素食主义，只喝冷水，

不住房子。有一次，第欧根尼在海边的木桶里面晒太阳，著名的亚历山大大帝路过，问：伟大的哲学家，请问我能为您做点什么？第欧根尼只说了一句：让开，别挡住我的阳光。但现代的犬儒主义则是精神低贱的代表，强调只要能够保住地位或者活下去，不管什么都能忍受。中国社会中有句话很能代表这种哲学"好死不如赖活着"，只要能活着，什么都可以。这种犬儒主义反映到教育中，也是非常麻烦的哲学。所以中国学生只要能提高成绩，什么都是愿意的，包括抄袭。最终导致了中国基础教育严重缺乏勇气，弥漫着怕承担责任、怕出问题的哲学。同时也严重缺乏对卓越的向往，教师和学校是不求无功但求无过，学生也是不在乎什么人生、真理、理想，只要这次考试能考高分就好了。最终这种功利主义的犬儒主义，并且导致为了提升学生的成绩，不择手段，极大地危害了中国社会的整体精神高度。这种犬儒主义，不应该是中国基础教育的基本气质的选择。

二、中国基础教育哲学逻辑的未来挑战

在未来的发展中，中国基础教育哲学逻辑面临诸多的挑战，主要有：

在一个多元化的世界中如何建构自己的主体教育哲学逻辑，这是中国基础教育哲学逻辑面对的首要挑战。今天人类社会是一个多元化的哲学、文化和价值观的世界，西方自由主义在哲学维度事实上处于强势地位，中国基础教育在社群伦理基础、社会和谐与和平、确定性的教育内容、结构化的教育竞争等领域，都与西方自由主义教育哲学有很大差异。在这些领域，必然会受到西方自由主义教育哲学的强力冲击。中国基础教育一方面需要传承历史智慧，注重中国传统教育哲学的扬弃，同时结合马克思主义，建构中国特色社会主义教育哲学，提升教育哲学本身的真理性和现实性。这是中国教育哲学未来的主要建设目标和发展方向。

在经验主义与实用主义的教育世界里如何追寻教育本身应当具有的浪漫主义，这是中国基础教育哲学逻辑的现实性挑战。整体上看，中国基础教育在实践上过度枯燥和无趣，并且缺乏对学生天赋的必要的尊重。一定程度上看，中国基础教育缺乏酒神精神，缺乏激情，缺乏浪漫主义，这种教育的过度功利化最终会导致人的精神的矮化。并且浪漫主义和激情在很大程度上是创新的必需的素养，如何提升浪漫主义在中国基础教育中的地位，是未来相当长的时期内，中国基础教育哲学需要注意的领域。如果一个民族缺乏梦想，只知道眼前的利益，而忘记了仰望星空，这种民族迟早都会被历史淘汰。今天中国梦的提出，也是强调中国社会需要有梦想，教育也需要梦想，一个有梦想的人生，才是有激情、有动力的人生。

在一个重视教育平等的社会主流哲学中如何实现对卓越天赋学生的保护，或者如何培养卓越的社会精英，这是中国基础教育哲学的一个现实问题。中国传统哲学中有着“木秀于林，风必摧之”的哲学，并且中国社会注重内敛和谦虚，而这种注重内敛和谦虚的哲学在教育中已经是中国教育中的一种常态，对于学生个体来说，这种内敛的哲学会从行为上内化为个体的内在哲学，而导致不敢提出与他人不一致的意见和观点，实质上就是缺乏批判的勇气和创新的能力。这对中国教育具有巨大负面影响。整个社会都习惯于从众，实质性地构成了对卓越天赋学生的压制。而社会是需要这些潜在的卓越天赋的学生的创新能力的，一个过度保守和追求平等的社会，会压制社会的创新能力，而满足于平庸。社会主义教育哲学也有着极为重视教育公平和教育平等的价值倾向，这与中国传统儒学在教育领域类似，两者都对中国基础教育的现实实践形成一定的实践惯性，即更为注重对普通学生的保护。所以，在未来相当长的时间里，中国基础教育都必须思考，如何保护和发展卓越学生的天赋，这是中国基础教育的重要实践性哲学问题。

任何一个国家的基础教育，都必须符合该社会的基本需求，适应该社会的基本状况，并体现出该社会的主流特色，所以，基础教育存在并体现着社会逻辑。“基础教育作为社会公共事业，涉及社会、政治、经济、文化以及教育系统本身等方方面面，基础教育问题不是单纯的学校教育问题，更是一种广泛的社会问题，需要整个社会的支持与合作。”[①] 社会逻辑主要指基础教育在教育目标、教育内容、教育思维、教育结构等领域呈现出与主流社会结构、思维和发展前景相一致的或者高度相关的规律。对基础教育的研究，必须理解其背后的社会逻辑，通过理解该社会的结构和传统，才能够更为准确地理解基础教育实践体系和基本理论中的实践理性。

第一节 中国教育背后的社会逻辑

教育不只是需要符合教育的逻辑，还需要符合社会的逻辑。社会的逻辑在很大程度上决定了教育的基本结构、社会地位、教育目标指向等重要维度。

一、中国社会结构与教育的地位

理解中国社会逻辑是理解中国基础教育逻辑的前提。“根本就不存在一种对整个人类都普遍有效的教育，可以说，在任何社会中，都有不同的教育体系相互并存，并一道发挥作用。”[②] 涂尔干认为，“因为教育的目标是社会性的，所以，能够实现这些目标的手段

---

① 叶澜 :《千舟险过万重山——改革开放 30 年中国基础教育发展研究概述》,《基础教育》2009 年第 1 期。

② [法] 涂尔干著，沈杰译 :《道德教育》，上海人民出版社 2006 年版，第 265 页。

必然具有同样的特性。的确，在所有教育制度中，也许没有哪一种不与社会制度相类似，教育制度不过是以一种更微小、更简略的形式复制了社会制度的主要特性。"[①] 中国社会在人类社会中具有很多独特的结构，中国在人类社会中差不多一直是人口最多的国家，也是人类历史上唯一一个文化传统从未中断的文明国家。人口最多，决定了中国社会的内部结构更趋复杂，矛盾更多，反过来也促进了中国社会管理水平的提高。所以西方学者断言，在人类历史上，管理如此之大、人口如此之多的一个国家，并达到如此高度繁荣的文化，在人类历史上独一无二。[②] 另外，中国文明是人类历史上唯一从未中断过的人类文明，这一点说明了中国文明的生命力极为顽强，并且有其非常强大的内在结构和发展逻辑。

在人类古代文明中，有着著名的四大文明：古埃及文明、古巴比伦文明、古印度文明、中国文明。其中古巴比伦文明、古埃及文明和古印度文明，在历史的长河中，早就被外来文明所灭绝，现代的当地居民与古代文明几乎没有什么联系。今天埃及人并不是古埃及人的后代，古巴比伦文明也几乎完全消失在历史的烟尘中。但在中国，现代中国人，仍然传承着孔孟、老庄的思想和文化。中国古代和现代的社会结构和思维范式差异并不大。这种历史与现实的紧密契合，也充分证明了中国社会范式的内在真理属性以及在新时代的可塑性。

需要注意地是，在中国文化传承的过程中，正是因为中国教育强大的传统，确保了中国文化的延续，最终成就了中华文明绵延不绝的历史奇迹。孔子之后，中国社会极为重视教育，其后更是通过独尊儒术，将五经设为经典，并通过太学、州学、县学等政府设置的公学以及书院等私学对社会进行文治教化，其后通过伟大的科举制度，确保了中国社会的教育和文化水准。最终儒学以及其代表的核心价值观体系成为中国社会的文化和心理结构，实现了中国文化的源远流长。

二、中国基础教育与中国社会基础

当代中国的基本特点与古代中国差异不大，仍然人口众多、幅员辽阔，并且在诸多领域居于世界一流。所以中国基础教育一方面必须适应中国社会的发展需要，另外一方面还必须理解中国的社会逻辑，以从这种社会的逻辑中寻找未来发展的思路。

---

①［法］涂尔干著，沈杰译：《道德教育》，上海人民出版社 2006 年版，第 274 页。
②［法］谢和耐著，耿昇译：《中国社会史》，江苏人民出版社 1995 年版，第 34 页。

基础教育与社会关系密切的一个重要原因在于基础教育本身涉及面广，是公共性的教育。从对象上看，基础教育是面向社会中的学龄阶段的全体成员的教育，是普及性、基础性和公共性的教育，其目标指向是社会个体必须具备的基本教育知识、能力和社会化内容。基础教育不同于高等教育，高等教育在很大程度上是指向社会精英，具有选择性和专业特点，并且可以不普及和不刻意追求个体的发展平等。

基础教育在相当程度上决定了一个国家的社会个体的基本气质，是社会个体成为社会合格成员的合格水准。所以，社会需要将基础性的教育内容交付给基础教育，以此形成社会中的青少年学生的基础社会性构成。"学校负有促进个体发展和社会进步的双重使命，因而，学校制度建设应体现促进个人发展和关注社会进步的基本精神。"① 将社会期望的社会化基本水准，转变为社会个体的基本素养，就是通过基础教育实现的。叶澜教授认为，基础教育是社会公民发展的根基，也是国民整体素质的奠基工程。基础教育作为社会的教育基础，其价值至少呈现出两个层面：其一，基础教育是国民素养整体提升的基础；其二，基础教育是个体综合素养提升的重要基础。② 所以基础教育的内容一方面要求全面，涵盖未来公民需要涉及的一切重要知识，同时另一方面还要符合青少年的认知发展规律，不能过度艰涩。

在国家政策层面，我国强调在基础教育中全面推进素质教育。在《中共中央国务院关于深化教育改革，全面推进素质教育的决定》中，国家明确："实施素质教育，就是全面贯彻党的教育方针，以提高国民素质为根本宗旨，以培养学生的创新精神和实践能力为重点，造就'有理想、有道德、有文化、有纪律'的、德智体美等全面发展的社会主义事业建设者和接班人。"③ 具体而言，国家强调基础教育要全面推进素质教育，要面向现代化、面向世界、面向未来，使受教育者坚持学习科学文化与加强思想修养的统一，坚持学习书本知识与投身社会实践的统一，坚持实现自身价值与服务祖国人民的统一，坚持树立远大理想与进行艰苦奋斗的统一。素质教育是面向全体学生的教育，同时强调学生的全面发展，注重通过基础教育，提高国民素质。

---

① 王本陆：《学校制度建设的伦理基础与基础教育课程改革》，《教育研究》2004 年第 7 期。

② 叶澜：《千舟险过万重山——改革开放 30 年中国基础教育发展研究概述》，《基础教育》2009 年第 1 期。

③ 中共中央国务院：《中共中央国务院关于深化教育改革，全面推进素质教育的决定》，1999 年 6 月 13 日发布。来源网站：教育部网站。网址：http://old.moe.gov.cn//publicfiles/business/htmlfiles/moe/moe_177/200407/2478.html。

三、教育的社会逻辑的研究视角

中国基础教育的社会逻辑，最重要的分析视角是两个方向：其一是家庭建设视角，其二是社会建设视角。

家庭建设视角是理解中国基础教育逻辑最重要的视角。这源于家庭在中国社会结构中的极端重要性。在中国社会中，社会个体并不像西方社会中的个体以单个原子的方式存在于社会，中国社会个体大多都是以分子方式存在的。所谓分子方式，指的是中国社会中，数个个体链接在一起，主要以家庭的结构范式存在于社会中。所以中国人极端重视家庭，并用家庭的思维范式思考一切，对中国人来说，国也只是扩大的家，家就是缩小的国。家与国两者在思维上、结构上都近于一致。中国社会中非常重要的单位、公司、车间、连队等等，都可以视为扩大的家庭，成员之间的关系也与家庭中的结构近似。这就是中国社会中极为重要的家国同构。

家庭中有家长，有子女，因为中国家庭传统上子女众多，所以中国社会中为了保障家庭关系的健康和谐，强调家庭中家长的权威，建立结构化秩序，以确保家庭中必要的秩序化。此思维结构演化到社会中，在单位、公司、车间、连队等地方，领导就是扮演的家长的角色。所以中国社会普遍强调秩序和权威，其中一个很重要的原因也在于中国人口众多，必须有基本的秩序。一个很重要的历史教训就是，中国社会在基本秩序消失之后，大多社会动荡，人口急剧下降，在这种乱世中，生命安全都不能得到保障，其他人权就更不用提了。中国社会对秩序和权威的信任，类似于西方社会对自由的信任，已经成为社会中的基本价值追求。

其二是社会建设视角，这是极具中国特色的社会逻辑思维。中国社会因为人口众多，资源有限，所以人与人之间相对容易产生矛盾。从孔子时代开始，中国社会就高度重视建设社会内部和谐，以此确保社会中成员之间基本层面的和平相处。和谐的价值观在中国社会中根深蒂固，所以中庸思维、和为贵、谦让等就成了中国社会中的重要存在。

因为注重和谐，中国社会中强调“小不忍则乱大谋”“木秀于林，风必摧之”等社会哲学理念。这些一方面确保了中国社会的平和，但在创新性等维度也导致中国社会付出了沉重代价。“中国传统社会的结构是超稳定结构，社会变化十分缓慢，人们只需要按照祖宗定制按部就班地生活就可以了。不创新，社会依然运行良好，甚至更好，这使得社会中的个人就只需守住祖宗的基业即可。”[①]

① 阎亚军：《文化自觉与中国基础教育改革——基于中美不同文化特质的比较分析》，《教育学术月刊》2013 年第 3 期。

简而言之，中国社会逻辑是一种严重保守主义的社会逻辑，其创新性极为缺乏，在勇敢、竞争等价值维度欠缺。虽然春秋战国时期中国还有着侠士文化，但其后逐渐衰减，导致中国社会总体显得阴柔，过度和谐，而缺失了阳刚气质。

第二节　中国基础教育社会逻辑的历史演变

"教育本身就是一个世界，同时也是整个世界的反映。当教育在为社会目的做出贡献时，它是服从于社会的，特别是当它在保证发展社会所需要的人力资源时，它帮助社会调动它的生产力。"[①] 中国基础教育背后有着经过历史洗礼的社会逻辑和社会智慧，追溯社会逻辑的历史构成，能够明晰其内在蕴含的历史智慧。

一、中国基础教育社会逻辑的传统构成

中国历史上并不是一个一直和平和谐的国家，也经历过无数的战乱，经历了数十次痛苦的改朝换代。一个又一个王朝在战火中崛起，经历一段时间之后又被推翻。这导致中国历史在相当程度上是一个循环式的社会发展历史。

这种循环式的社会历史给予了中国社会巨大的历史教训，所以中国社会流传一句话：宁做太平犬，不做乱世人。这背后实际上反映出中国社会对社会动乱的厌恶和恐惧，同时也奠定了中国基础教育中一个根深蒂固的逻辑：教育肩负着对和平和谐社会建构的责任。中国基础教育的目标并不指向一个自由多元的社会，在中国人眼中，这是西方社会的政治哲学意义上的理想和童话。中国社会在内心深处，从来不认为自由多元的社会是一个值得追求和向往的理想社会。因为自由意味着异见，而异见的加深，则将意味着社会精神领域中的矛盾产生，最终会导致社会分裂。

因为人是文化符号的动物。[②] 现代人类社会中的动乱，大多是因为文化价值观的冲突而导致，极少是因为单纯的物质利益而引起。特别是在 21 世纪的今天，这一点表现得更为明确。

基于此，就诞生了中国基础教育的第二个传统社会逻辑：基础教育必须承担对社会主流文化统一的集体意识建构的责任。基础教育具有公共性和强制性，代表的是社会的一种公权力，是对下一代的强制性教育。"在课堂教学中，教师对教材内容的解读，实际上是代表了国家教育方针的意志和社会主义核心价值

① 联合国教科文组织国际教育发展委员会编著，华东师范大学比较教育研究所译：《学会生存——教育世界的今天和明天》，教育科学出版社 1996 年版，第 83 页。
②［德］恩斯坦·卡西尔著，甘阳译：《人论》，上海译文出版社 2004 年版，第 46 页。

观，具有强制性，所以，在这里是不存在民主平等的。”① 这种统一教育的社会逻辑，也是中国自汉武帝采取“罢黜百家独尊儒术”之后的社会主流逻辑。西方学者研究认为，在中国教育中，“唯一被认可的利益是普世利益，而代表这一利益的就是遵守最高道德标准的政府，这种最高道德标准过去是孔子的儒家教义，在当代则是马列主义和毛泽东思想。”②

在传统中国，这一点最终成就了中国儒学占据社会和政治意识形态的局面，同时也将统一的思想渗透于中国每一个社会细胞中。所以中国社会中，社会个体会本能地从国家民族的角度审视自己的行为，同时会主动维护中央权威或者政府权威。这一点在其他社会中或许很难理解，但在中国却是一个社会惯例。相对来看，这一点或许亚里士多德也是赞同的。亚里士多德认为：“凡隔离而自外于城邦的人——或是为世俗所鄙夷而无法获得人类社会组合的便利或因高傲自满而鄙夷世俗的组合的人——他如果不是一只野兽，那就是一位神祇。”③ 所以中国社会中，对个体的一个政治定性很重要：大局意识强。这种大一统的社会文化意识，客观上可能会压制个体的自由发展空间，但对于整个社会来说，确实有利于提升社会的合力，减少社会的矛盾。这也是中国社会抗压能力极强，拥有极为出色的应对能力和反弹能力的重要原因，因为这一点决定了中国社会能够有效集中力量。

中国社会因为缺乏终极性的宗教信仰，难以在社会心理层面建构对未来历史的稳固的安全感，所以在社会意识形态领域本能地厌弃不确定性的存在。基于这种社会逻辑，中国教育结构上也采取了确定性的应对，在内容上是确定的四书五经，在考试结构上是童生试、乡试、会试和殿试四级考试制度，在教育指向上也是明确的科举及第，以及随之而来的入仕为官。这些都是充满着确定性的教育结构和教育体系，能够给社会个体带来可期待的社会利益。这也是孔子未曾明说的信仰：“对于广阔疆域之上的任何类型的政体来说，等级制和权威仍然是社会秩序的必要基础。”④

因为中国自秦朝开始取消了分封制，采取了精英治理的郡县制。如何选拔人才治理国家，就成了社会建设中一个必须解决的问题。基于此，经过历史的演变，

① 汪卫平：《课堂三问：教学伦理视角的考量》，《教育理论与实践》2010 年第 3 期。
② [英] 马丁·雅克著，张莉等译：《当中国统治世界：中国的崛起和西方世界的衰落》，中信出版社 2010 年版，第 169 页。
③ [古希腊] 亚里士多德著，吴寿彭译：《政治学》，商务印书馆，1965 年版，第 9 页。
④ [美] 本杰明·史华兹著，程钢译：《古代中国的思想世界》，江苏人民出版社 2004 年版，第 71 页。

中国社会最终采取了通过教育选拔人才建设社会的逻辑。教育选拔人才一方面成为中国社会精英选拔竞争的重要渠道，同时这也成就了另外一个中国教育的社会逻辑：教育是社会阶层调节和流动的重要手段和结构。“高考的本质是一种考试形式,主要的出发点是为国家和社会选拔合格的人才。我国考试的历史源远流长，由世袭、察举而至科举，再到新中国成立后的高考制度，考试作为一种深入人心的人才选拔标准，也经历了一个渐进的过程。正是在这一段渐进的历史中，经过继承和扬弃，高考才具备了成为一种先进制度文化的可能性。”[①]

中国社会理解并尊重教育本身的神圣性，并高度重视教育过程的公平性，最终通过科举制度固化成为中国社会对教育的一种想象和期待。在中国传统社会，科举本身就是中国教育的一种信仰，也是教育维系社会意识形态和维护社会公平的最重要的构成部分。

二、中国基础教育社会逻辑的近代演变

近代中国基础教育的发展，不仅是中国社会自身的发展逻辑，还受着世界发展的影响，近代以来中国基础教育的社会逻辑的基本演变主要有：

首先是基于西方先进科学文化的挑战而导致的中国基础教育的全面性的形成。中国传统社会的教育内容主要仅限于儒学的四书五经,内容局限于伦理道德。近代以来，中国社会受到了西方发达的科学文化的剧烈挑战，迫使中国社会对此做出了一系列的应战。最终在教育领域，直接促成了中国基础教育的全面性的形成。

基础教育的全面性包括教育内容的全面性、教育结构的全面性和教育对象的全面性。这也是基于中国社会逻辑而形成的教育发展。教育内容的全面性指的是中国教育内容扩展到语文、数学、外语、物理、化学、生物、地理、历史、政治等现代的学科结构体系。教育结构的全面性指的是中国通过行政建构了一系列的学校教育体系，中国每一个乡镇都设置了乡镇中心小学，村则有村小。一般每一个乡镇都设有初级中学，较大的乡镇和县城则设有高级中学。这种基础教育阶段的学校体系，一方面结合了学生的年龄特征，同时也结合了地域的经济、社会和政治的现实基础。教育对象的全面性，则是指基础教育要求面向一切学龄学生，中国现阶段的义务教育是九年义务教育，包括小学阶段和初级中学阶段。这两个阶段是强制性要求学生入学接受学校教育，目的是普及社会成员必须具备的基础性的知识体系和社会化内容。

---

① 何志祥等：《教育公平视角下的高考制度社会功能分析》,《教学与管理》2011 年第 5 期。

其次是基于中国马克思主义意识形态而形成的公平的基础教育结构体系。中国近代以来的社会意识形态领域最大的变化在于马克思主义意识形态的中心地位。因为马克思主义的无产阶级政治属性，追求人类的解放，关注社会阶层，注重社会公平和和谐，在教育的价值倾向上高度重视平等。最终对中国学校教育体系影响巨大，形成了中国公平的基础教育结构体系。这种体系既包括所有学生的受教育权，也包括所有学生的公平竞争权。当前中国社会极为重视城乡教育统筹协调发展，其背后也是马克思主义意识形态的影响力。

再次，基于中国科举制度而形成的考试选拔制度。中国历史传统形成了伟大的科举制度，其公平的考试制度从此成为中国社会教育领域的基本信仰。科举制度在当代中国基础教育中仍然延续为考试选拔制度。并且中国基础教育为了推进教育考试的公平性，将高考定位为国家考试，其目的在于提升其规范性和强制性。这种统一的成体系的考试选拔制度，有效控制了中国基础教育选拔竞争中可能产生的不公平竞争问题，从而最大限度地实现中国教育竞争的公正性。“高考制度的恢复重建与改革创新为社会发展和进步重构了一个全新的文明秩序，它既重开了人才向上流动的通道，为社会重建了一套以知识、智力、能力为标准的社会分工体系，彻底颠覆了以血缘为基础的宗法制度，又重新唤起了人们对人才的尊重、对知识的信仰、对文明的崇尚。”① 高考制度不只是一种考试制度，对中国社会来说，还代表了社会教育公平的基本底线价值。

最后，基于中国选拔考试而导致的严谨教学风格。这是中国基于考试选拔制度而产生的一种教学风格，因为考试选拔制度必然追求高分，高分本身至少说明了两点：其一是学生的智商良好，中国的试卷大都是结构化的，智商不够的学生几乎不可能取得高分。其二说明学生的学习态度端正，学习勤奋，这是中国社会非常重视的一种人格素养。两者的结合，才可能取得高分，这样的学生当然应该被选拔出来作为社会精英予以培养。因为需要追求这种高分的考试成功，中国学校教育中非常关注教学的全面性、系统性和结构化，目的在于提升学生对知识的全面掌握和深入掌握，这种目标取向，最终决定了基础教育的教学风格必然偏向于严谨。当然，“无论什么时候，扎实的知识功底、广博的知识视野、合理的知识结构和良好的知识素养，都是教育所要追求的目标，这在知识激增时代也不例外，甚至更加重要。通过知识而获得发展，这算得上是一条颠扑不破的教育真理。”② 严谨的教学风格本身并没有天然的缺陷，学生的自由

① 何志祥等：《教育公平视角下的高考制度社会功能分析》，《教学与管理》2011 年第 5 期。
② 石中英：《关于当前基础教育改革的几点认识论思考》，《人民教育》2002 年第 1 期。

与创新本质上与严谨的知识体系并不存在冲突，重要的是要给予学生探索的机会，这也是近年来中国基础教育改革所强调追求的改革方向。

第三节　中国基础教育社会逻辑的基本构成

基于中国的社会结构和社会文化的影响，中国基础教育有其社会逻辑，社会逻辑既呈现了基础教育的社会性基础，同时也反映了基础教育领域中的社会智慧。

一、中国基础教育社会逻辑的基本构成

基于中国社会结构和社会理念的原因，中国基础教育的社会逻辑主要有：在教育的社会指向上，中国基础教育强调秩序和权威；在教育的社会结构上，中国基础教育强调控制型倾向；在社会思维上，中国基础教育追求社会存在的确定性；在社会理念上，中国基础教育指向社会的静态平衡，极端重视教育公平竞争。具体如下：

其一是中国基础教育在社会指向上强调秩序和权威。“秩序和自由有时被说成是人类体验的两个极端。其实二者应被视为一种相互依存的关系。”[①] 中国基础教育因为社会气质上尊重秩序和权威，所以反映到中国基础教育中，中小学教育教学也非常尊重秩序和权威。中国中小学教学更为注重安静、整洁和道德的校园课堂环境，所以一个理想中的中小学的教学情景，是学生们认真安静地听着教师的授课。这种模式与注重自由气质的西方课堂特别是美国课堂不一致，美国中小学课堂可能会潜在地鼓励多元的课堂环境。

同时，中国社会指向上还特别强调政治权威。“中国社会中政治功能的发展及其较所有其他领域（军事、宗教、经济）的功能所占的绝对优势，是中国最典型的特征之一。”[②] 在中国历史传统中，“中国知识分子无形中养成了一种牢不可破的价值观念，即以为只有政治才是最后的真实，学术则是次一级的东西，其价值是工具性的。”[③] 虽然一定程度上看，“在传统中国，只有士阶层所代表的道统勉强可与政统相抗衡。但由于道统缺乏西方教会式的组织化权威，因此也

---

① [美] 亨利·基辛格著，胡丽平等译：《世界秩序》，中信出版社 2015 年版，序言第 XVII-XVIII 页。

② [法] 谢和耐著，耿昇译：《中国社会史》，江苏人民出版社 1995 年版，第 35 页。

③ 余英时著：《中国思想传统的现代诠释》，江苏人民出版社 1989 年版，第 55 页。

不能直接对政统发挥决定性的制衡作用。”[①] 在中国传统社会中，“儒家思想不是以神圣权力为假设，而是建立在道德秩序基础上的一个知识分子系统。统治者在治理过程中必须伴随着儒家思想的教化，同时还担负着人们寄予的制定最高道德标准的厚望。”[②] 这很多时候导致教育领域中权威的复杂化，所以中国基础教育中，政治权威一直都是一种特殊存在。

在权威的维度，中国中小学更为强调学校教育的神圣性，所以非常尊重学校教育和教师。学校的神圣性一方面源自孔子所树立的师道尊严的理念，强调教师和学道的尊严。同时另外一方面，也是中国社会中教师扮演着知识传授和道德教化两方面角色的缘故。在英美国家，教师更多的仅被视为一种职业，谈不上高贵，基本只是一种普通职业而已。而在中国社会，教师有着传道、授业、解惑等诸多领域的责任。普通职业的西方教师难以得到西方社会的普遍尊重，但承担着道德教化的中国教师，必须得到中国社会的高度尊重。西方道德教化的职责主要在于教堂和宗教，所以西方宗教人士总有着道德的神圣光环。这种道德光环，在中国社会中，则降临在中国教师身上。在中国社会中，承担着道德教化的基本职能的中国教师，如果不能得到尊重，在道德教化维度是难以实现其社会职能的。基于此社会逻辑，中国社会中的师道尊严是一种必要的存在。

其二是中国基础教育在社会结构上强调控制型倾向。中国人是以家庭思维思考社会，其个体的存在方式也主要是以家庭的分子方式而存在。这种思维反映到教育层面，就呈现出非常浓厚的社群主义价值倾向。中国学校教育中，管理者更多思考的是大多数学生的利益或者学校的利益。在这种思维下，个体的利益很多时候潜意识地被忽视。社群倾向既是中国社会成功的关键，中国文明从未中断的历史说明中国社会经受住了一切外部的和内部的沉重打击，并能够重新繁荣，也即复兴。其背后的一个极为重要的原因就在于，中国社会个体以集团或者家庭的方式，克服了一切困难。这种社会智慧反映到学校中，导致学校教育从小就强调学生需要团结合作，共同面对一切困难。所以中国社会非常注重同学、战友、同乡等等的关系，其背后也是这种社群的价值观和生存智慧。

其三是中国基础教育在社会思维上追求社会存在的确定性。教育作为知识维度的社会存在，其本质的终极目标应该是追求真理，也即真、善、美三维中的真。但中国教育与此略有差异，在中国社会中，学以致用的思维根深蒂固，

① 余英时著：《中国思想传统的现代诠释》，江苏人民出版社 1989 年版，第 32–33 页。

② [英] 马丁·雅克著，张莉等译：《当中国统治世界：中国的崛起和西方世界的衰落》，中信出版社 2010 年版，第 109 页。

所以中国基础教育也从来都受政治的强力影响。一定程度上看，中国基础教育所执行的，也是国家的政治公权力，其内涵在两方面：其一是中国中小学校代表国家的意志对中小学生进行教育，这种教育是强制性的社会化。其二是，中国中小学校同样执行着国家的政治意志，对中小学生进行着相应内容的社会政治教化。这种强调社会发展需要的基础教育，一方面得到了国家政府的大力支持，能够得到必要的社会资源，实现教育的规模化。但另一方面也存在自己的问题，就是教育容易成为社会的墙头草，随着社会的需要而摇摆不定，一定程度上可能会影响教育作为知识维度追求真理的精神和品质。但不能否认的是，中国基础教育的这种发展趋势，在很大程度上实现了教育的社会功利主义目标。对于社会发展目标，如果社会发展目标正确，则这种教育模式非常有效率，但如果发展目标有误，这种基础教育范式也缺失反思的勇气和改变的能力。

其四，中国基础教育在社会理念上指向社会的静态平衡，极端重视教育公平竞争。教育要服务于社会发展，这是教育的第二基本定律。中国基础教育也与此相同，在社会逻辑领域，非常重视教育的公平竞争，其目的在于通过教育的公平竞争，实现社会个体之间的公平竞争，减少社会竞争中的争议和矛盾。而社会中的静态平衡结构，也是重视教育公平竞争的重要原因。静态平衡强调社会个体在社会结构中处于不同的地位，承担不同的责任，当然就必然存在着社会地位的高低、社会职业的差异。社会个体在社会结构中的地位分配是人类社会中的一个永恒的难题，不可能所有人都完全平等。在人类最初的原始社会，这种地位的差异是通过武力竞争而实现的，其过程极为残酷，失败者可能面对的就是死亡。而在奴隶社会更为残酷，胜利者为统治者，失败者为奴隶。之后，人类社会普遍采取了世袭制，出生是无法控制的，所以这当然也是没有公平性的竞争。因此陈胜吴广起义喊出了一句流传千古的名言："王侯将相，宁有种乎？"中国自秦朝开始，逐步废除分封制，世袭制仍然是一个基本的社会结构源头。近现代人类社会随着科技的发达，社会资源的极大丰富，人类才能够逐步采取更为平等的社会结构，而如何划分社会地位，目前人类所寻找到的最好也是最为公平的办法，仍然是教育竞争。这也是中国社会极为重视教育公平竞争的社会逻辑。

二、中国基础教育社会逻辑的内在结构

中国基础教育强调秩序和权威是中国基础教育在社会指向维度的逻辑。中国基础教育强调控制型倾向是在社会结构上的逻辑。中国基础教育追求社会存在的确定性是在社会思维上的逻辑。中国基础教育指向社会的静态平衡，极端

重视教育公平竞争，这是社会理念上的逻辑。

首先，基础教育强调秩序和权威是中国基础教育在社会指向维度的逻辑。中国社会在自由与秩序之间，更为强调秩序，而维持秩序需要必要的权威，这个逻辑转换到基础教育中，也是如此。中国基础教育中强调学校的校纪班规，注重班主任对班级工作的领导和管理，在教学中是明显的学习中心，主要由教师指导学生进行教学活动和学习计划安排。同时，在学生眼中，教师也是具有知识权威和道德权威的存在，中国的学生对父母更多的是亲近，但对教师更多的是尊敬。同时，学校教育本身也具有知识权威性，中国学校的存在，其本身就是当地的知识文化领域中的权威存在体。在中国，如果一个省份没有国家重点大学，在教育文化上，该省是被轻视的。如果一所城市，连一所基本的本科院校都不具备，在文化教育领域就是硬伤。

其二是中国基础教育强调控制型倾向是在社会结构上的逻辑。中国基础教育强调控制型，课堂上是由教师负责控制，在班级层面是班主任负责，年级还设置了年级组长，教研室具有教研室主任，学校德育有专门的德育主任，学校内部所有的教学活动都受学校教务处监督。这种所有的教育教学活动都划定了专人负责，一方面确实保持了学校的良好秩序，但不可否认的是，这也导致学校内部过度呆板和机械，缺乏必要的弹性。所以相对来看，中国的基础教育教学中比较压抑，缺乏必要的活力。

其三是中国基础教育追求社会存在的确定性是在社会思维上的逻辑。中国社会思维上强调确定性，这种确定性本身是一种方向和标准。在基础教育中也是如此，几乎每一个学年都有该学年的基本教学任务和基本学校标准，最终在基础教育的每一个阶段都有着明确的升学目标，以及学生可能因为成绩而被划分为三六九等，最终进入不同的高一级学校。这种分布几乎都是确定的，一位高中生，也会大致知道自己可能进入什么层次的大学。这种确定的优势在于能够给中小学教师和学生带来明确的努力方向，也能够促使学校管理向重点领域倾斜。其缺点是这种确定性让基础教育阶段的教育教学非常功利主义，导致教师和学生实际上都忽略了或者故意遗忘了教育的第一定律：发展学生的天赋，而只是将教育目标对准高考，最终导致中国的学生可能只知道升学，至于读书是为了什么，几乎很少想过。所以中国相当部分的中学生升入大学后，大都非常迷茫，不知道自己的人生是为了什么。

其四，中国基础教育指向社会的静态平衡，极端重视教育公平竞争，这是社会理念上的逻辑。这是中国基础教育基于社会逻辑而在价值观上的基本倾向，注重教育的平等竞争，其目的是通过公平的教育竞争，最终实现一个相对公平的社会结构。但需要注意地是，这种社会结构是一种静态的社会结构，是强调任何事情、任何人、任何物都处于一定的结构性控制之中。这种静态平衡实际上很多时候严重影响了中国社会的灵活性，过度重视平等，很多时候实际上是对社会个体的卓越的无视，并通过对卓越的压制，去满足社会中的平庸。当然最终对于社会的发展来说，是一种明显的自废武功。这种静态平衡对于内部控制来说，具有一定的稳定性，但对于国际竞争来说，是严重地自我削弱，很容易导致社会在外来挑战之下的集体崩溃。对于社会个体来说，这种长期的静态平衡控制下的个体，在个体成熟度上非常欠缺。简而言之，这种社会中的所有个体都会趋向于胆小怕事，呈现出一种儿童般的不成熟，没有对社会的控制感，缺乏必要的胆量和血性。不能简单期望中国社会中的精英阶层会更为成熟，因为精英人物也是从普通人中成长起来的，其身上同样具有社会的普遍特征。

第四节　社会逻辑的学校实践

学校教育在很大程度上都是社会在教育中的投射。教育内容一定程度上是社会意识形态的投射，教育结构是社会结构的投射，教育价值观也是社会价值观在学校教育中的投射。杜威认为教育不能脱离社会，“我认为一切教育都是通过个人参与人类的社会意识而进行的。这个过程几乎是在出生时就在无意识中开始了。它不断地发展个人的能力，熏染他的意识，形成他的习惯，锻炼他的思想，并激发他的感情和情绪。由于这种不知不觉的教育，个人便渐渐分享人类曾经积累下来的智慧和道德的财富。他就成为一个固有文化资本的继承者。世界上最形式的、最专门的教育确是不能离开这个普遍的过程。教育只能按照某种特定的方向，把这个过程组织起来或者区分出来。”[①]

一、中国基础教育社会逻辑的现实实践

基于中国的社会逻辑，中国基础教育在实践范式上呈现出了明显的相应特征，包括中小学具体的教育教学的组织形式、活动内容和交流方式等。

在中小学的教育教学组织形式中，中国学校教育非常注重控制化。这种控制化具体包括教学的步骤、教学的方法、教学的结构，甚至学生的课堂作业，都呈现出明显的结构化，并具有明显的同质性。同时，学校通过教学经验交流会、

---

①［美］约翰·杜威著，赵祥麟等译：《学校与社会·明日之学校》，人民教育出版社 2005 年版，第 3 页。

德育经验交流会等等，加强教师之间的影响，最终在几乎每一个学校中，都呈现出明显的学校自身的教育教学特色，这种特色实际上对于该学校内部构成来说，也是一种同质性的体现。

在中小学的组织活动中，中国学校教育内部也是明显的静态平衡。班级内部建立班干部系统，基于中国的政治文化，小学的班级内部除了班长等班级学生干部之外，还有着少先队系统的干部。中学阶段除了班长为主的班委之外，还有着团支部的设置。每一个学生都处于一个小组、一个团队之中。这种静态化结构的优势在于相互协作和交流，缺点也是很明显的，就是学生缺乏自己的自由空间，不管什么事情，都需要在团队内部得到认可，需要班团干部的同意，这实际上是灌输和培养了听话哲学。真正的问题是，这种普遍的听话哲学，导致中国中小学学生习惯于听老师的话、听学校的话、听班干部的话，而缺乏自己的勇气和能力，最终会导致整个民族在性格气质上偏于懦弱和阴柔，缺乏勇气，并实质性地缺乏创新能力。因为任何创新，本质上都是对已有秩序的反抗。这种秩序可能是一种知识秩序、能力秩序或者是社会秩序。但所有秩序化的存在本身就是一种固化，创新需要对这种固化提出挑战。

基于社会逻辑中的注重权威和秩序，基础教育中的中小学教育教学也非常注重权威和秩序。整体而言，中国的中小学管理非常严谨，相对而言比较安全，但问题则是这种过度重视秩序的教育，本质上是不利于学生个体的自我发展的。学生缺乏探索的空间，同时也失去了探索的勇气。而教师的权威和知识的权威，也导致学生习惯于听话。长期在权威的影响和压制下，导致中国学生普遍缺乏自信。在人生发展上、专业选择上大多没有自己的想法和兴趣，而一味依赖于教师和家长。实际上，从发展心理学角度上看，中国中小学生的自我同一性的建构普遍存在问题，自我同一性的停滞是相当程度存在的。在中小学教育教学中，绝大部分的事情都是学校和教师已经预先安排计划好的，学生也就习惯了被安排，等到需要他们在未来社会中自我决策时，他们可能已经失去了自我抉择的能力了。

二、中国基础教育社会逻辑的历史智慧

中国基础教育中蕴含着中国社会逻辑的历史智慧，主要有以下构成：

首先，对中国基础教育来说，教育的公平性对社会的意义超过创新性。基础教育的核心是普及，而不是创新，这是中国社会的历史智慧。基础教育的重点在于确保社会成员的普遍基本道德素养和知识能力，这样才能促进社会的建设质量，并防范社会中过多的不良社会个体的产生。所以中国社会普遍认同，

多修一所学校，就能够少修一所监狱，其背后就是这个逻辑。对教育的公平性的极端重视，以此确保社会成员个人素养的基本建设，其目的在于建设一个和谐的社会。

其次，中国基础教育中强调最公平的教育也是最有效率的教育。中国基础教育注重公平，但同样也高度重视效率。对于中国社会来说，最重要的是通过公平的教育竞争，让最有天赋的人出来服务社会，管理和建设社会，提升社会的发展质量，这是中国古代科举制度的逻辑。对于今天来说，中国基础教育需要保持公平的教育竞争，通过这种公平竞争，让最有天赋的学生，进入最好的学校接受教育，最终通过自己的天赋和事业，服务并回报社会。所以这种教育也是有效率的教育。这种逻辑在中国古代是卓有成效的，中国传统社会通过科举考试选拔了大量人才，进行了卓越的国家建设和乡村自治，并确保了社会文化传统的历史传承。对当代中国基础教育来说，最公平的教育也是最有效率的教育，这也是一个必须坚持的社会逻辑。20 世纪中后期，我国基于“竞争 ”伦理价值观的基础教育体制改革，设立各种类型的重点中小学，在较短时期内确实促进了我国教育大跨步发展，但必须看出，这也造成区域教育、城乡教育发展的失衡，校际差距的扩大，最终导致了教育公共性的弱化和教育公平的缺失。[①] 在最新修订的义务教育法中，已经明确取消了重点中小学制度，其目的和意义也在于确保教育公平。

最后，在中国基础教育中，基础教育的社会目标的重要性超过教育自身的目标，这是中国基础教育的现实逻辑。“从根本上说，学校是由社会建立起来完成一定的特殊工作的机构——执行一定的特殊职能以维持生活和增进社会的福利。教育制度如果认识不到这个事实所赋予它的伦理责任，就是不负责任和玩忽职守的。它不是在做使它所以存在而应该做和自称要做的事情。因此，一般地说，学校整个的结构特别是它的具体工作，需要时时联系学校的社会地位和职能去加以考虑。”[②] 中国基础教育会注重社会的现实需要，通过对教育内容的改革，实现基础教育对社会目标的直接服务。虽然这一点存在功利主义的问题，但其优势在于能够提升教育在社会中的地位和影响力。同时基础教育本身也不偏离社会发展的方向，这本身也是教育第二定律。中国教育在中国社会发展中受政治等外在因素影响很大，但这一点本身并不一定有问题。“福山在考察许多

① 罗志敏、黄明东：《60 年：中国基础教育体制伦理价值观的嬗变》，《教育学术月刊》2009 年第 4 期。

② [美] 约翰·杜威著，赵祥麟等译：《学校与社会·明日之学校》，人民教育出版社 2005 年版，第 138 页。

国家尤其是发展中国家的发展道路时就发现政府软弱带来的严重问题，提醒这些国家需要加强中央政府的作用。认为问题的关键不在于是大政府还是小政府，而是要考虑国家职能范围的多少以及国家力量的强弱。中国一直坚持以政府为主导的原则，同时适当地简政放权，调整职能范围，规范自身的权力。”[①] 这种依据社会目标而调整教育自身的发展目标，能够很大程度上契合教育与社会之间的紧密关系，同时也能够获得社会更多的资源支持。

三、中国基础教育社会逻辑的内在缺陷

当然，中国基础教育社会逻辑也导致学校教育实践中存在一些缺陷。这些缺陷在中国社会中现实存在，并且在未来的发展中需要注意规避。

因为学校教育注重权威和秩序，导致社会个体缺乏和平协商意识和能力。这是一个很大的社会性缺陷。因为在中国传统教育中，包括当代中国基础教育中，都存在着这一严重问题。在教育中，教师是师长，本身具有道德权威、知识权威和职务权威。所以学生个体在教育活动中习惯于听话，即使是学生不喜欢、有怨气甚至有怒气，也不敢表露出来，因为习惯于听话，也就失去了跟教师协商的勇气和能力了。而在任何一个社会中，社会内部都是需要良好的沟通协商包括抗议的勇气和行为能力。因为这种沟通、协商和抗议，才能够通过和平的方式，告知权威者或者政治力量自己的意见和观点，如果失去了这种沟通、协商和抗议，社会一片静默，最终权威者或者政治力量可能将这种沉默视为默认，极可能在错误的道路上越走越远。但问题就在于，任何社会个体和社会群体的承受力都是有限的，缺乏和平抗争的勇气和能力，最终会导致出现极端的另外一面，也就是疯狂的暴力和血腥。这也是中国历史上屡屡上演的，因为缺乏这种和平的对抗权威的意识和能力，最终或者选择完全服从权威，或者选择完全消灭权威。这种悲惨的结局对社会的所有人，不管是权威阶层，还是普通人，都不是一个好的选择路径。

因为社会过度维护秩序，这种逻辑转换到学校教育中也是一样，过度强调对学生的控制和规范，这很容易导致社会发展停滞。任何秩序的维护都是需要大量的人力物力财力的，没有任何一个社会的力量是无穷的。如果过度重视维护秩序，而忘记了秩序本身应该是维护学生的个体天赋的发展的教育第一定律，则可能导致学校教育的异化，学校变成了只是一个让青少年安全长大的地方。因为过度维护秩序，很容易导致中小学教育管理走向异化。今天中国的小学生

① 黄忠敬：《全球化背景下中国基础教育发展道路论纲》，《教育发展研究》2016 年第 22 期。

的午休时间，绝大部分都只能待在教室。这种秩序化、过度重视安全或者是被安全压力所绑架的教育管理，就是随处可见的一个真实的现实。不能期待一个干什么事情都畏惧的社会个体能干出具有历史性意义的伟绩。

中国社会逻辑强调社会的和谐，这对于社会整体来说是必要的。但如果简单转换到学校教育中，实际上存在非常严重的缺陷，很容易导致学校教育中大事化小小事化了的处理事情的基本策略，而社会个体也很容易从一个极端走向另外一个极端。社会的和谐与和平对社会建构是极端重要的，战乱、分裂、族群对立等争端很容易撕裂社会。所以和谐本身是社会建构的必要原则。但不能将和谐的价值过度简单地照搬到学校教育中，如果学校教育中过度注重秩序、注重和谐，教师在相当多的事情处理中必然会出现多一事不如少一事，大事化小小事化了，在学生的教育成长中会出现和稀泥的情况。这种表面上对学生挺好的教育，事实上对学生成长具有严重的问题：其一，让学生不知道黑白是非，教师也避免接触一切矛盾，任何问题都是要求学生和解，导致学生价值观体系存在问题，同时还可能在错误的道路上越走越远。其二，让学生失去了探索才可能得到的实际的教育经验和社会经验。因为学校和教师担心出现问题，一切有危险的事情都被禁止，这实际上也导致了学生人格发展上的经验欠缺。对于学生个体的未来社会发展具有相当大的缺陷，但这种策略却是学校教育的理性选择，因为这样能够避免出事，少惹麻烦。

第五节　全球化时代中国基础教育社会逻辑的发展

当代是一个全球化的时代，教育的国际理解也将成为教育的一个基本构成。从全球发展视野上看，中国基础教育的社会逻辑有其优势所在，也有需要改革的领域。

一、中国基础教育社会逻辑的国际视野

在世界范围内，中国基础教育对于社会安全的建设思路是具有很重要的价值的。中国基础教育注重秩序，强调教育规范，对社会个体的社会化整体表现优秀，相对来看，中国社会秩序良好，主流道德价值观取得积极共识，最终实现了社会的和谐建构。这种教育范式，有利于形成和谐与和平取向的社会。而这两点，对于今天处于频繁战乱的人类地球来说，具有重大意义。中国社会是一种安全感较高的社会，虽然在自由维度存在一定的局限，但这种安全的需要是人类社会必需的。在人类社会的发展历史上，多元价值观和宗教冲突正是当

今世界战乱的重要原因。如何认识和理解习近平总书记提出的人类命运共同体的哲学，是当代世界的一个重要课题。[①] 汲取中国社会建设的历史智慧和教育智慧，是中国基础教育的社会逻辑在人类社会中的重要价值所在，这至少给予了人类社会教育范式的一种重要选择和参照。

另外，中国基础教育代表的确定性的静态平衡也具有重要历史意义。静态平衡的优势在于能够带来社会必要的控制感，所有个体都清楚自己的位置和行动空间，虽然对个体自由具有一定的影响，但不可否认，这种控制感良好的社会能够给予个体极好的安全感，而安全感也是人类社会所必需的。这种静态平衡的社会，可能不会发展非常快速，但一定非常安全和稳重。对于人类社会整体来说，稳定和发展同等重要，特别是在今天人类社会拥有自我毁灭技术的时代，建立人类社会整体的控制感，中国社会中的静态平衡的智慧仍然非常具有价值。

二、中国基础教育社会逻辑的可能发展方向

在中国基础教育未来发展中，必须坚持中国社会逻辑，彰显道路自信和文化自信。“任何教育政策都反映一个国家的政治决策，它的传统与价值以及它对它的未来的看法。很清楚，教育政策首先是一个国家的主权具有的职能。”[②] 在具体发展中，需要尊重政府主导在中国基础教育社会逻辑中特殊性。“中国社会是一种转型性社会，中国的教育变革也是一种转型性变革。在这样的社会，政府往往是变革的中心，起核心的主导作用，这既是中国教育变革的特殊性，也是其独特的经验与优势。以政府为主导能够集中力量办大事，更好地维护社会的公平正义。这种政府主导的治理体系，是我国在历史传承、文化传统和经济社会发展的基础上长期发展、渐进改进的过程中形成的。”[③]

中国基础教育基于社会逻辑的维度，非常重视秩序和静态平衡，所以创新能力相对不足，个体的天赋发展空间不佳。在未来的发展中，中国教育需要更注重社会的创新维度的发展。教育不能只停留于符合人性的第三定律，还必须符合教育发展个体的天赋的第一定律，以及教育必须促进社会的发展的第二定律。如果教育只是复制社会已有的知识和规范，事实上这种教育也是违背教育基本定律的。所以中国基础教育需要提升学校的特色和学生个性的教育，改变过度同质性的教育，尊重学生的个体天赋，实现社会的创新发展和必要的自由

① 习近平：《习近平谈治国理政》（第二卷），外文出版社 2017 年版，第 522 页。

② 联合国教科文组织国际教育发展委员会编著，华东师范大学比较教育研究所译：《学会生存——教育世界的今天和明天》，教育科学出版社 1996 年版，第 209–210 页。

③ 黄忠敬：《全球化背景下中国基础教育发展道路论纲》，《教育发展研究》2016 年第 22 期。

多元空间。

另外，在未来的教育发展中，中国基础教育还必须高度注重对教育自身的公平的维护。实际上，今天的中国基础教育相比较传统教育，在公平性上也许在一定的领域有进步，如受教育者的广度、受教育内容的宽泛度等。但必须指出的，在中国传统教育中，科举及第之后，个体能够直接实现命运的大转折，出仕为官，成为社会中的精英人士。但今天基础教育中不管取得多佳的成绩，也只能是升入较好的大学，而最终大学毕业，甚至博士毕业了，也许博士期间非常优秀，但仍然不能保证能够实现命运的转折。同时，中国基础教育还需要守护公共性。正是基于这种最终的目标仍然具有不确定性，导致中国社会再度出现读书无用论，无论其逻辑是否错误，但教育前途的不确定性事实上是存在的。未来必须正视这个社会现实，注重教育的公平性和确定性，给予所有学生个体和家庭以希望，这应该是教育领域需要保留的社会逻辑。“中国基础教育中的基本假设之一就是：学生主要是家庭的。在学校教育中，孩子主要被认为是家庭的，而不是社会的。这很大程度上导致了教育公共性的丧失。”[①] 在中国现实社会中，无论理论上教育的公共性如何，但在现实教育中教育总是会成为私人事件，与家庭和学生个体的人生密切相连，这会本能地削弱教育的公共性。换言之，教育的公共性主要依靠公权力而得以彰显，但现实教育总会被削弱其公共性，教育的公共性是一件珍贵的艺术品，需要我们时时加以守护。[②]

在教育指向和社会思维上，中国基础教育需要将对权威和秩序的过度尊重适当降低，并重新思考不确定性的存在的真理性。因为注重社会的稳定性而需要结构化，采取的对秩序的过度要求，本身也同时带来了基础教育中对确定性的过度重视。虽然这对于和谐社会的建设具有一定意义，但对于中国社会的整体发展却构成了一定的伤害，导致中国社会中缺少思想多元性，个性被一定程度的压制。而确定性的过度强势，实际上导致了对不确定性的摒弃，事实上，一切创新发展都是建立在对原有权威或者秩序的重构或者批判上的，没有不确定性就没有创新的可能。所以在未来中国基础教育发展中，必须尊重不确定性的存在，同时理解权威本身就是源于竞争，并不是天生权威的。这样才能够提升中国学生的自信，发展其天赋和个性，实现中国社会的健康发展。任何一个社会都需要秩序和发展，仅局限于秩序的社会将是停滞的社会，在世界竞争中必然失败，这也是中国历史发展的重要教训。

---

① 冉亚辉：《论基础教育公共性的必然》，《教学与管理》2015 年第 2 期。

② 冉亚辉：《论基础教育公共性的必然》，《教学与管理》2015 年第 2 期。

第十章 中国基础教育历史逻辑

中国基础教育的逻辑之一是历史逻辑，历史逻辑指的是中国基础教育的形成和发展，具有其背后的历史智慧和历史缘由。中国社会的重要构成均有着巨大的历史惯性，在思考任何事物的存在和发展时，都非常注重历史经验和教训。中国的历史悠长，在历史发展中有着丰富的治理经验。“按发展和成熟的几乎任何一项标准来衡量，中国至少在2000年内如果不是唯一领先的文明社会，也是领先的文明社会之一。中国人在治理一个幅员辽阔而人口众多的社会方面，既无堪与平，更无出其右者，中国人在此前在同化域外异族及其观念方面，也表现出他们是变通灵活的。”[①] 这种漫长的历史对中国社会发展而言，既是财富，但很多的时候也成了沉重的包袱。马森认为：“在中华民族所有的民族性格中，稳定性或者说不变性可能是最坚固的最独特的。”[②] 同时在这种思维中，历史传统本身也构成了中国基础教育的重要构成部分。

第一节 历史中的中国基础教育

教育在发展中本身就是对历史的继承，在教育内容、教育结构、教育理念等诸多领域，都是对社会历史的传承，教育也是在社会历史发展中不断地扬弃和改进。基于教育本身的重要性，教育历史以来都是社会各种力量的矛盾和斗争的中心，在人类社会中，教育系统大多被作为政治机构的一个有机部分，经常处于各

---

① ［美］吉尔伯特·罗兹曼主编，国家社会科学基金《比较现代化》课题组译：《中国的现代化》，江苏人民出版社2005年版，第1页。

② 解本亮：《凝视中国——外国人眼里的中国人》，民族出版社2004年版，第119页。

种重要斗争的中心，为合法的权威和文化而斗争，为谁应当从政府政策和实践中获益最大而斗争。[①] 这些斗争本身也是历史的构成部分，所以教育系统中的沉淀，同时也是历史的沉淀。在理解教育的历史发展中，还要理解教育本身的伟大，以及教育中寄予着的人类教育理想。“在社会发展的一切阶段上，教育对社会的命运都曾有过贡献。教育本身从未停止过发展。它传播着人类最高尚的理想。人类历史上最伟大的个人与集体的成就都是和教育分不开的。教育相当忠实地重现人类的历史过程：无论是历史的兴盛时期还是衰败时期；无论是历史的进取时期还是失望时期；也无论是历史的和谐时期还是冲突时期。”[②] 理解中国基础教育的历史发展及其智慧，厘清其内在历史逻辑，是教育基本理论和逻辑体系研究的重要构成维度。

一、中国传统教育

中国传统教育实际上不存在严格意义上的基础教育。古代中国的教育主要分为私学和公学两个构成部分，很难断定哪些构成部分是高等教育，哪些部分是基础教育。同时中国古代教育并没有严格的年龄界限。所以中国严格意义上的基础教育的历史经验，并不算久远。

“我们看历史上的一切制度，都该注意到每一种制度背后的当时人的观念和理论。政治是文化中的重要一机构，绝不会随随便便无端产生出某一制度的。”[③] 中国古代教育最令人印象深刻的是科举制度。这种制度一方面构成了社会选拔人才任用人才的基本途径，同时也通过选拔人才构成了中国教育的考试逻辑。

科举制度之前，中国教育并不存在严格意义上的统一的教育选拔制度。科举制度之后，中国教育演变成了大一统局面，其教学内容则主要局限于四书五经。这种教育上的大一统事实上促成了中国文化的高度统一。汉武帝的“独尊儒术罢黜百家”更大意义只是在政治正确的意义上，成就了儒学的优势地位，但远谈不上在文化上统一中国。隋唐以来逐步通过科举制度，儒学控制了社会中的文化教育，最终形成中国儒学大一统的主体文化意识形态局面。这种局面一方面是中国教育的历史经验和教训，同时也有着背后的历史逻辑。即这一切都是中国社会自己选择的结果，这种历史选择本身就有着其真理性构成。

---

① [美] W. 阿普尔等著，黄忠敬、刘世清、王琴译：《国家与知识政治》，《华东师范大学出版社》2007年版，第1页。

② 联合国教科文组织国际教育发展委员会编著，华东师范大学比较教育研究所译：《学会生存——教育世界的今天和明天》，教育科学出版社1996年版，第26页。

③ 钱穆：《中国历代政治得失》，生活读书新知三联书店2001年版，第21页。

科举制度是中国教育历史的重要构成维度，也是中国社会在人类历史上的伟大发明，被西方社会尊称为中国的第五大发明。科举制度在数个领域对中国社会和中国教育的影响巨大：

首先，在教育对社会文化的统一维度，影响巨大。因为科举制度通过功利主义的教育目标：科举及第，实现了对全社会教育的大一统，几乎没有能够完全超脱于科举制度之外的大规模教育，这直接促成了中国的儒学经典的四书五经成为中国社会中的教育领域中的政治正确，也成为社会统一的主流意识形态，这一点确保了中国社会文化领域中的主流统一趋势。“教育之所以可取，乃是因为统治阶级基本上是靠着一个高度竞争的科举考试制度来实现其自身的再造，任何人只要通过第一级即县级考试，就享有法律特权（免受刑杖之苦）和社会地位，通过第二级即省试和第三级即京城的殿试，就具备了做官的资格。”[①] 这种功利主义的教育目标虽然在内在精神上对中国教育具有一定的伤害，但客观上促成了中国社会对教育和知识的尊重。因为这种功利主义目标是现实存在的，是所有社会成员都一目了然的现实目标，所以其对社会大众的心理影响简单、直接并强烈。

其次，科举制度实现了教育人才选拔和阶层流动的一致性。简而言之，通过教育人才选拔，而促进阶层流动的有序和科学。“中国那种首先依据学问和功绩而升迁的开放的阶级系统（至少在理想上是如此）驻足维持了2000多年，的确，这种系统在过去2000年中曾一而再再而三地遭到破坏，但依然是其他任何国家所望尘莫及的。”[②] 教育人才选拔体现的是高智商的竞争，从此，中国除了武力竞争之外，还可以通过教育的智慧竞争而实现了社会内部阶层的健康流动。这无论是对中国社会的构建，还是对人类社会和平的促进，都具有相当正面的意义。中国科举制度建立的“学而优则仕”虽然有其内在的缺陷，但至少比欧洲中世纪的“血而优则仕”（贵族官员世袭制）要远远优秀。“学而优则仕”至少给了社会中小阶层的人上升的希望和空间，而“血而优则仕”则只能导致社会阶层固化。

最后，科举制度给了社会个体相对公平而富有希望的教育期待。教育是需要激励的，中国社会有句俗语：无利不起早。要促进社会的教育和文明程度，就需要能够给予社会个体以发展和提升的希望。中国当代的中国梦，美国的美

---

①［美］吉尔伯特·罗兹曼主编，国家社会科学基金《比较现代化》课题组译：《中国的现代化》，江苏人民出版社2005年版，第170页。

②［美］吉尔伯特·罗兹曼主编，国家社会科学基金《比较现代化》课题组译：《中国的现代化》，江苏人民出版社2005年版，第15页。

国梦，其目的也在于此。任何一个社会都需要梦想的力量，这种梦想还必须是健康的。科举制度能够实现“朝为田舍郎，暮登天子堂”，这个画面对于任何一个社会中的普通个体来说，都具有相当的吸引力和激励动力。

二、中国传统教育历史智慧的重要性

社会习俗和历史传统在很大程度上都是历代以来的智者所不断选择的过程。在这种历史选择的过程中，错误的总是在不断抛弃，正确的则在不断地保留，这种不断扬弃的过程本身就是历史发展的过程。“人们自己创造自己的历史，但是他们并不是随心所欲地创造，并不是在他们自己选定的条件下创造，而是在直接碰到的、既定的、从过去承继下来的条件下创造。”[①] 所以一般而言，教育、文化都是经过了历代以来智者不断选择的最后结果，其中必然蕴藏着这些历代智者们的集体智慧。今天的人类所思考的，不能简单断定历代以来的智者们从来没有思考过。

当然时代一直在发展，人类社会也一直在改变，所以改革是必要的，但在改革中，不能简单地断定历史的就是破旧的，需要破除的。在面对历史的长河时，需要注意这两句话的一定程度上的真理性。其一是古希腊的名言：太阳底下没有新鲜事情。也即今天人类遇到的时期，在历史上也许同样发生过，只不过是具体的事情不一致，但情形相似。其二是中国的名言：天不变，道亦不变。这句话不能简单地视为保守派的陈腐言论，其背后蕴含的是对人类社会的基本道德、基本发展规律的尊敬。

对中国传统教育中的历史智慧，重点不在于对中国传统教育的全盘继承，这是违背历史发展的基本规律的，更为重要的是在未来的发展中，汲取历史智慧，注重历史经验，实现教育发展的平稳性和科学性。但首先需要建立的是，要对历史具有基本的敬畏感，在此基础上，才能客观去分析历史传统中的智慧，发现其中历史选择的经验和教训。中国教育历史发展上，既有着成功的经验，也有着失败的教训。对于同样事物的理解，也需要放在不同的世界发展阶段上，如科举制度在隋唐时期，代表着真理的一面，而到了明清时期，却成了社会发展的严重障碍。但科举制度背后的历史智慧是不能被忽视的，即使在今天仍然如此。科举制度的逻辑转换到今天，同样是知识改变命运。读书可以改变个人身份、地位或命运，正规的学校教育可以实现亿万普通人向上层流动的主要通道。

---

① 马克思、恩格斯著，中共中央马克思恩格斯列宁斯大林著作编译局译：《马克思恩格斯选集》（第 1 卷），人民出版社 2012 年版，第 669 页。

中国的现实条件是：人口众多、经济发展水平不高、高质量教育还很稀缺……在这种情况下，若期望普通百姓子弟会为了自己所谓的素质全面发展而放弃追求高分、放弃就读更好的学校，那只能是一种幻想。[①]

今天的中国基础教育，需要深入理解中国教育历史逻辑。一个很重要的原因还在于，“因为西方强势文化的全球扩张和国人面对自己民族文化的自卑意识，中国文化和教育领域内的这种中国传统文化被边缘化的现象并未得到实质性的改观。”[②] 在西方教育文化强势的当前，更需要思考中国教育传统中的历史智慧。

第二节 中国基础教育的历史积淀与智慧

任何社会存在都是在现实社会中的存在，社会同自然界一样，没有真正的真空。所以教育的现实存在，并不是凭空出现的。中国的历史传统有着众多让西方学界尊重的智慧。法国著名汉学家谢和耐通过比较研究得出结论：“我们惯于在君主制和民主之间确立的区别过分专断了。完全如同历史不具有纯民主的模式一般，中国社会中的君主制度也远未能排除任何节制性的机构和任何表达民意的形式。对最弱小者的剥削、专断和暴力并非是中国社会中的一种独创。经过全面斟酌之后，人们在历史上的所有其他民族中都绝对找不到比中国更公正和更人道的社会了。”[③] 当代中国基础教育既是时代的发展使然，也是对历史积淀的继承。中国基础教育未来的发展，仍然需要重视其历史传统。

一、中国基础教育的历史积淀

“接受一个外来的体制并使之适应中国社会变化着的需要、资源和期望的问题，一直困扰着20世纪的中国教育家们。日本的、美国的、苏联的教育模式先后都被采用过，以期中国也能取得与产生这些教育体制的先进工业社会同样的成就。对外国模式的崇拜造成生搬硬套的移植，很少考虑中国的条件和敏感性。当少数熟悉新教育体制的人在多数漠不关心的大众中为贯彻新体制而奋斗时，这种生搬硬套一方面导致了浪费、混乱和不切实际的期望，另一方面，又导致民族尊严产生的反冲力，重又坚持中国方法在实现国家目标上有优越性，从而

① 阎亚军：《教育改革：从历史的角度审视》，《教育科学研究》2011年第3期。
② 魏兆锋：《21世纪中国基础教育的传统文化使命》，《教育学报》2010年第4期。
③［法］谢和耐著，耿昇译：《中国社会史》，江苏人民出版社1995年版，第30页。

拒绝效仿外国。”[①]中国基础教育总是在历史与现实中不断寻找自己的实践逻辑。具体而言，今天的中国基础教育，在学制上主要学习的是美国；但在具体的教育教学理念和方法上，主要采取的是苏联凯洛夫的教育学思想；而在具体的学校教育的智慧和经验上，则很大部分仍然传承了中国传统教育的理念。

学制上，中国教育主要采取的是六三三制，即小学6年，中学分为两段，初级中学3年，高级中学3年，这种划分较为符合中国社会国情。小学大多在家庭附近，小学学生大多能够就近入学，几乎在每一个村级行政单位地域都设有一所小学或者办学点，这同时也给当地带来了必要的文化地域标志。小学是中国社会中最基层的文化和教育机构，其在教育上和社会服务上都具有存在的逻辑必要性。初中阶段的学生，大多在乡镇一级学校读书，也即初级中学在中国社会中主要集中于乡镇级行政地域。这种设置一方面让学生读书不至于太远，同时在乡镇一级能够确保初级中学一级的学校具有较好的社会资源和社会环境，能够为学校教师和学生提供较好的生活环境和社会条件。高级中学在中国主要集中于县级行政单位所处地域，高中生身体心理发育都较为成熟，能够独立到县城读书，生活和学习上均能够独立自理。同时，高中在县城，一方面是绝大部分县级行政区域的最高学府，同时也能够有效确保高中的办学质量，确保教师的必要的生活和工作环境。这种逻辑也一定程度上继承了中国古代学校的设置思想，地方是私塾，县级可能就有县学和民办的书院，再向上走可能就有府学、太学、国子监等官学机构了。

在学校教育的课堂教学中，中国基础教育主要学习的是苏联的凯洛夫教育学。“作为20世纪二三十年代苏联社会主义教育实践的理论总结，凯洛夫《教育学》具有自己独特的学术旨趣，其思想指导、理论来源、内在结构、思维方式等方面无不烙上特定的时代印记。它在一定程度上满足了我们新中国成立初期的社会历史需要，不仅直接辐射了新中国教育学的理论探索，而且对当时中国中小学的教学实践运行和管理制度建构产生了十分广泛而深刻的实际影响。”[②]“凯洛夫教育学对中国的强大影响力还在于与中国文化和教育特征相契合：国家本位的教育目的适应我国社会主义文化要求；教师主导适应我国国民个体

---

① [美] 吉尔伯特·罗兹曼主编，国家社会科学基金《比较现代化》课题组译：《中国的现代化》，江苏人民出版社2005年版，第357页。

② 黄书光：《凯洛夫 <教育学> 在中国的理论辐射与实践影响》，《复旦教育论坛》2010年第3期。

意识的发展现状；教授知识符合国人对教育的普遍理解。[1]凯洛夫教育学教学的基本特点是直接、简洁、有效率。凯洛夫教育学是典型的学习中心、教材中心、学科中心。在学校的课堂教学中,能够有效提升教师的授课面。主要采取讲授法，能够在短时间扩大知识传授的广度和深度，非常适合当时中国的国情。因为在建国初，中国开始学习前苏联的教育时，中国社会的知识阶层人数较少，采取凯洛夫的教育学，能够在短时间内培养大批学生，这种选择事实上也是历史的合理选择。今天中国基础教育仍然有着凯洛夫教育学的浓厚历史色彩，虽然在一定程度上，凯洛夫教育学相对呆板和机械，但在正规化和效率上，也许是人类社会学校教育中效率最高之一。当然，凯洛夫教育学在一定程度上也给我国基础教育造成了一定的负面影响，如过于注重知识教学导致基础教育价值异化，教师主导不利于学生个性发展，学生自由的缺失不利于学生创造性的培养等。[2]这些也是中国基础教育改革的正在着力改变的领域。

二、中国基础教育的历史继承

除了对西方和苏联等重要国家的教育学习之外，中国基础教育仍然很大程度上传承了中国传统教育的理念。在师生关系上，中国基础教育仍然传承了师道尊严的基本范式。其一方面是对教师师德素养的高要求，另一方面也是强调教师职业的高贵性和重要性。所以中国教师一方面需要注重教学，同时另一方面还必须承担对学生的德育职能。在具体的教学过程中，传统中国教育中的诸多经验也是中国学校教育中的现实存在：如“书读百遍其义自见”“温故而知新”“学而不思则罔，思而不学则殆”等。这些都直接构成了中国社会对教学的基本想象。

中国传统教育整体上是一种比较严格、严肃和严谨的教育范式，其中蕴含着中国社会对教育的基本定位的智慧。严格指的是在教育过程中，教师对学生的指导比较严格，即使是古代皇宫中对太子的教育，也是贯彻的师道尊严的习俗，而不会在学业上过度宽松。严肃指的是对待教育和教师，社会和家长需要一种严肃的态度，不能将教育视为娱乐，教育也无需讨好学生，因为教育本身是一项严肃的事业。严谨指的是在教育过程中，强调对经典的准确把握，以及对权威经典解释的遵循。这种严格、严肃和严谨的教育范式，也透露出中国社会对

① 裴嵘军：《凯洛夫教育学对我国基础教育的影响原因与反思》，《教育理论与实践》2015 年第 17 期。

② 裴嵘军：《凯洛夫教育学对我国基础教育的影响原因与反思》，《教育理论与实践》2015 年第 17 期。

教育的尊敬，以及对其社会建构作用的基石的设定。

中国基础教育的历史经验构成不只是中国古代历史智慧，还有着近现代中国社会的历史智慧。如落后就要挨打的历史经验，就促使中国教育睁眼看世界，学习西方的现代学科体系和学科知识，建构中国的教育体系，推行义务教育制度，推行专业化教学实现人才快速培养等。特别是苏联高度专业化的教学模式，虽然存在相当多的弊端，但不得不承认，在中国近现代急需大量专业人才的时代，确实为中国解决了实际的人才培养问题。

从基础教育历史传承的不同源头同样可以清晰地看出，中国基础教育在发展中并不保守，而是在结合自己的历史发展不断吸收外来的新的理论和教育智慧。近代以来，中国教育面临科学技术严重落后、西方军事入侵、民众民粹主义盛行等严峻挑战，在这种困难的局面下，中国教育通过设立新学制、设立京师大学堂、开设译文馆、开设船政学校等措施，逐步提升国民整体素质和培养现代科技、政治、工程、军事等专业人才，最终实现了人才培养的重大成功，为抗日战争、社会主义革命做出了巨大贡献。这一时期虽然是中国社会发展的低谷，但也体现了中国教育本身改革的勇气和能力。

第三节　中国基础教育历史逻辑的基本构成

中国社会的历史智慧是令人惊叹的，“中国最突出的成就之一是在一种漫长的历史过程中发展了人类社会史上最为完善的复杂组织形式。令人确实感到非常惊奇和瞩目的是一种统一的施政制度在如此早的时代就得以扩大到一个如同欧洲一般辽阔、其人文的差异也足以可以和欧洲相媲美的大世界中。”[①] 中国基础教育领域的历史逻辑，潜藏着中国社会的丰富历史智慧和经验。

一、中国基础教育的历史逻辑的基本判断

中国基础教育的历史逻辑的基本判断有以下维度：其一，中国基础教育重视历史经验的传承，具有一定的健康的保守性。其二，中国基础教育的内在构成本身就是不断的历史选择的结果。其三，中国基础教育的现实范式有着背后的历史智慧和基本经验。第四，中国基础教育是中国社会稳定的历史经验的现实教育建构。

首先，中国致力于历史经验的传承，注重教育本身的重要性，这是基于中

① [法]谢和耐著，耿昇译：《中国社会史》，江苏人民出版社 1995 年版，第 34 页。

国历史以来社会治理的基本经验。建国君民，教育为先。演变到今天，就成了“十年树木、百年树人”的中国教育的著名宣传语。中国历史上还非常注重教育的政治性，所以自汉朝以来，儒学被视为政治正确的学问，这在主流价值观上确保了中国社会的和谐和统一。对比来看，西方国家近年来在教育上显得并不明智。其一是多元文化价值观的教育理念，导致西方社会混乱，族群对立，矛盾丛生，特别是西方文化的重镇——欧洲，面临着严重的多元文化价值观的冲突。如 2015 年发生的法国巴黎 11·13 巴黎恐怖袭击事件，就是一个文化长期分裂的结果，背后不只是简单的恐怖主义问题，还有法国社会中西方文明和伊斯兰文明分裂对立的严重社会问题。而对于中国的历史经验来说，最重要的在于统一：文化统一，教育统一。最终中华民族族群理念高于一切，形成良好的国家认同理念。这种统一性很好地保障了中国内部的文化和谐与国家认同。

其次，中国基础教育的内在构成本身就是中国不断选择的历史结果。这一点塑造了中国基础教育教学高度尊重现实实践的思维。今天的中国教育，既有西方教育的精华，也有社会主义教育的精华，还有着中国传统教育的精华。这种历史逻辑体现着中国历史上学以致用的逻辑，不管源于何处，只要实用，都可以学习。正如历史上胡服骑射的学习，就是一种有着强大文化自信力的学习。这种尊重历史，同时敢于改革的精神，是中国教育的历史逻辑的重要构成之一。

再次，中国基础教育范式本身有着背后的历史和社会智慧。正如前文所分析的，中国的小学、初中、高中的设置，本身就有着其背后的社会思考，充分尊重了学生的个体发育规律，社会治理的需要，以及社会的基本教育需求，还考虑了中国社会的行政结构和社区建设，最终构成中国基础教育体系。而高考的设置，则是在中国关系复杂的社会中，设置了一个刚性的选拔机制，通过国家考试的严肃性和严格性，最终确保了教育的基本公平。这种基础教育范式的历史智慧需要教育研究者充分思考并借鉴。简言之，在改革中国基础教育过程中，首先要理解教育实践范式所蕴含的历史经验和历史逻辑。

最后，中国基础教育的一个重要历史判断就是，中国基础教育从来不仅是教育自身的逻辑结果，还是中国社会稳定的历史经验的现实教育建构。中国几千年的历史分分合合，但历史基本经验就是：大一统的社会大多和平繁荣，而分裂时期大多陷入战乱和衰退。所以中国基础教育不能简单地仅凭教育逻辑建构，还必须理解这种历史经验。基础教育不仅是学生个体接受知识教学，还必须接受社会公共权力的影响。简而言之，学校还必须体现社会的意志力，促进学生社会性的正向发展，并致力于建构繁荣、和谐和公平的社会。

所以中国基础教育在任何时候，至少必须做到两方面：其一是基础教育必须基本公平，在古代是科举制度保障，在今天是高考制度作保障。其二是基础教育必须给社会个体以希望。简而言之，即使是社会最底层家庭的孩子，也能够确保其基于才能而被选拔出来。如果失去这两者中的任何一个维度，那么中国基础教育就将成为社会冲突和矛盾的源泉，最终将会导致社会失败。社会失败不会是哪一个阶层的失败，必将是所有阶层的失败。正如国际歌中的歌词：哪里有压迫，哪里就一定有反抗。中国历史已经足够呈现出这一点：在乱世中，没有人能置身事外,即使是皇宫贵族,也可能死于非命,更不用说普通人了。所以，中国基础教育在任何时候，必须拥有自己的历史眼光和历史视野。不能局限于某一阶级或者某一阶层，应该有一种着眼于整个社会历史发展的视野，正如马克思主义所论证的：无产阶级必须解放全人类，而不是仅仅解放无产阶级。这种全人类的解放，才可能真正解放无产阶级。

二、中国基础教育历史逻辑的基本构成

中国基础教育历史逻辑的基本构成，主要有以下维度：教育必须具有保守性，需要从历史经验中审视自身的发展。教育必须给予社会个体以明确的可能的希望。教育需要有明确的知识体系和政治正确的方向，教育的混乱必然带来社会的混乱。教育需要有超脱于世俗的权威性和必要的保守性。教育是社会建构的重要构成部分，教育问题会导致社会问题。

首先，教育是社会建构的重要构成部分，教育问题会导致社会问题。中国古代强调：建国君民，教育为先，[①] 强调教育是社会建构中的重要要素，社会既需要道德规范协调，同时也需要选拔精英式的圣贤人物治国。这两点都离不开教育，教育一方面培养人才，另外一方面选拔人才，两者之间是一体两面，缺一不可。所以，教育问题必然导致社会问题，如果教育不能培养人才，社会将趋于无人可用或者人亡政息。同时，社会的问题大多也可以从教育的问题中找到端倪。而如果教育不能选拔人才，则会导致社会的动乱，因为社会管理者缺乏人才支撑会趋于无能，而真正的精英不会满足于庸人治理，可能会导致社会战乱。所以通过教育治理社会，这是中国历史以来的一个非常重要的历史逻辑和历史智慧。

其次，教育必须给予社会个体以明确的可能的希望。如果不能实现这种希望的存在，那么既对教育发展不利，同时社会个体必然会通过其他渠道维护这种希望。这一点是中国历史循环的一个很重要的历史教训。如果不能建构一套

① 孔子：《礼记》，中华书局 2017 年版，第 697 页。

公平的教育选拔制度，不能给予社会个体流动的希望，那么最终对普通民众的压制会逐步到达一个极限的临界点，之后则会导致社会陷入混乱和分裂，这对社会中任何人都不是一件好事。今天中国强调中国梦，注重推进民族复兴和人民幸福，其根本目的之一就在于建构社会个体的梦想，而这种梦想是需要有教育希望来支撑的。

再次，教育需要有明确的知识体系和政治正确方向，教育的混乱必然带来社会的混乱。这是中国历史中的一个非常重要的历史经验，也是今天中国基础教育中继承的重要历史逻辑。如果教育中缺乏政治正确般的教育正确，没有确定的知识体系，丧失正确的政治方向，最终会导致教育趋于混乱，而教育的混乱则必然导致社会的混乱。基于这个历史逻辑，中国社会一直都注重对教育内容的审核，目的在于通过教育的强大影响力，实现社会的和谐建设。当代中国，基础教育也需要坚持社会主义政治方向，注重民族团结和国家认同，彰显主流价值观的影响力，实现和确保社会建构的健康性。

又次，教育需要有超脱于世俗的权威性和必要的保守性。在社会发展中，需要有教育代表的知识权威和伦理权威，这种权威性在社会建设和治理中是极端重要的存在。政治都有着自己的控制极限，也有着可能弱化的强制力，所以在政治能力或者政治控制力降低的时期，教育代表的知识权威就必然成为社会中更为重要的社会秩序构建因素。在中国历史上，只有一个真正的长期的精神上的帝王：孔子。其他王朝和帝王最终都消失于历史的烟尘之中，而孔子的儒学不管是在太平盛世，还是战乱之世中，都用自己的知识权威和道德权威维护着中国社会的基本社会秩序。因为中国缺乏强力的宗教，所以中国教育事实上在很大程度上通过儒学，部分实现了西方宗教稳定社会秩序的职能。从这个角度上看，中国教育必须具有其超脱现实政治的历史影响力，才能实现教育本身跨越政治和跨越历史的社会秩序建构者的职能。当代中国基础教育必须高度重视教育本身的公共性，基础教育本身不是服务产业，而是代表国家对国民的一种强制性的教育权力。这种教育权力是建立在确保未来国民素养的合格性的基础上的。简而言之，基础教育必须体现对学生的强制性和健康的社会化的目的上，不能仅仅依据学生和家长的好恶而走向散漫和娱乐化。

最后，教育必须具有保守性，需要从历史经验中审视自身的发展。中国社会强调“天不变，道亦不变”。这句话表面上可能偏颇，事实上有着内在的真理。即使是当代中国的社会科技水平高度发展，汽车、飞机、电视、互联网、手机、电脑等建构的现代社会表面上与传统社会差异极大，但必须注意的是，这些现代科技的背后，规范中国社会行为和社会关系的，仍然主要是孔子代表的儒家伦理。这表面上看是完全难以理解的，但却是一个事实的存在。其背后，实际上就是教育中本身就有着对历史经验和智慧的传承，在教育发展中，更重要的是去逐步反思和改造，但不能轻易地主观否定教育中蕴含的历史智慧。而教育的发展，也不能仅仅站在教育的视角，而必须通过历史视野和历史经验去审视。如中国历史以来，就赋予了中国教育以公共性，强调教育本身必须指向社会建构，今天随着西方自由主义教育的冲击，中国基础教育的公共性在削弱，在这种趋势中，必须重新审视教育的历史经验，守护基础教育的公共性。

三、中国基础教育历史逻辑的基本关系

教育是社会建构的重要构成部分，教育问题会导致社会问题，这是中国基础教育历史逻辑中的教育定位的逻辑。中国社会在社会结构维度将教育提升到极高的地位，其后通过科举制度确定了教育的尊贵地位。这一点是中国社会的共识，一直延续到今天。今天中国基础教育的城乡统筹协调发展，高考制度的改革，都牵动了整个社会的关注目光。也许在中国社会中，教育本身就被定义为社会最重要的建构力量之一。教育正是通过对所有国民的社会化，而实现了社会基本素养的保证和社会基本秩序的维护。今天中国基础教育中推进法治教育，其目的也在于此，即通过基础教育推进未来的所有国民的法律哲学、法律常识和法治理念。

教育必须给予社会个体以明确可能的希望。这是中国基础教育历史逻辑中的教育价值逻辑。这种认识最重要的是强调了教育可能导致的社会危险，如果教育不能给个体带来希望，个体则可能采取其他手段维护自己的希望，就可能变成为社会的问题之源。同时，这种希望必须是简单直接的，能够让社会中的普通个体都能够理解和认同的。一个过度高深或者高远的教育希望对部分社会个体或许有意义，但对于普通个体而言，实质意义不大。教育希望还需要广泛，能够得到社会主体成员的共鸣，并需要实质性的国家法律和政策的刚性支持。如果在教育希望上，附加不必要的条件，或者没有刚性的政策法律支持，将可能导致这种教育希望成为教育失望。

教育需要有明确的知识体系和政治正确方向，教育的混乱必然带来社会的混乱，这是中国基础教育历史逻辑中的教育方向逻辑。中国社会整体上都有着确保意识形态统一的重要历史经验，这也是在教育领域中的呈现。多元文化和多元价值观可能导致社会的分裂和混乱，这一点也是中国的历史经验，所以中国本能的高度重视教育领域中教育的政治正确性，并通过确定的知识体系对此进行维护。中国古代是以儒学的三纲五常维系社会的基本秩序，以历史视野看，

这种建构也是强大并有效的。当代中国基础教育需要体现社会主义政治意识形态，推进社会主义核心价值观教育，建构社会健康的稳固秩序。

教育需要有超脱于世俗的权威性和必要的保守性。这是中国基础教育历史逻辑中的教育权威的逻辑。政权可能消亡,但知识不会消亡。社会可能出现混乱，但伦理规范则相对更为长远。基于中国社会对混乱的恐惧，以及未雨绸缪的社会经验，中国一直致力于推进文治教化上的权威性，这也是在政治力量消退时，能够支撑社会秩序和规范的内在力量。中国的社会中，政治力量是显性的外在强制力量，知识和教育代表的是内在的理性力量。两者之间，理性力量可能更为持久和稳定。基于此，中国社会在伦理道德领域，不能走向西方自由主义的德育范式，中国社会需要有主流价值观，而不是走向道德上的相对主义。

教育必须具有保守性，需要从历史经验中审视自身的发展。这是中国基础教育历史逻辑中的经验逻辑。中国社会强调从社会视角审视现实生活中的行为，所以中国基础教育中总会趋向于提升青少年的认识视野，虽然很多时候可能导致过度诠释，或者过度政治化，但这种不断从个体提升到家庭、社会、国家的视角，确实有效提升了中国社会对事物判断的广度和深度。中国社会习惯于以历史智慧审视所有重大事情，而不是仅仅简单分析现实层面的因素。这一点既形成了中国基础教育发展中的稳重感，但同时也可能直接导致中国基础教育发展中的过度保守性。

第四节　中国基础教育历史逻辑的时代挑战

中国基础教育承载着五千年的历史智慧，其内在的保守性和确定性都是中国教育中的历史经验。“在世界历史的大部分时间里，中国一向是整个东亚社会的文化巨人，其所扮演的角色，集西方人在文化上无限敬仰的古希腊罗马和作为现代欧洲文明中心而备受倾慕的法兰西于一身。悠悠 2000 载，中国人表明自己拥有程度极高而造诣极深的多样化文化价值，拥有控制、协调和管理幅员辽阔而人口众多的国家的能力，拥有有效地把技术开发应用于生产的扩大并维持数倍于 19 世纪欧洲国家人口的组织天才。中国人过去的生活标准是其他民族根本无法与之相比拟的。”[①] 明晰中国基础教育的历史智慧，了解中国基础教育的历史经验和可能的问题，是历史逻辑研究的重点。

---

①［美］吉尔伯特·罗兹曼主编，国家社会科学基金《比较现代化》课题组译 :《中国的现代化》，江苏人民出版社 2005 年版，第 15 页。

一、中国基础教育历史逻辑的智慧

教育需要具备自己必要的保守性，是中国基础教育重要的历史智慧。保守性不是为了保守而保守，而是如果还能用，并且还没出现问题，那么没必要选择新的事物，应该沿用已经使用过的并且用得很好的经验。保守主义在人类社会中广泛存在，也是非常重要的意识形态，英国的重要政治党派就是保守党。基础教育的保守性是必要的，保守性指的是基础教育中的一些经过长期实践验证的经验，不需要武断抛弃，而应该深入理解和执行。在发展中采取改革的方式进行变革，而不能轻易采取武断的推倒重来的方式实施改革。“那些抗拒改变的保守派，与提出改变的激进派具有同等价值——甚至可能更有价值，因为根须深厚比枝繁叶茂更加重要。新的观念应该被听取，因为少数观念可能有用。但新观念必须经过异议、反对以及轻蔑的研磨，这也是对的。这是新观念被允许进入人类赛场之前必须存在的预赛。老年人抵制年轻人，与年轻人刺激老年人，都是对的。经过这样的对抗，就像两性冲突和阶级斗争一样，才能产生充满张力的创造性力量，才能带来富有活力的发展，才能产生整体隐而不彰的基本统一与运动。”[①]

这种教育的保守性能够有效地传承历史经验，同时切合社会的现实需要，并能够契合社会大众的教育心理，最终实现缓慢但稳定的发展路径。基础教育领域中相当多的内容都是相对稳定的，如算术、几何、文字、科学、基本道德规范等，这些都只需要小修小补的改革。教育的保守性反对的是大开大合的武断改革，不希望这种剧烈的教育改革割裂了传统与现代、经典与激进等，而希望采取润物细无声的方式，推进教育自身的变革。

在中国第八次课程改革过程中，出现了著名的“王钟之争”[②]，其重要原因也在于对教育发展中的适度保守与改革的观点交锋。王策三教授的核心观点是教育改革需要适度的保守主义，对传统的基础教育中的基础知识、基本技能等领域的实践经验和智慧需要适度保留。钟启泉教授的核心观点是教育改革需要勇敢改变现存的教育问题，对于已经过时了的教育理论，需要勇敢抛弃。两者的观点对于中国基础教育改革与发展来说，都是非常重要的。如果过度保守，不能勇敢改变现在教育问题，中国基础教育发展堪忧。如果过度激进，改革过急

---

① [美] 威尔·杜兰特、阿里尔·杜兰特著，倪玉平、张闶译：《历史的教训》，中国方正出版社 2015 年版，第 50-51 页。

② “王钟之争”指的是北京师范大学的王策三教授与华东师范大学的钟启泉教授之间关于课程改革的系列理论问题开展的学术争论，在中国教育学界影响很大。

过快，对传统不能有效扬弃，中国基础教育改革也会陷入严重危机。

基础教育课程改革的具体目标：

改变课程过于注重知识传授的倾向，强调形成积极主动的学习态度，使获得基础知识与基本技能的过程同时成为学会学习和形成正确价值观的过程。

改变课程结构过于强调学科本位、科目过多和缺乏整合的现状，整体设置九年一贯的课程门类和课时比例，并设置综合课程，以适应不同地区和学生发展的需求，体现课程结构的均衡性、综合性和选择性。

改变课程内容“难、繁、偏、旧”和过于注重书本知识的现状，加强课程内容与学生生活以及现代社会和科技发展的联系，关注学生的学习兴趣和经验，精选终身学习必备的基础知识和技能。

改变课程实施过于强调接受学习、死记硬背、机械训练的现状，倡导学生主动参与、乐于探究、勤于动手，培养学生搜集和处理信息的能力、获取新知识的能力、分析和解决问题的能力以及交流与合作的能力。

改变课程评价过分强调甄别与选拔的功能，发挥评价促进学生发展、教师提高和改进教学实践的功能。

改变课程管理过于集中的状况，实行国家、地方、学校三级课程管理，增强课程对地方、学校及学生的适应性。

教育部：《基础教育课程改革纲要（试行）》。①

教育的确定性对于社会建构的稳定具有重要意义，这是中国基础教育的历史智慧的重要构成部分。因为教育涉及面极广，社会所有成员几乎都是教育的产品。特别是今天推行义务教育制度，公民接受义务教育既是一项权利，也是一项义务，其目的是推进国民基本素养的普及与提升。教育的确定性指的是教育内容基本确定、教育发展路径基本确定、教育竞争路径基本确定等。这种确定性的教育能够在相当程度上提升社会在教育领域的安全感。因为教育不会剧烈变化，一切都是基本确定的，所有个体都可以通过明确的竞争路径，成为教育领域中的有力竞争者。这种确定性对社会建构有几个积极意义：首先，所有社会个体都受到了确定性的教育内容的基本教育，在国民的基本文化认同上具有明显的同质化，这种同质化是国家统一社会和谐的重要基础。其次，这种确

① 教育部：《基础教育课程改革纲要（试行）》，2001年6月8日教育部印发。来源：教育部网站，来源网址：http://old.moe.gov.cn/publicfiles/business/htmlfiles/moe/moe_309/200412/4672.html。

定性的教育竞争路径，能够给所有社会个体带来确定性希望，即使达不到，那也是自己的原因，不会迁怒于社会和教育。最后，也是最重要的，这种确定性的教育，能够在教育内容上做到完全透明，教育竞争路径上完全透明，最终实现教育的公正和科学选拔，进而实现社会公正，因为教育的公正就是社会中最重要的前提性公正保障。

教育对于国民历史发展的期望效应，这是中国教育历史中的智慧之一。期望效应指的是如果一直期待某种事物，可能会形成潜意识中的行动，最终期待的事物就可能真的实现。教育对国家的历史发展，也具有明显的期望效应。在中国传统教育中，有着三纲五常的教育，也有着国家统一的基本意识，所谓天下一统。在这种长期的历史发展中，中国教育中的基本理念如中国的统一，最终成为国民的重要期待，并演变成了中国历史发展的主流。这就是中国教育对国民历史的发展的重要期望效应，包括中国的儒学文化，也通过教育，成为社会个体的无意识存在，最终成为社会中的期望效应，所以中国社会最终也实现了社会和谐的意识建构。这种期望效应，对于未来的中国发展具有重要作用，包括今天的中国梦，也是一种很重要的期望效应，最终转化为国民的集体努力，中华复兴就会成为现实。

教育的权威对于社会建构的重要性，这是中国教育的历史智慧的重要构成。任何一个社会的建构都需要必要的权威存在，国家政权是实体上的权威，宗教是精神上的权威，教育则是文化上的权威存在体。教育既有着现实的实体存在，也有着精神层面的存在，两者都是社会中非常重要的权威存在形式。在实体上，任何一个国家都有着教育机构，古代中国有太学、国子监等重要教育机构，近代中国有京师大学堂，现代中国也有北京大学、清华大学、浙江大学等国内著名大学，美国有哈佛大学、耶鲁大学、麻省理工学院等著名大学，这些学校都构成了社会中的教育权威的形象。在精神层面的存在方面，中国古代对科举及第的希望，对四书五经的尊崇，对三纲五常的学习，都是意识形态领域中的权威存在。教育本身也是权威的产品，教育的内容来自于权威人物的积累和贡献，教育的机构来自于权威机构和权威人物的构建。真正的大学，不是有大楼，而是有大师。这种权威型的教育，最终能够给予社会个体以明确的社会结构和社会规范，形成对社会的文化结构领域的基本建构。

中国教育的统一性与国家意识的统一性高度相关，这也是中国教育的历史智慧。教育是国家的大器，在古代中国，专门管教育的官员为学政。学政具有教育文化上的独特标志，对已经科举及第的举人及以上的士人逮捕收监，必须征得学政的同意，否则不允许直接抓押士人。教育的统一，在于教育结构的统一、教育内容的统一、教育路径的统一。这种统一化的教育，能够在相当大的程度上，提升社会个体的整体性意识形态，最终实现国家意识的高度统一性。如果教育不能实现统一，不能实现教育本身的结构化，最终会导致国民失去方向感，甚至导致社会的混乱。

教育既是国家统一的重要建设者，也是对抗社会分裂和社会混乱最重要的教化机构，这是中国历史以来都极为重视教育在国家结构中的作用的基本逻辑和智慧。中华民族能够在几千年的历史长河中顽强生存和不断发展的重要原因，就是有着一脉相承的精神追求、精神特质、精神脉络。[①]

对于未来人类发展来说，中国的历史逻辑仍然具有重要的思想价值。“任何一国都不可能单枪匹马地建立世界秩序。要建立真正的世界秩序，它的各个组成部分在保持自身价值的同时，还需要有一种全球性、结构性和法理性的文化，这就是超越任何一个地区或国家视角和理想的秩序观。”[②] 中国在这个领域是世界榜样。习近平同志提出了著名的“人类共同体”重要思想，强调“构建人类命运共同体，实现共赢共享”。[③] 在教育领域，需要大力推进人类社会命运共同体思想，推进世界和平建设。

二、中国基础教育历史逻辑的时代挑战

当前中国基础教育在历史逻辑维度，承受着众多的挑战，特别是西方教育思想对中国基础教育的历史逻辑冲击很大。

首先，中国基础教育面临多元历史观的冲击。中国教育一直是一种相对统一的历史意识形态，注重历史经验，强调历史典籍，并趋向于从历史中寻找智慧。但多元历史观强调历史的多元构成，价值的多元取向，注重对历史的多重阐释。最终在教育领域，消解了教育中的权威感，包括教育内容的变化、中国历史经典的摒弃、价值观教育的所谓普世化。这些都在相当程度上对中国统一的历史意识形态形成冲击，最终可能会导致社会内部的历史观的分歧。当前最需要警惕的是西方所谓的普世价值观，不能轻易迷信所谓的普世价值观，问题在于当前西方自由主义价值观占据世界伦理霸权地位，西方将其自由主义价值观等同于人类普世价值观，这一点是中国基础教育需要高度警惕的。

其次，教育冲击还来自于主体历史与个体述评的多视角，这是对历史的解

① 习近平：《习近平谈治国理政》，外文出版社 2014 年版，第 181 页。
② [美] 亨利·基辛格著，胡丽平等译：《世界秩序》，中信出版社 2015 年版，第 489 页。
③ 习近平：《习近平谈治国理政》（第二卷），外文出版社 2017 年版，第 539 页。

释维度的冲击。中国教育的形象首先来自于中国古代的教育家及其社会实践，也来自于中国教育经典，所以中国教育的形象相对稳定、确定和统一。现代历史的述评已经是多视角时代，对教育的形象，已经逐步扩展为网络、视频和电视等新媒体维度。今天在中国教育中，虽然师生关系表面上同传统相差不大，但教师代表的知识权威已经逐步消解。在学校心理上实际上逐渐失去了曾经的中国师生之间的紧密的教育关系、学习关系和亲密关系。简而言之，现代传媒技术在知识维度可能极大地扩展了教育的视野，但在情感维度，又出现了重大的危机。中国教育历史以来，教师既需要教书，还需要育人。这种历史述评的多视角，导致教育越来越直观化和纯知识化，事实上并不是一件好事。科技在任何时候都不可能完全代替教育，在教育中，最重要的是教师，而不是单纯的知识。这是人类教育历史的基本经验，也是屡屡被验证的真理。

再次，时代冲击还在于中国基础教育中的历史教育的中外争议。历史使人明智，这是培根的著名结论。历史在很大程度上构成了社会个体对国家、民族、宗教和社会的基本想象，所以不同的历史教育，会导致社会个体在社会意识形态领域中的重大差异。中国教育历史以来都非常重视历史教育，所谓“孔子成《春秋》而乱臣贼子惧”。[①] 今天中国的历史教育，如何评价历史中的经验和教训，这些在今天的多元化时代，有着众多的争议。但在基础教育阶段，必须要建构一个结构化和确定化的历史结构，并教育给社会个体。这样才能够建构一个统一化的中国历史意识形态，最终服务于中国社会在意识形态领域的同质化。同样重要的还有着对历史的不同诠释，因为不同的诠释可能会产生不同的历史视野和历史结论。

最后，教育的权威性备受时代冲击。教育本身存在的意义开始被社会怀疑，如教育的时间是否过长，教育中的基本内容是否过时，教育竞争是否过于残酷等。事实上，学校不只是单一进行教育教学的教育机构，也是青少年健康成长最好的社会机构。对于学校的教育教学的职能，社会对此认识深刻，但对于学校的另外一个职能：保护青少年的健康成长，则是社会屡屡忽视的。中国历史以来，都强调学校的周边环境的重要性，强调学生成长的环境的健康性。这是中国教育的历史经验的重要构成。青少年如果失去学校，只能去社会中成长，这既是危险的，也是不确定的。危险在于，青少年置于一个各种诱惑和危险之中，仅仅是安全问题，就是难以解决的问题，青少年在这种环境中，很容易沦为暴力的受害者。其次是不确定，社会需要基本价值观层面的确定性，需要道德伦理

---

① 孟子：《孟子》，《滕文公下》，中华书局 2010 年版，121 页。

的基本确定，需要社会交流的基本确定，需要个体发展的空间和路径的确定性。但离开了学校的保护，失去了教育的确定性结构，那么学生的一切发展都是不确定的，这对社会建构是具有极大的消极性的。另外，当前中国基础教育的另外一个严重问题还在于当前中国基础教育的负面形象，表现于社会对中国基础教育过多的负面批评。这种负面形象实质是社会对基础教育过高要求之后的一种失望。基础教育承载了社会各界过度的期望，导致了基础教育过度聚焦的问题，并直接导致学校教育在过重压力之下失范。[①] 教育本身是需要自由空间的，过度紧张的学校教育，会为了避险而采取过度保险或者过度安全的教育行为，而导致学生在发展中失去了很重要的自由探索空间。

① 冉亚辉：《当前基础教育负面形象的根源及形象重塑》，《教学与管理》2015年第11期。

第十一章 中国基础教育文化逻辑

基础教育都有其背后的文化逻辑。文化传统在很大程度上，导致了基础教育的不一致，即使是同样的学制，同样的教育内容，但在不同的国家，最终也会呈现出不同的教育范式。“教育是不可能去改变预设的文化环境的，那是教育必须首先予以承认的———我们不是在一张白纸上办教育，教育本身就是这纸上的一部分，深深地浸染了文化的一切。”[①] 一定程度上说，现代人类社会的基础教育学制差异极小，内容也相差无几，但在教育的实践范式上却差异很大，其背后的主要原因，就在于文化逻辑。

第一节 中国教育文化的历史追溯

文化与教育联系紧密，教育本身就是传递文化价值观的工具，所以教育受文化传统影响很大。“在语言、宗教、艺术、科学中，人所能做的不过是建造他自己的宇宙——一个使人类经验能够被他所理解和解释的联结和组织、综合化和普遍化的符号的宇宙。”[②] 同时，基于文化传统本身的强大，教育在很大程度上也是社会文化的重要构成部分。

一、文化与教育

教育本身是文化传承的最重要途径和过程，没有文化传承，一定程度上讲，教育也就失去了存在的意义。人类文化或者文明，正是通过教育的传承而延续。“不

---

① 冉亚辉：《文化价值观与中国教育改革》，《内蒙古师范大学学报》（教育科学版）2010 年第 4 期。

② ［德］恩斯坦·卡西尔著，甘阳译：《人论》，上海译文出版社 2004 年版，第 304 页。

忘历史才能开辟未来，善于继承才能善于创新。优秀传统文化是一个国家、一个民族传承和发展的根本，如果丢掉了，就割断了精神命脉。”[①]“东亚社会经历了资本主义、社会主义、殖民主义，并且与英国、法国、美国和苏联有着各种不同的接触和影响。历史的经历影响了东亚的教育体系，但是，能够解释东亚教育习俗规范和儿童与青年人学业成就的最深层的因素，仍植根于儒家哲学关于知识、社会和人的观点。”[②]所以，从这个角度上看，文化与教育在很多情境下是一体两面，难以分离。文化在诸多领域影响着教育的存在：

首先，文化决定了教育的基本构成内容。教育的主要任务是传承文化，不管这种文化是科学知识，还是社会习俗。西方古希腊的文化对今天的西方教育仍然具有重要影响，而伊斯兰国家的教育也与其他文化的国家有着显著的差异。在教育中，很少有完全不存在文化属性的内容。仅仅是教师与学生之间的关系，学校的基本文化特色，这些就是不能脱离文化影响的教育维度。教育一方面服务于文化传承，同时也通过这种传承，实现了对文化的筛选，进而影响了文化的发展。

其次，文化通过文化价值观影响教育的价值取向和基本存在哲学。宗教文化和世俗文化对教育的影响和认识本身就存在重大差异，不同的文化在很大程度上决定了教育的不同地位和职能。如在基督教的国度中，教育很难在道德和宗教层面与基督教教会竞争。在伊斯兰国家中，也是如此，学校教育大多时候都必须符合伊斯兰教义，甚至某些时间段可能直接被伊斯兰教清真寺所代替，后者经常举办读经学校和宗教学校。而在世俗国家，如在美国和中国，学校教育拥有自己的地位，并是独立于宗教的文化存在。

最后，文化决定了教育在社会中的基本地位和主要目标。不同的文化社会中，教育的地位差异很大，其主要原因就在于文化对教育的定位。同时，教育的主要目标也基本是由文化决定的。教育本身是社会结构的重要构成部分，但决定于教育在社会整体结构中的地位的，主要可能就是文化传统。“在亚洲，好教师是一个技艺娴熟的演员。在美国，具有革新、创造能力和独到见解的教师被认为是成功的老师。”[③]中国儒学的文化传统奠定了中国师道尊严的存在，同时通过文治教化的职能定位，在社会结构中占据特殊的地位。另外，文化还对教育有

① 习近平：《习近平谈治国理政》（第二卷），外文出版社 2017 年版，第 313 页。

② [加]卡伦·芒迪等编，徐辉等译：《比较与国际教育导论：教师面临的问题》，教育科学出版社 2009 年版，第 38 页。

③ [加]卡伦·芒迪等编，徐辉等译：《比较与国际教育导论：教师面临的问题》，教育科学出版社 2009 年版，第 41 页。

某些特定设置或者支持，如在中国古代，科举及第的士人，有着一定的国家层面的政治经济特权，如入仕的特权、免于赋税的特权等。

二、中国教育文化历史追溯

在教育领域，中国文化最重要的构成是儒家文化，虽然道家文化和佛教文化对中国教育存在一定的影响，但中国人的主体教育文化生活是由儒家文化所决定的。

儒家文化在很多领域建构了中国人对教育的认识和定位。董仲舒说："《诗》道志，故长于质；《礼》制节，故长于文；《乐》泳德，故长于风；《书》著功，故长于事；《易》本天地，故长于数；《春秋》正是非，故长于治人。"[①] 儒家文化首先是一种世俗文化，这一点是认识中国文化非常重要的视角。儒家文化注重追求现世的和平、和谐，强调家庭和睦、国家和平，注重个体的修身、齐家、治国平天下。从这个角度上看，儒家文化是一种入世的哲学。儒家文化并不追求理想中的虚无缥缈的天堂，而宁愿追求有缺陷但却触手可及的现实社会。正是基于这种对现实社会矛盾的考量，儒家文化建立了三纲五常等文化价值观体系，并通过大同社会等理念，建构了儒家理想社会目标。

亨廷顿认为，在最广泛的层面上，盛行于众多亚洲社会的儒家精神强调这样一些价值观：权威，等级制度，个人权利和利益居次要地位，一致的重要性，避免正面冲突，保全面子，以及总的来说，国家高于社会，社会高于个人。此外，亚洲人倾向于以百年和千年为单位来计算其社会的演进，把扩大长远利益放在首位。比较来看，这些态度与美国人信念的首要内容形成了对照，即自由、平等、民主和个人主义，以及美国人倾向于不信任政府，反对权威，赞成制衡，鼓励竞争，崇尚人权，倾向于忘记过去，忽视未来，集中精力尽可能扩大眼前的利益。[②]

儒家这种现世主义的文化，在相当程度上决定了中国人的生活思维世界。儒家文化不同于佛教、基督教和伊斯兰教等宗教文化。比较而言，儒家文化是一种和平的文化，在心态上更加平和，在不同文化之间的冲突中更加温和，在对待异己时更加宽容，同时也更为注重世界和平，即儒家理想中的天下大同。

相对儒家的现世主义的直接奋斗和努力而言，儒家对人类自身的态度是正向欣赏的，是一种强调人类对自己生活理想的把握，并认为人类拥有这种能力

① 董仲舒：《春秋繁露》，中华书局 2012 年版，第 35-36 页。

② [美] 塞缪尔·亨廷顿著，周琪等译：《文明的冲突与世界秩序的重建》，新华出版社 2002 年版，第 250 页。

和价值。相对来看，佛教对人生的价值则远为悲观，佛教认为世界轮回，人生实际上在轮回的苦难过程中是无趣且悲观的。所以佛教的理想境界是无知无欲无存在的涅槃，其本质上是反人类存在的，也是对人类自身的一种悲观主义。这既是对人生的一种悲观预言，同时也是对人类社会的一种厌弃。从这个角度上看，佛教眼中的教育事实上是不需要的，因为最终的涅槃的理想境界决定了一切教育实际上都是多余的。

基督教和伊斯兰教在文化上有其共同点，都相信上帝，都相信末日。特别是其末日文化，是显著区别于儒家文化的。儒家文化追求大同世界，如同马克思主义哲学中的共产主义社会一样，是一种正向的有着明显的人类自信的人类哲学。但基督教和伊斯兰教则差异很大。如果说佛教只是对人类社会的厌弃而已，其背后并不是对人类的能力的怀疑，那么基督教和伊斯兰教则是本能地对人类自身能力存在严重怀疑，并把人类附属给了上帝，上帝才是其宗教中的无所不在无所不能的顶级存在。儒家文化，认为人类是为了追求自己的幸福和社会的幸福而存在，个体应该为了家庭和社会而努力奋斗。但基督教和伊斯兰教则远没有这种生活自信，而将人类的幸福建立在对上帝或者真主的虔诚上，所以人类不应该为了自己的幸福而存在，应该为了上帝或者真主而存在。

同样，基于这种对上帝和真主的虔诚，基督教和伊斯兰教在文化上是不宽容的，对他种信仰的人统称为异教徒。异教徒的称呼本身就是对他种文化的一种歧视和贬低，而基督教和伊斯兰教并不满足于这种文化上的贬低，甚至极端宗教主义者还追求在现实中甚至肉体上消灭异教徒。所以在人类的历史上，基督教和伊斯兰教都有着对他种文化的战争和毁灭的诸多事件。相对来看，儒家文化虽然也有着令人不快的优越感的一面，但却更为宽容他种宗教和文化。在历史的长河中，儒家文化从没有企图征服或者毁灭他种文化的倾向，更多的是希望天下太平而不是天下战争。当然这种优越感，也是几乎人类任何一种文化的本能的表现，并非儒家文化所特有。

即使是在21世纪的今天，儒家文化所特有的和谐与和平，仍然是人类社会中最为令人欣赏的文化存在之一。相对来看，基督教文化和伊斯兰教文化，都有着陷入冲突和战争的漩涡中的趋势，并且他们本身就是导致冲突的重要原因。其内在的不宽容的本性，又导致矛盾的加深。基督教和伊斯兰教都有着对叛教者的惩罚的理论，但在儒家文化中，没有这种理论的影子。在儒教文化中，谈不上信教，也更谈不上叛教。基督教以美国为典型，当代几乎每一场战争的背后都有着美国的影子，而伊斯兰教的教义则与伊斯兰和西方世界的冲突紧密相连。

基于这种儒家思想的现世主义文化，以及对大同世界的理想，中国儒家文化高度定义了教育在社会中的地位，并将教育中的道德教化视为教育中的重要存在。西方学者研究认为："西方的科学和技术迟迟在中国扎不下根来，原因在于社会，而不在于思想。儒家学说在本质上是无碍于科学发展的，其求知的世俗化、理性化方法和探索精神，恰正是后来进行科学研究的宝贵遗产。"[①] 也许在人类的世俗教育中，儒家文化圈最为重视对学生的德育。这种强调现实社会中的和谐与和平，必然追求现世社会中文化价值观的和谐。所以，中国基础教育中的中小学教育非常重视德育，时时德育、处处德育是中国学校教育的基本特征，这一点也是与注重宗教的道德教化的基督教世界与伊斯兰教世界相异的。

当然，儒家文化也有着一定的缺陷。"从仁爱出发，经孝悌的途径，达到克己复礼的目标，在血缘关系的基础上达到爱，并把血缘之爱应用于忠君报国，以维护国家体制，这就是中国儒家宗法伦理的基本特征。这种伦理观的积极性在于给中华民族留下了正人正己、尊老爱幼、社会和谐、家庭和睦、国家稳定的民族特征，但其消极性也不可低估，它把族权、夫权、神权、皇权等一道道绳索套在中国人的头上，造成了逆来顺受、因循守旧、故步自封、盲目自大的民族惰性。"[②] 对中国教育的发展来说，面对东西方乃至国别文化差异，无论20世纪二三十年代，还是八九十年代，乃至全球化多元文化愈益复杂交织的21世纪，中国的基础教育改革家们都没有动摇其理性的文化坐标，立足本国的"融合中创造""本土化成长""实践中再生"俨然成为他们自觉的文化选择。[③] 从这一点上看，中国教育领域的文化自觉和文化自信一直是鲜明存在的。

"文化是一个国家、一个民族的灵魂。历史和现实都表明，一个抛弃了或者背叛了自己历史文化的民族，不仅不可能发展起来，而且很可能上演一幕幕历史悲剧。"[④] 在未来的国际文化比较学习中，对于外来先进文化和教育经验，必须站在人类共同文明的高度来审视文化的普遍性与特殊性，同时要坚持文化自觉和文化自信，既要大胆汲取，同时也要准确扬弃。

---

① [美] 吉尔伯特·罗兹曼主编，国家社会科学基金《比较现代化》课题组译：《中国的现代化》，江苏人民出版社2005年版，第194页。

② 王祥云：《中西方传统文化比较》，河南人民出版社2006年版，第268页。

③ 黄书光：《基础教育变革中的文化坐标》，《高等教育研究》2010年第1期。

④ 习近平：《习近平谈治国理政》（第二卷），外文出版社2017年版，第349页。

第二节　中国基础教育文化逻辑的基本构成

中国文化传统中有着儒家思想、道家思想和佛教思想等多种文化传统。但在教育层面，儒家思想占据主流地位，不管是科举制度、四书五经都是基于儒家思想而存在。但在文化思维层面，道家思想影响很大。在道德伦理的文化层面，佛教有着显著的历史影响。

一、中国基础教育文化逻辑的基本构成

中国基础教育文化逻辑主要有以下构成：其一是儒家文化所赋予的中国教育的世俗主义重要社会职能；其二是儒家文化所要求的中国基础教育所承担的重要的社会道德教化的职能；其三是中国儒家文化所施加的中国教育的和谐与和平的理想社会价值观；其四是中国文化特有的儒、佛、道的文化宽容逻辑。

首先，儒家文化赋予了中国基础教育的世俗主义职能。在中国，基础教育最重要的职能就是语文、数学、外语等实用性学科知识的教育教学，这些学科知识都是学生在未来生活中和工作中必须具备的基本素养。同时，社会的基本规范、法律知识和心理健康知识也都是中国基础教育中的重要存在。这种世俗主义的倾向，还在其他诸多领域对中国基础教育影响巨大。如基础教育在教育竞争上最终指向学生的高考，高考成绩成为基础教育教学质量的一个极为重要的判断指标。家长和学生，都将升入重点大学作为自己的教育目标。尽管这种目标极为世俗，但必须承认，它满足了社会的现实需要，同时也给了教育强有力的动力，虽然有着降低学生学习内驱力的代价。中国儒家文化的世俗性，将教育与世俗需求紧密联系起来，甚至把教育同社会普通大众都向往的社会优势地位相联系，其目的正是通过这种世俗性推进教育本身的普及性，同时彰显教育的重要性。所以中国古代有著名的劝学诗：书中自有黄金屋，书中自有颜如玉，书中自有千钟粟。这是用现实社会个体渴望得到的理想目标直接激励个体接受教育。

其次，中国儒家文化要求中国基础教育承担道德教化的重任。这一逻辑是中国社会的文化选择，因为儒家文化本身不是宗教文化，所以其社会的道德教化由世俗的学校承担。这导致学校在中国社会中具有极为重要的文化职能。在中国几乎每一个地区，都有着学校的存在，这种学校不只是教育的代表，也是文化机构的存在。所以文治教化，就成为政府支持学校的一个基本逻辑。文治指的是在知识层面对民众的认知提高的职能，教化则主要指的是对民众的道德伦理水准的提升，以及三纲五常等基本社会伦理规范的理解和掌握。在具体的

学校教育中，德育在基础教育中占据着极为重要的地位，中国社会中几乎所有成员都同意并且强调学校德育的重要性，中国学校也许承担的是最为全面的德育职能，包括道德教育、思想教育、政治教育、法治教育、心理健康教育、文化习俗教育等。几乎一切社会化的教育，都可以在中国的中小学教育教学中找到。

再次，中国文化逻辑给予了中国基础教育非常重要的和谐与和平的价值倾向。在中国的教育目标中，一个很重要的教育理念就是学生的和谐发展。事实上这还只是学生的个体发展，在学生的群体生活中，与他人和谐相处同样是中国教育的基本要求。中国不只是强调个体的和谐，还包括家庭的和谐、社会的和谐、民族的和谐、天下的和谐、人与自然的和谐等。本质上说，中国文化传统是一种和平与和谐的文化。中国历史以来，在文化传统上从不强调武力征服，而是强调通过文化的影响力，实现对天下大众的教化。和谐与和平的价值观，让中国基础教育多了一些价值观上的宽容，同时也有利于未来社会成员之间的和谐，这也是中国社会的基本文化经验。儒家的社会理想指向大同社会：

"大道之行也，天下为公，选贤与能，讲信修睦。故人不独亲其亲，不独子其子，使老有所终，壮有所用，幼有所长，矜、寡、孤、独、废疾者皆有所养，男有分，女有归。货恶其弃于地也，不必藏于己；力恶其不出于身也，不必为己。是故谋闭而不兴，盗窃乱贼而不作，故外户而不闭，是谓大同。"①

最后，中国基础教育有着中国文化特有的儒、佛、道的文化宽容逻辑。这是中国社会很特别的文化存在。在人类绝大部分社会中，不同的文化之间，大都处于你死我活的致命性竞争，一种文化的兴起大都是另外一种文化的消亡。但中国社会中却很好的共同存在三种不同的文化，这三种不同的文化还有着不同的哲学范式，而三者之间长期相安无事，和谐相处，确实算是人类社会中匪夷所思的事情。儒家文化和道家文化是中国社会的原初性文化，儒家思想的影响力主要在社会道德伦理层面，道家思想的影响则主要是在思维层面和生活层面。佛教自秦汉时期传入中国，本质上也具有和平主义倾向，所以与儒家和道家能够和谐共处。佛教对于中国社会的宗教层面影响巨大，中国现存的主要文化艺术领域的遗产大多是佛教领域的。这种宽容的文化逻辑也深刻地影响了中国基础教育的气质，导致中国基础教育能够平等对待文化差异和分歧，既不偏激，也不狭隘。同时，三种文化还有着良好的互补的结构。一般而言，中国人处于顺境，儒家意识占上风，处于逆境，就由道家意识来抚慰，如果处于人生绝境，那就

① 孔子：《礼记》，中华书局 2017 年版，第 419-420 页。

主要依赖于佛教思想。[①]

中国在历史上一直崇尚大国气度，即强调对他种文化的平等对待，但同时也有着内在强大的文化自信。这种文化上的大国气度，能够促进中国基础教育对他国教育的优秀经验的学习，同时也能够塑造中国基础教育的有深度的自我反思和改革。

二、中国基础教育文化逻辑的基本关系

儒家文化所赋予的中国教育的世俗主义的重要社会职能倾向是中国基础教育文化上的社会定位逻辑。儒家文化要求中国基础教育所承担的重要的社会道德教化的职能是基础教育文化上的德育逻辑。中国儒家文化所施加的中国教育的和谐与和平的理想社会价值观是基础教育文化上的价值观逻辑。中国文化特有儒、佛、道的文化宽容是中国基础教育文化上的思维逻辑。

儒学的文化传统赋予了中国基础教育世俗主义的社会定位逻辑，这也是中国教育在中国具有特殊地位的重要原因。因为不存在强大的宗教结构，中国社会中的绝大部分的社会意识形态主要都是通过教育实现的。所以,对教育的重视，就成了中国社会的政治权力必需的选择。这一点同时也决定了中国教育中必然存在政治的强力影响，所以反映在德育领域，中国就是道德与政治紧密结合的德育范式。

中国基础教育的道德教化的德育逻辑，决定了德育在中国学校教育中的重要地位。因为中国主要依靠学校教育进行道德教化，中国的所有社会个体都是学校教育的产品，所以对德育的重视就是中国社会在伦理道德领域的必然选择。中国实施强大而高效的班主任制度，建立了德育处和团委少先队等组织，这些组织既承担道德教育的任务，也承担政治指导的使命，还承担学校校园文化建设和学校活动的组织等具体职能。

中国教育的和谐与和平的理想社会价值观的价值观逻辑，使中国基础教育具有明显的和平指向，包括学生在具体的学校生活中，大多数矛盾和冲突都被调解了。虽然这种和平和和谐的教育文化理念，在伦理学上可能有着看上去懦弱的外观，但必须承认，这是一种相对来说可能更有利的社会交往哲学。如俄罗斯的大棒式的强硬哲学，一定时期可能比较强硬，但也可能导致国力的崩溃。中国数千年的历史教训就是，不能做国力不逮的事情，在必要的时候，需要隐忍,用历史的发展眼光去审视当下的事物。当然这种逻辑也必然带入基础教育中，

① 王祥云 :《中西方传统文化比较》，河南人民出版社 2006 年版，第 58 页。

所以中国基础教育也极为重视教育中的和谐与和平的理念。

文化宽容是中国基础教育文化上的思维逻辑，促使中国基础教育在教育内容的选择上，能够撇开文化传统上的矛盾，而实现对他国文化精华的学习。近代以来的中国基础教育主要是一部学习历史，甚至可以归结为复制的历史。中国基础教育主要是复制西方发达国家的教育内容、教育体系、教育方法、教育结构等。这种宽容无疑减少了这种学习中的矛盾和争议。今天中国基础教育仍然如此，同时因为中国基础教育中的经验主义和实用主义的哲学，在学习他国教育经验等领域，中国几乎不存在障碍。当然，这种过度宽容也有一些可能存在的问题，如近年来中国基础教育一个明显的问题趋向是对西方教育的过度浪漫化，在相当程度上造成了中国基础教育在向他国学习中的焦虑。

第三节　中国基础教育文化逻辑的实践智慧

中国基础教育基于文化传统，形成了很多具有实践智慧的教育传统，其背后既有着教育的逻辑，也有着文化的逻辑。

一、中国基础教育文化逻辑的实践范式

师道尊严是中国基础教育中一种现实的存在，这是文化逻辑的重要实践范式存在。在当前的中国高等教育阶段，体现得并不明显，但在基础教育阶段，这是一种现实的存在。师道尊严在基础教育中的存在具有文化传统中的逻辑和智慧，其支撑性的逻辑在于中国社会强调教师必须担负引导学生发展的道德示范、知识传授、智慧提升的责任。相对来看，中国高校教师在学生和学生家长心目中的相对重要性低于基础教育阶段，一个很重要的原因，就是高等教育阶段的学生大都具有自己的判断能力和自我选择能力，所以学生和学生家长都认为教师不再具有如此重要的地位。所以相对来看，中国小学阶段，家长和教师之间的互动较多，因为小学距离学生家庭的距离相对很近，在距离上也提供了实施的条件。而在中学阶段，学生和学生家长更为尊重的大多都是班主任，因为班主任在很大程度上决定了一个班级建设的质量，当然也影响了学生的教育质量。师道尊严的核心只是承认教育职业的尊贵性，以及教师职业应当受到必要的尊重，与学生的自由度并没有直接的联系。近年来教育界部分人反师道尊严，实际上是没有真正理解中国的文化逻辑。中国是缺乏强大宗教影响的国家，而学生在成长的过程中，父母在中学之后，对学生的影响力逐步降低。如果教师不能成为权威性的存在，学生在成长过程中就会失去身边的成人榜样和学习典

范，这对学生的发展是相当不利的。实际上，师道尊严本身也是对教师职业的高要求，教师也承受着社会压力。

知识中心和学科中心在中国基础教育中也是文化传统的强大影响力的现实实践范式的表现。中国古代强调“两耳不闻窗外事，一心只读圣贤书”，读书一词在中国社会中等同于教育，读的是书，是知识。在中国，书本身也是一种备受尊崇的存在。小孩子从小就被教育要爱惜书，在基础教育阶段，教科书是真理一般的现实知识存在。这种知识中心和学科中心的社会文化意识，无形之中提升了社会对教育的认识，并赋予了学校本身相对神圣的地位，当然也有利于学生一心向学。因为只有社会尊重知识和学校，学生也才会尊重学校教育和教师职业。传统中国通过出仕与科举相联系，提升了教育和知识的地位。这种现实的世俗倾向事实上也形成了中国教育的一个文化传统：尊师重教。

考试在教育选拔中的核心地位，是中国学校教育中的文化传统领域一项真理般的实践范式存在。人类的考试制度主要起源和繁荣于中国社会，这也是中国文化对人类的伟大贡献。直到今天，人类还没找到比考试更为科学和公平的竞争选拔制度。在学校教育中，要准确评估学生的知识体系和智商，也许只有考试制度能够胜任。并且考试制度能够将学生的家庭背景、家长资源、地域优势、城乡差别等等摒弃，回归学校教育最纯正的知识、能力和智慧的竞争。这种依据于中国古代一千多年的科举制度不断改善而形成的选拔制度，当然有其背后的真理性。相对于今天的高考，古代的科举制度所竞争的目标指向更为高端，其过程更为艰辛，其竞争压力更为剧烈，对社会的示范性更为深远。其目标是科举及第，及第之后就可以成为官员的后备人选，甚至可以直接出仕为官。其过程非常艰辛，一般举人进京考试大多都是长途跋涉数月甚至经年，一边白天赶路一边晚上复习，这需要大量的财力，还需要足够的体力，忍受无尽的旅途痛苦和考试压力。其竞争极为剧烈，一般京试并非每年都会举行，而是不规则的年份，一般是两年一次，但遇到特殊情况，则可能取消或者延期。科举制度的社会示范非常深远，是对整个社会的人才选拔，同时也赋予了进士们无上的荣光。这实际上是对整个社会的文治教化的直接示范。在这种剧烈的竞争中形成的考试制度，经受住了历史的考验，其内在的真理性是不容忽视的。

高度重视经典的价值，这是中国基础教育对真理和知识的基本假设。“智力是历史中的一种重要力量，但是也可以成为分裂与破坏的力量。每 100 种新的思路，其中至少有 99 种，可能连它们试图去取代的那些旧传统都不如。一个人，无论他是如何光彩夺目或者见识广博，在他的有生之年，也不可能无所不知，总是能对他所在社会的习惯和礼俗做出明智的判断和取舍。因为这些习惯和礼俗，是无数代人在许多个世纪的历史长河中形成的智慧与经验的结晶。”[①] 中国基础教育中的教学内容的选择非常注重经典性，其历史源头在于中国古代的四书五经。四书五经确实极为经典，其标准和水平极高，很大程度上说，中国之后产生的经典很少有真正意义上能够超过四书五经的作品。这一点导致了中国一定程度上的厚古薄今。但在教育的意义上，这也有其逻辑依据，因为经典是经受了历史的考验的，在不同的时期，不同的社会，包括历代以来的天才们的审视，最终仍然选择这些经典。这一点就决定了这种选择本身的真理性和典范性，所以选择经典就成了社会在教育文化传统上的一种文化逻辑的现实选择。

二、中国基础教育文化逻辑的实践智慧

在中国，教育从来不只是传授知识，还有着传承文化的重要使命。所以在中国社会中，教育与文化从来都是一体两面，共同服务于社会建设和发展。

中国基础教育文化逻辑的实践智慧的重要构成之一是通过教育弘扬文化。中国在古代几乎每一个城市或者较大的村镇，都有文庙，里面主殿是大成殿，供奉着孔子：大成至圣文宣王。这种文庙既是教育机构，也是文化机构，还是宗教机构。文庙作为教育机构，是读书人所敬仰的地方，也是该城市最重要的教育地标；作为文化机构，是对当地文治教化的地方，在重要节日，当地都会组织集体祭拜孔子；作为宗教机构，在读书人要进行科举考试之前，或者今天的中学生要参加高考之前，家人都会去祭拜孔子，希望能够使学生金榜题名。这种通过教育传承文化，并且教育与文化一体两面，有着自己的历史智慧：首先，通过教育弘扬文化，能够最大限度地普及文化中的基础知识。这种大范围的普及，本身就是文化传承的最重要的基础，扩大了文化的影响面，并且让文化成为社会中强大的无意识存在。其次，文化通过教育传承，首先就将文化置于社会中政治正确的地位。这种在青少年还不具备强大的自我能力的时候灌输的知识和文化，是最持久的，几乎等同于信仰的存在。最后，教育通过与文化的结合，能够获得文化的大力支持。中国教育因为儒学的尊贵地位，最终通过科举，实现了对社会资源的占有，同时也成为中国社会中精英人士的必经之路。同样，读书人成为社会精英，也会反过来会维护教育的地位。

文化逻辑的实践智慧之二是教育的确定性指向。中国教育在传统社会中，就有着注重确定性的教育指向。教育的确定性指的是在教育目标、教育路径和

---

①［美］威尔·杜兰特、阿里尔·杜兰特著，倪玉平、张阅译：《历史的教训》，中国方正出版社 2015 年版，第 50 页。

教育内容上，要求通过确定性来提升受教育者的方向感，并增加其内在的动力。所以中国古代通过结构化的科举制度来树立教育目标，科举制度分为童试、乡试、会试和殿试。会试和殿试又被称为京试，古代名曰进京赶考。殿试是中国文化的一个很重要的构成，因为会试本身就选拔出了进士，但在这之后还会设置殿试，则是中国社会的政治逻辑和文化逻辑使然。因为中国文化中强调师道尊严，学生对教师的尊敬是基本伦理，但每一次科举考试中，国家都会派出主考官，这种主考官也被社会视为是考生集体的老师。这就存在一个可能的问题：考生科举及第之后，就可能被派出仕为官，但这一年中的考生都是主考官的学生，会忠于主考官，这会形成一个值得警惕的圈子，即可能会威胁皇权。所以中国朝廷设置殿试的目的也在于此，会试中榜的考生，会集体参加由皇帝为主考官主持的殿试，由皇帝排序成为一甲进士或二甲进士。一甲进士只有三人，即中国社会几乎人人知道的状元、榜眼、探花。二甲进士就是普通进士。这样所有中榜的考生都是皇帝的学生，也被称为天子门生。当然在未来的仕途中，他们基于师生之间的基本伦理，必须忠于皇帝。这种教育竞争的确定性，给予了中国家庭和学生极大的教育动力。另外，中国还非常强调教育内容的确定性，中国科举考试内容几乎都限定于四书五经，而四书五经也是人人都可以得到的，内容也是确定的。这样就减少了教育的不确定性，同时能够在最大限度上提升考生的参与。如果考试内容越复杂，内容长期变化，对教育的发展并不是好事。所以确定性和规范性，以及必要的延续性，都是教育提升普及性的重要基础。

中国基础教育的文化逻辑的实践智慧之三是文治教化的政治意义。古代中国面积极大，人口众多，在相当长的时间内，中国都是世界面积最大、人口最多的国家。但中国同时也是统一时间最长，文化从未中断的唯一的文明古国。在历史的长河中，曾经的亚历山大帝国、古罗马帝国都消失在历史的烟尘中，但中华帝国一直强盛地挺立在世界东方。一个很重要的文化逻辑就是，中国通过儒学为代表的文治教化，实现了国家的秩序和和谐。中国传统教育通过学校教育、科举制度，确保了官员都必须是科举产生的知识分子。这一点在古代世界中极为重要，因为在古代中国的农业社会中，帝国幅员辽阔，没有火车、汽车、飞机等现代交通工具的，更没有电话、电报等信息工具，最快的速度，也就是快马加鞭。古代中国的幅员辽阔，再快的马也至少需要一个星期才可能从京城达到边远省份，在这种情况下依靠中央治理地方实际上是不可能的。所以官员的能力是至关重要的。因为科举制度的教育结构，所有官员都读的是一样的书，在文化价值观和道德规范是趋于一致的，思维范式和处理事情的逻辑也趋于一致，这就是中国古代文治教化的智慧。通过对官员一致的文化教育，最终实现官员处理事情和建设地方的思维、道德价值观也趋于一致，最终实现对整个国家的和谐治理。不可低估儒学教育对中国社会的历史影响力，“尽管儒家学说最终采取了一种枯燥而迂腐的形式，它依然能够在汉朝帝国官僚集团中激励起一种团队敬业精神。罗马帝国的文官则缺乏这样一种共同的传统伦理约束；显然，这两个官方团体在各自大一统帝国崩溃后的混乱时期之所以会有不同的命运，与此不无关系。”[①] 相对来看，古罗马帝国是建立在武力和对殖民地的征服的基础上的，而武力的维持是需要实力和条件的，如果帝国武力下降，其殖民地必然逐步分离，最终可能走向独立，帝国必然分崩离析。“几乎所有帝国都是凭借武力建立的，然而没有一个能够靠武力延续下去，如要长久统治世界，必须化武力为义务。否则统治者会为了维护统治耗尽精力，却无力塑造未来，而塑造未来才是政治家追求的终极目标。压迫若能让位于共识，帝国可得以延续。”[②] 而中华帝国，则是建立在文治教化上的，大多数情况下，地方都是在官员的带领下实现区域自治，并且整体上都是儒家文化建构的社会结构，所以整个社会更为和谐和健康。

第四节 中国基础教育文化逻辑的国际比较与未来挑战

中国基础教育在文化领域，呈现出明显的儒家文化特色，特别是师道尊严、文治教化、尊师重教等维度，表现得非常明显。

一、中国基础教育文化逻辑的国际比较

教育本身也是文化的产物，没有文化，也就谈不上教育的存在。“教育充满了价值的驱使，各种不同的群体和政治力量都会对教育的特点产生重要的影响。这些特征要求我们在进行教育研究时要考虑到物质、社会、文化、阶级和历史的环境，因为这些环境因素通常会对研究结果产生重要的影响。”[③] 相对于其他国家的教育，中国基础教育在文化领域主要有以下特色：

首先，中国基础教育有着明显的儒家特色。儒家特色首先表现在即使在今天的中国基础教育中，仍然有着相当多的孔子的儒家思想，如家庭和睦、国家

---

①［英］阿诺德·汤因比著，刘北成、郭小凌译：《历史研究》，上海世纪出版集团2005年版，第282页。

②［美］亨利·基辛格著，胡利平等译：《论中国》，中信出版社2012年版，第9页。

③［美］理查德·沙沃森、丽萨·汤编，曹晓南、程宝燕等译：《教育的科学研究》：教育科学出版社2006年版，第5页。

和谐、社会平等都是儒家思想的指向，包括具体的强调仁爱、友善、孝悌等道德规范，也是中国基础教育中随处可见的基本道德伦理。儒家特色还表现在教育竞争过程中，今天的高考与古代的科举制度一样，都是国家统一考试，民众也有着对状元的崇拜，同时考试也同古代科举制度一样，采取的是结构化考试。在具体的教育过程中，中国学校教育也强调师道尊严，对教师的品行和学识都要求很高，并且要求社会尊重教育和教师。在中国，教师的收入可能一般，但教师受到社会的尊重，这是一个不争的事实。与此相反的是，在英美国家中，教师与教育的地位并不乐观。乔治·萧伯纳说过一句名言："有能者做事，无能者教书。"[①] 同时，在美国的教育历史上，教学与教师，一直都被视为是"女人的事情"，而导致其并不受社会尊重。[②]

其次，中国基础教育有着中国文化的思维特色。中国古代就强调学以致用，这种实用主义的思维，今天仍然是中国基础教育中的主体思维。所以中国基础教育中的内容经常发生变化，社会在一段时间内面临的主要问题如果是某一领域，在基础教育的教材中就会突出该领域。如中国推进法治教育，那么首先在基础教育领域，就需要增加法治教育的内容；中国推进对传统文化的认知，在基础教育中就增加传统文化的课文或者知识。这种实用主义一方面确实让中国基础教育更为接近社会现实，但很多时候也导致了教育内容变化太快，内容不严谨等问题。

再次，中国基础教育的文治教化的社会功能。这是中国的历史性智慧，基础教育本身承担社会的教化功能，这是中国社会中的一个具有历史文化传统的逻辑。基础教育是整个教育体系中全方位覆盖了所有社会成员的教育，所以基础教育的社会化功能是最重要的。中国基于教育的公共性，注重通过教育矫正家庭教育和社会教育中的可能问题，最终实现对青少年学生健康的社会化，并且通过对学生的改造实现对未来社会的建设，这是中国教育的文化逻辑在社会建构中的历史经验。这一点本身也是中国基础教育经验主义的充分体现。

最后，中国基础教育的社区文化职能。这是中国社会中非常看重的一个特色。一个地方有没有文化属性，就看这个地方是否有学校的存在，如果有大学，那么该地方的社会形象和社会地位就会增加很多，如果有高中，特别是省级重点高中，那当地社会也是扬眉吐气，认为是有文化的地域。如果有初级中学的存

---

① [美] 埃伦·康德利夫·拉格曼著，花海燕等译：《一门捉摸不定的科学：困扰不断的教育研究的历史》，教育科学出版社 2006 年版，英文版序。

② [美] 埃伦·康德利夫·拉格曼著，花海燕等译：《一门捉摸不定的科学：困扰不断的教育研究的历史》，教育科学出版社 2006 年版，第 16 页。

在，对于一个乡镇是一个非常重要的构成，因为这种学校能够对当地人有着明显的文化影响。如果只有小学，至少还是有点点文化味。如果小学都没有，这样的地方在中国社会中是典型的蛮荒之地，没有文化开化，一个正常的家庭是不愿意去这种地方生活的。所以中国基础教育本身就承载着明显的社区文化职能，对学校建设的争夺，很多时候成了中国地方政府一个很重要的工作领域。

二、中国基础教育文化逻辑的挑战

当今世界是一个全球化的时代，随着现代科技的发展，地球越来越成为一个地球村，相互之间的教育、文化影响越来越紧密。对于强势的文化扩张来说，这是一个最好的时代，可以借助现代科技更好地传播文化价值观。但对于弱势的保守文化来说，这也是一个最坏的时代，因为时刻面临强势文化的侵袭。

在中国基础教育的文化领域，遇到的最大的挑战之一就是个体平等的强大推动力。教育本身是不平等的，是源于教师与学生之间在知识权威上处于不平等地位，如果教师与学生在知识权威上一致，那么教育就不需要了。教育首先是源于教师的教学与学生的学习，如果不存在学生在教师指导下的学习，就不存在学校了。但问题在于，这种不平等却是现代西方自由主义教育所反对的，认为这是教师对学生的压制，或者是教师与学生之间的不平等。西方自由主义教育最终要求在学校中，要剥夺教师的权威，实现教师与学生之间的平等。事实上这是西方自由主义教育混淆了知识权威和人格尊严的权威两个概念。教师与学生之间在知识领域一定存在地位的差异，但在人格尊严上两者是一致的平等。但还必须注意，学校是需要教育教学秩序的，教师必须拥有教育指导权威和权力，否则学校秩序没办法维护。现实的问题，正是学生个体越来越要求平等，中国社会也受西方自由主义教育影响，过度强调对未成年学生的权利的保护，问题在于，这种保护很大程度上是过度的。这对中国的师道尊严、学校的教育教学秩序都存在冲击。中国今天的校园暴力事件频发，对于未来发展来说，如何确保健康的教育教学秩序，是中国基础教育中的一个重要考验。

另外，中国基础教育面临的一个时代压力是个体自由的强大压力。传统中国基础教育中，学生是尊敬教师的，并且愿意听从教师的建议和指导，所以教师与学生之间的关系是一种存在明显的规范的亲密关系。但今天在西方自由主义的影响下，中国的青少年学生非常强调个体自由，这对中国教师的职业影响非常显著。中国传统教育强调防微杜渐，教师会指导学生规避可能的危险。今天在学生的自由主义倾向下，教师甚至可能被视为老土和过时的象征，学生并不愿意听从教师的指导，同时在知识领域、道德领域等，不愿意接受教师的经验。

但问题还在于，中国学生不听从教师的指导，出了问题还埋怨教师不认真，最终导致中国教师左右为难。在学生自由的强大压力下，中国教师如何实现职业权力和指导学生健康发展，是一个非常严峻的挑战。

今天中国基础教育面临的另外一个冲击是：文治教化与控制化倾向的降低。因为西方自由主义教育的强势，而西方基础教育中是强调教育无涉政治的，或者要求教育在政治中保持中立。这种思想对中国基础教育存在相当大的冲击，因为中国基础教育是强调文治教化的，注重通过正确的思想政治教育，提升民众的爱国主义和社会主义思想，最终建设一个和谐的社会。通过基础教育，提升对整个社会成员的思想政治层面的影响力，是中国社会的一个基本逻辑。习近平同志强调："要坚持把立德树人作为中心环节，把思想政治工作贯穿教育教学全过程，实现全程育人、全方位育人。"[①] 如果采取了西方的政治无涉的教育，而中国同时缺乏教会等基础性社会稳定机构，那么中国社会治理就必然存在相当大的问题。同时还需要注意，中国的社会结构、法律体系都是以学校教育为重要基础的。在未来如何面对这种教育的政治中立的思想，是中国基础教育必然面对的挑战之一。

如何提升中国基础教育本身的教育竞争的公平性，这也是中国基础教育面临的重大挑战。教育本身是必然存在教育选拔的，教育不可能使人人满意。但今天随着自由主义的盛行，国内对中国基础教育的批判集中在两点：其一是高考的一考定终身；其二是基础教育本身的等级化。事实上，高考一次考试，确定学生的升入大学的机会，从公平性和平等性上看，并不存在结构性问题。其背后的核心，是希望多次考试，增加升入大学的机会。放在整个社会的视角看，升入优质大学的机会总是有限的，不可能人人都读北京大学、清华大学。另外是基础教育的等级化，最基本的问题是希望所有学校都一致。其背后的核心，是都想读优质中学。问题是优质中学也是一定的，不可能全国的中学都是重点中学，重点中学本身就是一个相对概念。但这些挑战对中国教育的政策存在很大影响，导致中国基础教育逐步走向不确定性和非结构化，这些都是未来中国基础教育发展中的不稳定因素，实际上脱离了中国传统教育的确定性和结构化的历史智慧。

中国基础教育在时代发展中，还面临着社会主义教育文化的建构与升华的挑战。中国社会主义建设非常成功，中华民族复兴之路健康而稳定。但在社会主义教育文化的建构中，如何从革命党的视角，逐步转化为执政党的视角，如

① 习近平：《习近平谈治国理政》（第二卷），外文出版社 2017 年版，第 376 页。

何将马克思主义联系中国具体的现实社会文化，实现马克思主义的中国化，是当前中国基础教育中的一个挑战。中国基础教育一方面必须坚持马克思主义的指导，同时还必须摆脱本本主义，建立具有时代特色的中国社会主义教育理论体系，是时代赋予的重要使命和任务。社会主义教育文化强调个体的解放和人类的解放，这在精神高度与西方自由主义教育存在很大差异。当前中国基础教育中最大的问题之一就是，教育中有着明显的自由主义倾向的学生权利要求，特别是自由独立的个性要求，但同时又对学校要求有社会主义教育的社群倾向的教育责任。两者在本质上是存在一定矛盾的。简而言之，基础教育中过度张扬学生的自由的一面，而忽视了自由本身也只是一个中性概念，因为自由有好的自由，有坏的自由。但对学生自由的张扬和鼓励实质上剥夺了中国教师诸多的职业权力，甚至在中国法律界，认为中国教师不具备对学生的惩戒权力。而在这种情况下，中国基础教育中出现任何问题，社会都强调是中国教师群体的问题。这是真实存在的“又要马儿跑，又要马儿不吃草”，实质上给中国教师带来了极大的职业困扰，导致中国基础教育事实上存在很多问题。还需要注意的是，这种自由主义教育的倾向，还导致了教育与社会其他结构之间的矛盾与冲突。因为即使教育是偏向于自由主义的，但中国政治、社会意识形态、法律体系等都是社会主义的，两者的冲突会产生教育危机。

整体上看，中国文化传统给予了中国基础教育非常优秀的文化基础和思维基础，也是未来中国基础教育发展不能忽视的文化因素。“其他国家的领导人有时企图摒弃本国的文化遗产，使自己国家的认同从一种文明转向另一种文明。然而迄今为止，他们非但没有成功，反而使自己的国家成为精神分裂的无所适从的国家。”[①] 中国基础教育既植根于中国文化，同时服务于中国文化，也在历史中逐步革新中国文化。在中国基础教育的未来发展中，必须牢固坚持文化自信。

---

①［美］塞缪尔·亨廷顿著，周琪等译：《文明的冲突与世界秩序的重建》，新华出版社 2002 年版，第 353 页。

第十二章　中国基础教育实践逻辑

“哲学家们只是用不同的方式解释世界，而问题在于改变世界。”[①] 基础教育自有其实践逻辑，这种实践逻辑不仅仅源于纯粹理性，更多是基于现实层面的可操作性，以及在具体实践中的探索，最终形成一种能够实践、便于实践的实践体系。这种实践逻辑背后的实践智慧，以及在具体实践探索中所体现和选择的理性，在研究中往往被视为经验层面，认为低于纯粹理性，这也许是科学研究中的一种偏见。对中国基础教育基本理论的研究，必须深入理解中国基础教育实践逻辑，追寻其背后的实践智慧，进而推进中国基础教育的改革与发展。

第一节　教育的实践理性与实践智慧

教育本身是一种社会实践活动，在具体的教育过程中，会受到社会各种因素的影响，也会面临相应的矛盾和冲突。教育必须在实践中去应对各种情况，包括教育资源、教育权力、教育环境、意识形态等领域。所以从这个角度上看，教育一定是需要实践理性的。实践理性是指运用理性决定在特定情势下如何行动才算正当。实践理性不一定是最准确或者最接近真理的理性，但却是在特定情势下最合理的选择的理性。如果缺乏实践理性，仅依赖于纯粹理性，教育将面临很多问题和矛盾。简而言之，教育不只是纯粹理性逻辑的结果，也是实践理性逻辑的结果。

一、教育的实践理性

教育本身既是一种理论层面的存在，又是一种实践

① 马克思、恩格斯著，中共中央马克思恩格斯列宁斯大林著作编译局译：《马克思恩格斯选集》(第1卷)，人民出版社2012年版，第140页。

层面的存在。从具体的教育现实来说，实践层面的教育可能是一种更为真实的存在。因为教育本身涉及众多的社会个体、众多的社会因素以及众多的中小学具体实际情况。不能将理论层面的教育与现实层面的教育相混淆，两者在诸多逻辑上存在明显的分歧。

实践理性与纯粹理性相对，纯粹理性又被称为理论理性，主要指从形而上的层面，或者从预设的理论层面，或者抽象层面设定的事物发展的规律。如牛顿第一运动定律：一切物体在不受外力作用的情况下，总是保持匀速直线运动状态或者静止状态。事实上这就是一个典型的理论理性，只适合在形而上或者抽象的层面。因为在现实的世界，甚至宇宙中，都找不到任何一个绝对不受外力作用的物体。简而言之，没有这种现实情况存在。所以理论理性的存在，主要在于理论建构中，而不表现在现实实践中。

教育的实践理性指的是教育在具体的社会实践中，需要高度关注相关领域的一切社会构成，同时通过主观的努力，在现实的和具体的社会环境中，建立有利于教育发展的客观条件,应对教育实践中出现的问题和矛盾。在这一过程中，所体现出的智慧、经验和能力就是教育的实践理性。

教育在理论维度，可能会认同人人成才、人人优秀的可能性，这种就是典型的理论理性，只能呈现在理论维度的逻辑。在具体的教育实践中，这种理论假设则可能走向谬误。因为人人成才本身就是不可能实现的。才指人才，是一个相对概念，强调其本身的相对优秀，如果人人成才，事实上人人都不是人才了，人人优秀也同此理。这就是理论逻辑和实践逻辑的重大差异。理论逻辑总趋向于无视现实存在的制约，且对理论存在浪漫化倾向，追求理想和完美主义。但实践理性，则强调理想必须符合现实，任何理论都需要在现实实践中符合实践的具体的逻辑。因为教育本身并不是单纯由教师和学生所决定,还有着背后的社会哲学、社会政治、家庭利益、学生好恶、教师能力、社会物质和经费资源等等因素的制约。所以教育不只要强调理论逻辑，在具体的实践中，实践逻辑可能更为重要。

在理论维度，可能能够将教育体系看作是一个纯粹的先验概念体系，在这种情况下，教育体系仿佛成为一种逻辑构造。但是在实践中，不可能将教育从时间和地点条件中抽离出来，而直接去追问理想教育。“社会生活在本质上是实践的。凡是把理论诱入神秘主义的神秘东西，都能在人的实践中以及对这种实践的理解中得到合理的解决。”[①] 教育体系本身汇聚了随着时间推移而慢慢组织起

① 马克思、恩格斯著，中共中央马克思恩格斯列宁斯大林著作编译局译:《马克思恩格斯选集》（第 1 卷），人民出版社 2012 年版，第 139–140 页。

来的各种仪轨和制度，它们既可以与所有其他社会制度相比拟，也表达了这些社会制度，所以教育体系与社会结构本身一样，是不会随意发生变化的。[①] 在这种情况下，教育发展不能仅依赖于纯粹理性，还必须高度尊重教育的实践理性。

任何时代的教育都可能有着教育改革的愿望和动力。但教育改革，既需要符合教育的理论逻辑，即理论视角维度的改革理论支撑的真理性，同时还需要符合教育的实践逻辑。如教育改革是否符合社会发展的需要，是否符合政府的需要，是否符合学生发展的需要，是否受到教师的支持，是否具有必要的物质和经费支撑。这些也许在改革之初不会被重视，但可以肯定的是，教育改革的实施效果，主要取决于这些实践因素。

在教育的改革与发展中，要高度重视教育本身的实践理性。杜威对教育本身的实践性有着独到见解。他认为教育目的必须根据受教育者的特定个人所固有的活动和需要而确定，不能是简单的抽象和一般表述。在教育中，教育者必须警惕所谓一般的和终极的目的。[②] 马克思也告诫我们："人的思维是否具有客观的真理性，这不是一个理论的问题，而是一个实践的问题。人应该在实践中证明自己思维的真理性，即自己思维的现实性和力量，自己思维的此岸性。关于离开实践的思维的现实性或非现实性的争论，是一个纯粹经院哲学的问题。"[③] 教育发展不能仅仅依据理论研究的结果，也不可轻易完全相信单纯的理论理性，因为任何理论本身都是有限真理，而不是绝对真理。"教育是一个复杂的课题，没有一个简单的公式可以完全解决。"[④] 教育发展既需要尊重教育规律，需要尊重教育基本价值，同时也必须尊重教育的实践理性；[⑤] 既避免单纯依赖理论研究而导致的学究倾向，也要避免过度理想主义，同时还要避免过度经验主义而导致的教育发展僵化局面。

二、教育的实践智慧

在具体的学校教育中，每一种教育行为都不可能是无缘无故产生的。特别是在已经大面积成功实施的教育实践范式中，一般都具有其内在的教育实践智慧。教育研究不能动辄强调这只是经验，事实上，教育本身就是经验的集合体。

---

① [法] 涂尔干著，沈杰译：《道德教育》，上海人民出版社 2006 年版，第 231 页。

② [美] 杜威著，王承绪译：《民主主义与教育》，人民教育出版社 2001 年版，第 119 页。

③ 马克思、恩格斯著，中共中央马克思恩格斯列宁斯大林著作编译局译：《马克思恩格斯选集》(第 1 卷)，人民出版社 2012 年版，第 137–138 页。

④ [英] 怀特海著，庄莲平等译：《教育的目的》，文汇出版社 2012 年版，第 47 页。

⑤ 杨清溪，柳海民：《合理发展：基础教育发展的新路径》，《东北师大学报》(哲学社会科学版) 2017 年第 2 期。

实践智慧指的是在教育过程中，基于教师和学生，以及教育管理者，在具体的教育过程中，所创造的或者沿袭的经验性的结构化的教育方法、教育过程和教育结构等。实践智慧注重经验性，强调可操作性，并注意环境的可适应性。实践智慧本身大都是经验的组合，同时也是取得了该领域的众多共识的经验体系。实践智慧不追求理论上的完美，而强调在最优可能和可操作性之间取得必要的平衡，以此减少教育中的矛盾和问题。实践智慧本身也是具有相当大的弹性的，注重环境的可控性以及适应能力，在具体的环境中不断调试，所谓水无定势，兵无定法。

如中国在历史传统中，强调乡村中的学校存在的重要性，古代设立私塾，让村民子女读书发蒙，其实践智慧在于乡村学校对乡村社会的文化教育影响力。通过乡村学校的存在，提升村民的文化意识和教育意识。但如果仅考虑教育成本和教育效率，可能就会计算办学成本，撤销村级小学，实际上这是对其历史传统中的实践智慧的忽视。

另外如读书，这是典型的中国基础教育中非常重视的教育方法。强调学生多读书，表现在课堂上就是多朗读、默读、齐读等，中国传统教育中有一句名言“书读百遍其义自现”，也是典型的实践智慧。其背后的逻辑是，教育本身就需要学生通过较长的教育过程，逐步潜移默化地提升学生的认识能力和理解能力。在读的过程中，既是对文章中的文字的音形义的掌握，也是内在建构学生个体的语文素养。再优秀的思想，都是需要通过文字建构的。所以教育需要在文字的识记、理解、运用的过程中，打下良好的基础。从表面上看，这种读书的过程确实有点枯燥，但任何有意义的事情，都是需要艰辛的努力才能实现的。这一点，本身也是读书对学生的意志品质领域的必要教育。

第二节　中国基础教育实践逻辑的基本构成

中国基础教育的实践逻辑是中国基础教育范式中的结构性经验内在构成的重要智慧，是中国传统教育与现代教育的结合，注重经验性和结构化，强调知识性和道德性。

一、中国基础教育实践逻辑的基本构成

中国基础教育实践逻辑有以下基本构成：首先，在理性维度，中国基础教育注重实践理性，强调教育的现实感以及具体教育理念的可操作性。其次，在学生的评价目标上，注重品学兼优的基本标准，而在现实层面，则表现为重视

学业成绩。再次，在教师和学校的评定上，将学生的学业成绩作为考评教师和学校的基本依据，学生的成绩也是教师的工作业绩。又次，中国基础教育非常重视结构化的考试制度，建立了一套考试体系，其顶点则是高考。最后，中国基础教育在实践价值上强调严谨，注重知识体系的结构化，追求教育效率。

在理性维度，中国基础教育极为重视实践理性。其背后的原因在于中国学以致用的哲学逻辑，以及中国本身人口众多、情况复杂，任何一套理论模式都不可能适用于所有地域和学校。在这种情况下，学校和教师也只能依靠自己的实践智慧去弥补教育理论、政策和法律的细节部分，从而构成学校教育的实践理性。中国教育还非常重视现实感，现实感指的是对教育现实情况的把握，相当于司机对汽车基本性能的把握，车间主任对车间机器和工人执行能力的掌控，医生对即将开展的手术全过程和风险的预先判断。这种现实感需要卓越的判断力，或者叫实践智慧。这是一种知道什么行、什么不行的感觉，这是一种综合能力，类似于驯兽员对动物、父母对孩子、乐队指挥对乐队的那种理解。[①] 也即，教育的现实感要求教育政策制定者、执行者和掌控者，应该具备对一线中小学教育教学的理解能力。这种理解能力不只是对中小学规模、教师数量、学生发展现状的了解，还包括对学校的执行能力、财务能力和具体资源以及教师群体的心态、能力和发展前景的理解。如果缺乏这种现实感，那么其教育决策将在很大程度上会受到学校和教师的抵制，这种抵制可能是直接的，也可能是隐藏的。中国基础教育界在普遍推行的教育教学改革中必须高度重视现实感。

学生品学兼优的目标标准，这是中国基础教育在学生维度的实践逻辑。品学兼优源于中国对圣贤的偶像崇拜。西方教育主要指向培养智者，其背后是古希腊的智者文化。中国不只是要求学校培养学生渊博的知识和优秀的能力，还要求在品德培养方面确保高水平。这种品学兼优的学生标准是中国社会对社会道德水平保持的一种自然的教育反应，同时也是中国社会注重道德教化传统的自然在教育领域中的迁移。这种基础教育的实践逻辑，在各方面都确保了德育在中国基础教育中的重要地位，并高度重视学校德育的文化氛围、学校班级建设和学生个体人格发展。其背后的逻辑正是通过这种体系化的学校教育，确保下一代的社会成员保持较高水平的道德伦理素养。这一点符合中国社会的实际情况，因为相对来说，中国的社会道德主要依靠学校德育，而不依赖于宗教。

在对教师和学校的评价上，中国社会主要是通过学生集体成绩考查教师和学校的评价路径，学生的学业成绩就是教师的工作业绩，这是中国基础教育中

---

① [英] 以赛亚·伯林著，潘荣荣、林茂译：《现实感》，译林出版社 2004 年版，第 52-53 页。

非常重要的质量控制逻辑。中国基础教育阶段是明显的大班额，课程内容高密度，同时学生的学业成绩对学生的发展极端重要，这几点决定了教师采取高效率的教师主导型课堂教学模式。“正是依靠教师在这种学习环境中的引导、创设情境、促进分享交流，基础知识才得以高效率、大范围在课堂内传递；同时，教师主导型课堂，又反过来加强了大班额学习、高密度课程的延续发展，使得更多的学生在以难度和深度著称的东亚式课堂学习中受益，特别是在缩小校际之间的差距方面具有一定意义。”[①]

学生的学业成绩就是教师的工作业绩，这是中国基础教育阶段一个非常重要的实践逻辑。这种实践逻辑有其背后的真理性，因为：学生学业成绩好，首先说明该班教师的教学能力不存在问题，只有教学能力过关，并且态度端正，才可能确保学生集体学业成绩优秀。其次，学生集体学业成绩优秀，还说明了该班级的任课教师的品德不存在问题，如果教师的职业道德存在问题，学生会讨厌教师，很难保持班级集体成绩优秀。这两点实际上反证了，学生集体学业成绩好，该班级的任课教师优秀。同理，如果学校的学生集体成绩优秀，其一说明了该校的教师的教学水平优秀，在知识传授和能力训练方面不存在问题。其二，学校的学生集体成绩优秀，还说明了该校的教师整体职业道德优秀，学校管理科学。在管理混乱的学校，教师职业道德集体存在问题，难以保证学生集体学业成绩优秀。所以表面上，仅仅依据学生成绩考查学校教师工作和学校管理有失偏颇，但事实上这相对科学。同时，这也符合实践理性的可操作性，学校管理的科学性难以考查，学校教师的职业道德更难以界定，但学生的学业成绩则非常容易量化考核，并且几乎没有什么争议。

中国基础教育注重建立结构化的考试体系，并以高考为顶点。这种考试体系一方面是对中国社会中漫长的科举制度地历史传承，另外一方面也是一种基于现实教育竞争的现实选择理性。科举制度主要分为县一级的童生试、省级的乡试、和中央级的会试和殿试等考试制度。基础教育阶段则主要由小学毕业考试（小升初）、初中毕业考试（中考），高中升学考试（高考）等构成。对考试的信赖是中国教育一种现实的选择，也是人类社会一种现实的选择。即使在今天的人类社会中，仍然没有比考试更好的选拔方式。基于注重公平的考量，以及在现实教育实践中，教育仍然受到中国社会中权力、人情、关系的不断侵蚀，学校校长都难以保证能够不受干扰地行使选拔学生的权力，所以只好把选拔人才交给考试。一定程度上说，高考给了中国学生一个基本的教育公平，难以想

① 阚维：《中国基础教育课堂教学实践的独特优势何在？》，《人民教育》2017 年第 2 期。

象的一点是，如果失去中国高考，中国教育必将面临更大的教育公平危机。在可预见的未来，高考都必不可少，这确保了中国教育的基本公正。注重成绩的考量还在于其背后的可操作性，因为学生成绩好，其一说明了该学生智商高，其二说明了该学生的自制能力出色。这两点本身也是人类社会中的成功者的基本特征，所以以学业成绩来考核鉴别学生，本身并没有较大的理论缺陷。同时学业成绩可以量化考评，并且可以抛开学生的社会背景等等。这样就基本确保了基础教育阶段的公平竞争。

中国基础教育在实践价值上强调严谨，非常注重知识体系的结构化，并高度追求教育效率。在中国基础教育阶段的课堂教学中，非常强调知识的系统化学习，使我国的课堂教学明显地呈现出结构化、基础性的特点。在我国中小学教材内容上，也具有明显的结构性特征。[①] 这一点实际上是对中国社会文化松散的一个有效弥补。因为在中国现实社会生活中，实际上严谨程度较低。中国社会强调关系，注重面子，所以在具体的社会事务中经常有诸多不严谨的社会实践。所以中国教育成了中国社会训练或者确保社会成员具有必要的严谨性的基本领域。在学校教育中，通过考试和教学，来培养学生的严谨性，并期望这种严谨性能够提升社会的严谨性。所以实际上，中国的学校教育与社会生活两者有着诸多文化差异，很多学生刚毕业走入社会时会遇到相当多的文化差异问题。学校中注重严谨，而社会中却相对缺少严谨。另外，中国基础教育高度追求教育效率，主要是因为中国教育规模极大，而教育资源和经费有限，所以教育必须注重提升教育效率。事实上，中国基础教育的效率极高，师生比大致是1:20，在基础教育阶段，学校的后勤职员的比例大都低于15%，内部结构精干，整体效率很高。中国基础教育是非常值得尊敬的，并且也是高质量的。

二、中国基础教育实践逻辑的基本结构

中国基础教育注重实践理性，强调教育的现实感，这是中国基础教育的实践理性逻辑。中国社会强调学以致用，所以在教育领域，近代以来非常注重教育的现实性，强调教育要为社会服务，要为学生服务，并注重教育经验的可操作性。所以在中国基础教育中，教研组、班主任等非常具有实践性的教育组织，具有非常深远的影响力。教研组通过学科、年级、全员性和零距离的教研活动，将教师的日常教学形成经常、直接和实质性的联系，有效地促进了教师专业发展。[②]

---

① 阚维：《中国基础教育课堂教学实践的独特优势何在？》，《人民教育》2017 年第 2 期。
② 丛立新：《中国基础教育三级教研组织研究》，《教育科学研究》2011 年第 9 期。

在学生的评价目标上，注重品学兼优的基本标准，这是中国基础教育全面发展的教育路径逻辑。这一点既是基于中国本身是一个世俗化的社会的逻辑，同时也是对中国古代圣贤的向往和崇拜的现实表现。中国教育中有着永恒的品德维度的要求，同时也注重学业成绩，两者的结合在中国基础教育中缺一不可。即使部分中国教师自己的道德可能存在问题，但这些教师仍然会高度要求学生的品德修养。其实质性就在于，这些道德存在缺陷的教师仍然理解并尊重道德在教育中的重要性。中国社会中的道德伦理影响力是巨大的，即使是一个小偷，也期望自己的后代是正人君子。

在教育评价上，将学生的学业成绩作为考评教师和学校的基本依据，这是教育评价的经验性逻辑。评价教师和学校必须要有标准，而这个标准最好的选择或者说最现实的选择就是学生的学业成绩。学业成绩优秀的重要性，不只是因为学业成绩优秀的学校大多具有优秀的教育管理能力，教师具有优秀的教育教学能力，还因为学生的学业成绩决定了其高考之后的命运，这与学生个体及其家庭的期望息息相关。在可预期的未来，这一点几乎不会发生变化。因为推动中国基础教育进行价值选择的最大力量，来自于学生个体和学生家长。在中国，所谓民意不可违，任何教育行政部门都很难去改变这一实践上的选择。这一点本身也没有大的缺陷，客观地说，缺乏天赋的学生很难取得优秀的学业成绩，而教育本身就需要帮助发展学生的天赋，这是教育的第一定律。筛选天赋优秀的学生个体，这也是教育的重要社会职责之一。

中国基础教育非常重视结构化的考试制度，这是中国基础教育的竞争逻辑。结构化的考试制度的最重要的实践逻辑在于能够以确定化的考试，实现学生确定化的准备，并给予学生确定化的竞争结果。这种确定化的教育竞争，对于中国社会来说，具有极为重要的职能，能够保留社会个体改变命运的希望。所谓知识改变命运，这是中国社会的基本期待，既是现实的，也是可能的。在未来的发展中，中国还需要更加重视这种竞争逻辑的背后保障，对高等教育阶段的教育竞争提供必需的物质和经费保障，以实现社会主义教育的免费性和公共性，确保任何学生不因为经济原因而失去发展可能性和发展空间。

中国基础教育在实践价值上强调严谨，注重知识体系的结构化，这是中国基础教育的教育气质逻辑。如果中国教育不选择严谨的知识体系，那么在教育竞争中，将面临动态的无边际的竞争，这将加深中国教育的焦虑，并且会加重学生个体发展的不确定性。因为中国将知识体系进行结构化，划定了必要的边界，最终能够带给学生个体一个有着安全感的竞争空间，这是一种如同有规则的拳击场上的公平竞争。这种有着限制和边际的教育竞争，能够减弱学生在发展中的不确定性，同时提升教育过程中的控制感。在古代，中国四书五经的教育内容很大程度上推进了中国教育的普及，确保了教育竞争的有序性。未来中国基础教育仍然需要坚持这种实践逻辑，在基础教育的竞争中，要划定必要的知识边界，强调确定性的知识体系和考试结构，减少教育竞争中的不确定性。

第三节　中国基础教育的实践范式与实践理性

中国基础教育具有自己的实践范式，在长期的历史发展中形成了具有中国特色的学校教育体系。严谨、结构化和注重基础性，是中国基础教育的重要实践特色。

一、中国基础教育的实践范式中的变通

中国基础教育在实践上，正如学以致用的哲学理念一样，中国基础教育实践非常注重现实的实践环境。中国校长和教师都是变通的天才，所以在中国可以看到诸多比较另类的画面，如中国小学教师普遍要求全科化，什么科目的课都能教学，学校需要什么就能教学什么，而在中学，理科和文科都教学的教师也并不少见。事实上，中国人并不是非常迷信理论和经典，更为重视在具体的环境中，如何借助现实的教师，实现更为合理更有效率的教育效果。

这种理念导致了中国教育中的一个基本现象：崇尚实干，而一定程度上对基本理论层面有所忽视。其优点是能够有效便捷地开展学校教育，缺点则是总是低头拉车，而不抬头看路。这很大程度上导致了中国学校教育中的应试教育严重化，直接后果就是学校教师和学生都不快乐。因为过多的精力都消耗在成绩上了，而几乎从没考虑过这种过度重视成绩的基本假设是否正确。

所以中国基础教育中的学校层面的管理者和教师群体，普遍意义上基本理论和哲学思维水平不算太好。其主要的职能就是经验性的教育教学，而很少去理解教育背后的终极目标，如教育的本质、学生发展的路径等。这也导致了中国基础教育呈现出一种明显的就事论事的做事风格，习惯于只做事但不深入思考。

同时由于教育行政控制化严重，所以在教育改革中也容易走向极端。如基础教育课程改革一提倡探究式学习，就要求几乎每一节课都要有探究式学习，而不思考这种极端性措施的问题所在。当然，也要看到中国教师在这种局面下的变通能力，中国课堂教学是典型的以学习为中心。教师在课堂上，能够利用自己的经验和智慧，基于对课程内容与学生和教学的深刻理解，有效推动学生

对文本的理解、事件的透析和结构化知识的掌握。[1] 因为教师对待具体课堂教学情景而能够具有的高度灵活性，这也是中国基础教育阶段家长和学生高度重视选择优秀教师的重要原因。

二、中国基础教育的实践理性

文以载道是中国基础教育传统以来的一个基本实践理性。文以载道，文指文字、文章和文化，而道则指道义、道德和品德。文以载道在教育领域，即指学校教育教学在任何时候都必须体现出社会道德教化领域的使命和能力。基于文以载道的逻辑，中国在教育目标指向上是学生个体的德才兼备。这一点是中国社会建构的重要逻辑基点，强调中国教育对于社会的正面道德教化，以及教育必须承担道德使命，这一点也直接促成了中国学校教育本身在中国社会中的地位：西方教堂和学校的结合的角色。所以中国学校在中国社会中就有着文化的标杆和文化传播的使命。在今天的中国，有学校的居民社区的房地产价格都会昂贵很多，其逻辑不只是学生读书更方便，还因为这样的社区有文化味。基于这种实践理性，中国新城区的改造，最喜欢采取的一种社会行动就是修建大学城，将原来的大学集中到一块全新的郊区——新校区，用大学的文化品位，打造人气，最终提升新城区的建设速度和质量。在基础教育领域，也是同样的逻辑。文以载道的另外一个实践性经验就是，给予了教师以道德上的使命，当然也成为教师身上必须承担的道德压力，最终有效提升教师群体的职业道德感。

教育平等是社会平等的基石，这是中国基础教育在社会维度的重要实践理性。孔子强调有教无类，虽然孔子将人分为三类：上智、下愚与中人，主要是基于智力角度和教育的成就视角。在社会角度，孔子强调“建国君民，教育为先”。中国古代自秦朝开始，分封制让位于郡县制，分封制是世袭制，其统治人才是不需要寻找的。但郡县制则不一样，需要大量的国家治理人才，其后经过举孝廉、九品中正制，最终隋炀帝时代开始了伟大的科举制度。通过科举制度选拔人才，一方面摆脱了士族的尾大不掉的影响，废除了社会人才领域的世袭制，同时也给予了所有社会个体（除了极少数被限制人群）平等的教育希望。这是中国历史上的真正意义上的教育改变命运的时代。只要科举及第，一夜之间就可以成为社会精英人士。教育平等是中国教育中的伟大实践理性，其核心在于教育平等是社会平等的基石。其意义主要在于三个维度：其一，平等的教育选拔制度，使社会所有人都能够看到明确的平等的希望，这种希望是确切的，并且是可以

① 阚维：《中国基础教育课堂教学实践的独特优势何在？》，《人民教育》2017 年第 2 期。

实践的。其二，平等的教育选拔制度，能够让社会扩大人才选拔的基础面，最终选拔出更为优秀的人才。其三，这种明确的教育平等选拔的制度，能够减少社会中的不安定分子，减少其对社会制度的挑战可能，而将其智力用在正当的教育竞争之中。简而言之，为社会的和平和和谐做出了巨大的贡献。正如唐太宗所说：天下英雄均入我瓮。这种平等的教育制度，是中国社会的伟大历史经验，也是未来中国必须坚持的教育价值方向。

有效的竞争才能提升个体的能力。这是中国基础教育的实践理性的重要构成部分。相对而言，西方教育理念不是很注重有效的竞争，而更为强调个体的自我发展和自主发展。中国基础教育中的实践经验之一就是：只有有效的竞争才能有效提升个体的教育发展质量。所以中国古代说：玉不琢，不成器；人不学，不知道。[①] 基于竞争的实践理性，中国基础教育非常重视竞争的存在：每一学期都有期中考试和期末考试，小学毕业有小升初考试，初中毕业有中考，高中毕业有高考。其目的不仅在于单一的竞争和排名次，更重要的是通过考试促进学生对自己的学习状态的了解，促使学生反思和改进自己的学习方法和学习态度，同时也促进教师提升教育教学质量。这就是以考促学、以考促教的实践逻辑。同时，中国基础教育还有着自己的深入理解。如小学阶段一共六年，如果没有考试，学生就是想学就学，想玩就玩；教师和学校不通过考试，是很难弄清楚学生的实际学习和教育状态的，学生自己同样不清楚。如果不存在考试和竞争，那么很可能学生在教育过程中存在很大问题，但等到后面发现时，可能木已成舟，没有办法了。这也是防微杜渐的教育理念在教学过程中的体现。所以中国学校教育非常重视考试和竞争，其目的正是通过竞争，促进学生时时检查自己的学习状态和学习结果，从而在未来的学习发展中做到：有则改之，无则加勉。这种注重竞争的教育制度，也可能导致学生的焦虑，但这也是中国基础教育认为必须付出的代价。

教师是学生知识和品德的双重导师，这是中国基础教育在教师层面的重要实践理性。中国教师的身份自古以来就强调其道德性的存在，韩愈在著名的《师说》中提出了著名的传道授业解惑，[②] 强调教师必须有负传道的责任。因为中国古代的学校主要是大班制，学生一般都是不分段一起读书，这与欧洲流行的家庭教师的教育习俗差异很大。在家庭教师的模式中，教师只是受家庭雇佣，在家庭结构中，远远谈不上权威，几乎就是服务员的角色，其身份难以受到学生

---

① 孔子：《礼记》，中华书局 2017 年版，第 697 页。
② 韩愈：《师说》，载于《古文观止》，中华书局 2001 年版，第 553 页。

的尊敬。同时，在具体的教育过程中，学生的父母也就在学生身边，家庭教师的道德权威性也几乎不存在。这两者决定了西方家庭教师的地位和角色远远谈不上道德教化的高度。而在中国，学生大都是大班制读书，在教学知识领域，教师是当然的权威。同时，因为教师所教育的内容主要是儒学，读四书五经一类的经典著作，强调仁义礼智信等道德伦理。在这个领域，学生的父母的权威性是远远不如教师的。所以中国自古代教育开始，中国教师就有着知识和品德的双重导师的身份。古代强调教师既要做经师，还必须做人师，即教师不只是要教学给学生知识和经典，还必须道德教化指导学生成长。这种身份的设定，也部分源于中国社会缺乏宗教教堂一类的道德教化机构，最终道德教化的责任托付给教育和教师，使之承担了社会中重要的道德教育的使命，这也是中国社会结构的实践理性。在中国存在大量留守儿童的当前，教师对儿童的道德教化、心理安慰和安全保护，仍然是这一实践理性的现实实践。

基础教育必须体现和实践其公共性的基本属性，这也是中国基础教育中的重要实践理性。在中国传统教育的历史经验中，通过儒学经典的教育，对所有民众进行道德教化，从而实现对三纲五常的具体道德价值观的尊重和守护。三纲中，君为臣纲、父为子纲、夫为妻纲，三者都通过教育实现了人人皆知，这实际上就是古代中国的公共性教育，既包括思想政治教育，也包括道德伦理教育。天下为公，大同社会，在古代也是一个普遍被认知的概念，这种通过经典的教育，从而实现受教育者对社会公共性的认识，并在未来致力于维护国家的统一、家庭的和谐和社会中的道德规范，是内涵极为丰富的实践理性。“教育的工具性要承担工具的职能是我们所不喜欢的，但又是无法避免的。因为人类只能得到自己要的东西，永远得不到设想的东西，不能对教育过于理想化。基础教育应该承担的功能是什么呢？显然是为了增强国家的综合实力。综合实力有三个部分组成：经济、军事，还有民族的凝聚力。以德育人，人文精神的弘扬应该服从这一点！”[①] 今天，中国基础教育仍然必须体现和实践基础教育的公共性属性，必须注重民族认同教育、国家认同教育、社会主义教育和社会主义核心价值观教育等。“中国的教育尤其是中国传统教育的最显著的特征就是强调共性发展，这无疑是中国传统文化背景和中国政治、经济体制制约下的产物，同时，教育作为一种文化继承载体不断地通过所培养出来的人来促进这种整合型的文化和

---

① 陆有铨：《理想的教育与教育的理想》，钟启泉等主编：《革新中国教育》，教育科学出版社2004年版，第118页。

政治、经济体制的稳定。”[①] 基础教育在任何时代都不能仅仅成为个体社会竞争利益的单一承载体，还必须体现社会的公共性的意志，最终通过这种普遍的道德的教育，实现对青少年一代的基本社会公共性意识的建构。

学校教育是家庭教育问题的保险，这是中国基础教育在学生成长领域的重要实践理性。中国本身是一个熟人社会，中国的实际道德伦理分为两个层面：其一是熟人层面，包括家庭成员，亲戚，朋友，同学、同乡等等；其二是生人层面，意指自己不认识的人。两个层面的差异很大，中国人普遍在道德伦理上对自己的熟人层面要求仁义道德，并且必须努力维护关系和友谊，这也是中国关系文化盛行的地方，也指圈子。但在生人层面，则是可以不讲仁义道德的，冷漠甚至冷酷都是经常采取的实际态度。而家庭教育，实际上就是第一个熟人圈子，并且家庭教育还使这种熟人圈子的道德伦理更严重化，中国家庭教育非常注重亲戚关系的远近、感情的生疏等，从而采取不同的应对措施。中国式的家庭教育一方面让学生拥有温暖的港湾和亲密的人际关系，同时也给予了学生个体在道德上对待生人的相对冷漠和冷酷的另外一面。如果学生一直在家庭教育中，会导致严重的道德上的内外有别。学校教育则是家庭教育中的内外有别的道德问题的保险，在学校教育中，会强调人人平等，每个公民的基本权利和义务，会重视学生之间的平等交往，这就让学生从一个熟人圈子逐步走入更大的社会之中，有助于减少学生家庭教育中缺陷和问题。

三、中国基础教育的实践智慧

在中国基础教育中延续了很多传统教育的实践智慧，既有历史智慧，也有社会智慧。在未来中国基础教育改革与发展中，仍然需要高度重视这些实践智慧，才能少走弯路和少犯错误。

中国基础教育的实践智慧之一是高度重视学校教育中的道德纯净性。中国传统儒学的经典四书五经在道德纯净度上水平很高，几乎不存在血腥暴力、嫉妒、报复等道德问题，这方面比基督教的《圣经》优秀很多。中国教师被要求学高为师，身正为范。同时学校教育还高度要求学校内部的教育竞争制度必须符合道德性，学校的校园文化必须符合道德性，学校的教育内容必须高度符合道德性。中国在教育领域有着对道德纯洁性的高要求，强调学校本身的道德性，注重通过教师、环境、教育内容对学生进行有效的道德教化，最终力图实现学生健康

① 冯文全：《关于当前基础教育改革中的几个问题的教育哲学思考》，《西华师范大学学报》（哲社版）2004 年第 3 期。

正向的亲社会人格的建构。同时，中国社会也对学校内部的不道德事件高度不容忍。着力建构一个安全、道德、健康的校园，则是中国社会的普遍共识。

中国基础教育实践智慧之二是教师权威下的学生平等竞争。这是中国式的基础教育的教育教学基本模式，强调教师的权威和学生的平等竞争。这两者是一体两面：第一个层面是教师的权威，包括两个具体构成部分：其一是教师的权威性，包括道德权威和知识权威；其二是教师的强制性的教育权力。教师既拥有魅力型的权威和权力，也包括现实的行政化的教育管理权力。第二个层面是学生之间的平等竞争，也包括两个构成部分：其一是学生之间的平等，中国基础教育强调学生之间在人格、教学、活动、竞争等领域中的平等性。其二是如果学生之间存在压迫、欺负和暴力等不平等的行为，教师就会利用自己的权威性和权力，强力制止施暴者的行为，让学生之间回归平等。简而言之，教育为了确保教育中的学生之间的平等和和谐，而赋予了教师的权威和必要的权力。以西方自由主义教育的观念看，可能会误认为中国教师拥有的权威和权力，是对学生的一种压迫，是教师与学生之间的不平等。但以中国的教育智慧来看，必须赋予教师以权威和必要的权力，教师才能有效维护学校的健康与和谐，才能确保学生之间的平等，而确保学校内部学生之间不趋于丛林化。这样实际上就构成了教师权威下的学生平等发展。当然，事实也证明，西方强调教师与学生的完全平等，最终导致了西方校园暴力严重，学生之间的暴力事件非常多，并且学生群体内部丛林化趋势严重。

中国基础教育实践智慧之三是通过考试制度的公平性确保教育的公平。教育的公平是中国基础教育的基本价值判断，但教育的公平必须用具体的教育制度来维护。而在教育的制度中，最重要的无疑就是考试制度。这是中国社会智慧的重要体现，所谓擒贼先擒王，强调做事情抓重点。通过对考试的制度设计，从而实现学生的公平竞争，这是中国基础教育中最重要的实践逻辑。中国最重要的考试制度是高考。“高考是一项基本的政治制度。高考作为当代社会最重要的育人、量人、选人的机制，成为社会机会和资源分配的重要依据也就理所当然。高考教育资源在目前情况下属于稀缺资源，无法充分满足所有人的需求，这就注定了高考的激烈竞争将会长期存在。”[①] 中国的高考是属于国家级考试，对于考试的纪律具有法律规定，这也是为了确保教育考试本身的公正性和严肃性。

中国基础教育实践智慧之四是通过教育的严谨训练提升学生未来的社会生活的严谨度。中国社会中普遍强调关系，在做事情的时候强调因人而异，实际

① 何志祥等：《教育公平视角下的高考制度社会功能分析》，《教学与管理》2011 年第 5 期。

上导致了中国社会中的严谨度存在一定的问题。而在学生成长的过程中，家庭教育本身几乎是不具有严谨性的教育，所以对学生严谨的训练，就基本依靠学校教育了。中国基础教育强调竞争，而竞争则是通过考试而进行的，所以在考试中的任何疏忽，都可能导致竞争失败。这种失败的经验或者说竞争的经验，是学生成长过程中的重要构成部分，也是促使学生提升严谨度，理解社会竞争中的残酷性的重要途径。中国基础教育教育高度重视对学生的基础知识和基本技能的训练，其目的既在于对学生进行严谨的系统训练，同时也是有效承担教育的系统性社会化责任。

教育的局外人可能觉得学生的考试仅仅是一个简单的知识竞争，事实上考试竞争是学生全方位的竞争：包括学生的已有知识、智商、学习态度、判断和辨析能力、逻辑思维能力、严谨度、勤奋等，均在其中竞争。已有知识的竞争是必然的，考试很大部分的构成都是知识考试。而智商则决定了学生在教学过程中对知识体系的理解程度。考试竞争本身也是学习态度的体现，因为只有学生认真准备，才可能具有相应的学术水平。判断和辨析能力在考试中非常重要，包括学生的思维能力，以及对题型的理解和解题思路，都在考试竞争中充分体现。而严谨度，则是决定了学生能否成为精英的关键，不犯错误和少犯错误本身也是教育的重要指向。最后是勤奋，考试竞争是一个学生学习全方位的展示，不通过勤奋努力，很难达到高水平层次。

在未来的中国基础教育发展中，必须高度重视这些实践智慧。“今日教学面临的最大威胁，也许是那些制定当代教育政策的人，似乎对教师的经验置若罔闻。像多数其他形式的劳动一样，教学正被贬为无序的劳动市场的一个商品，决策者对教学本身意味着什么这一问题没有兴趣，对其作出的新计划对教师或学生的生活质量产生什么影响漠不关心。”[①] 学校教育教学中处处皆学问，处处皆智慧，在制定教育改革的过程中，首先需要尊重历史智慧，在此基础上结合时代进行修正，才是一条稳妥之路。

第四节　中国基础教育实践逻辑的比较视野与未来发展

不能因为当前中国学校教育存在负面形象就简单地认为中国学校教育质量低下。事实上中国基础教育具有世界声誉。任何国家的教育在国内的形象都相

① [加] 大卫·杰弗里·史密斯著，郭洋生译：《全球化与后现代教育学》，教育科学出版社 2000 年版，第 19 页。

差无几，因为社会普遍对教育具有过高要求，今日世界教育改革浪潮汹涌澎湃，美国人批判美国教育，英国人批判英国教育，法国、德国等都强调教育改革。在西方国家的眼中，中国基础教育具有很强的优势，特别是在学生学术成绩的培养和教育体系的严谨等维度，是西方教育同行羡慕和学习的重点。比较来看，西方国家学校教育强调自由，最终导致公立学校纪律涣散，学生暴力事件日趋增多。[①]整体上看，“教育具有历史传承性，任何时代、任何形式的教育，都存在传授知识与培养能力的矛盾，存在全面发展与个性追求的对立，存在考试选拔与多元评价的冲突。只要教育存在，这些矛盾就不会消失。”[②]中国有经验主义的思维特点，中国基础教育在严谨度等领域有明显的特色，但在教育的创新维度也存在一定的缺陷。在未来的发展中，中国基础教育必须更为注重创新能力的培养，从目前的复制型走向创新型，从当前工业范式的教育走向农业范式的教育。

一、中国基础教育实践逻辑的比较视野

从国际比较的视野看，中国基础教育的特色首先在于其高度的严谨性。中国基础教育在教学上是明显的学习中心，注重突出教师的知识性和教学的经验性，以教师的经验提升学生的学习经验。“中国的教育注重对知识的积累和灌输，注重对知识的掌握和继承以及知识体系的构建。”[③]在教育内容上是明显的学科中心，注重知识体系，强调快速、高效和严谨的知识体系教学。在知识的标准上，国家统一发布国家课程标准，同时依据中考、高考等严密的考试体系，最终建构一个严谨取向的基础教育体系。

中国基础教育的公平性是中国基础教育特色的重要构成。中国基础教育注重学生之间的平等，这种平等既包括教育机会的平等，也包括学生教育竞争的平等，还包括教育内容的平等。珍视教育平等，并将教育的公平性视为社会建构的重要构成部分，这既是中国社会的历史经验，也是中国社会的现实选择。教育不能成为阶层压迫的工具，也是中国社会主义教育的政治要求。在其他阶段的人类社会中，教育基本都是阶级压迫的工具，是确保统治阶级优势的重要措施。社会主义教育指向个体的解放和人类的解放，必须高度确保教育的公平性，而基础教育阶段的教育公平性，则更是重中之重。

中国基础教育的效率取向也是中国基础教育的重要特色。中国基础教育高

① 冉亚辉：《当前基础教育负面形象的根源及形象重塑》，《教学与管理》2015 年第 11 期。
② 杨必武：《“应试教育”和“素质教育”的辩证审视》，《教育科学研究》2006 年第 7 期。
③ 傅冰：《从中美教育比较的视角看如何培养学生的创造力》，《思想理论教育》2005 年第 10 期。

度重视教育效率，强调多出人才，快出人才。所以学校的规模普遍偏大，很多高中甚至达到万余名学生。学校教育非常关注课堂的授课效率，同时通过对薄弱学校的改造和裁并等措施，提升学校教育教学的质量。当前中国大力推进城乡教育统筹发展，其目的既在于推进城乡教育的公平发展，也在于提升基础教育的教育质量和教育效率。

教育目标的德才兼备是中国基础教育的教育目标特色。中国传统以来都强调教育的道德性，其教育目标指向是德才兼备，其理想目标是道德与智慧相结合的圣贤。相比较而言，西方在教育领域主要关注智慧和知识，其理想目标是智者，对道德领域并无严格要求。因为中国缺乏强大的宗教影响，学校教育在德育领域的存在价值具有非常重要的结构性意义。在未来，中国基础教育必须提升德育的艺术性，提升德育的质量，服务于学生健康社会性的发展。

二、中国基础教育实践逻辑的未来发展

中国基础教育近年来也有着良好的改革趋势，在教育学界也有着众多重要探索，如叶澜教授的“新基础教育”改革，李吉林老师实施的“情景教学法”等。在中国基础教育的未来发展中，中国必须在多个领域实施改革，减轻目前工业范式的倾向，增加对学生天赋和自由发展的关注。

首先，在教育范式上，中国基础教育需要从工业范式向农业范式转变。当前中国的基础教育范式是明显的工业范式，是一种依据社会发展的需要，是对学生个体实施的强势的教育改造的教育。在工业范式教育中，教育并不太尊重学生的天赋，也不太尊重学生的主观意愿，实际上是对教育第一基本定律：教育必须尊重学生的天赋的违背。工业范式的教育的优势在于效率高、速度快，能够大量提供社会急需的人才。但这种人才培养是复制型的，很难具有创新优势。农业范式的教育强调尊重学生的天赋，注重学生的个性，强调对学生因人而异的实施培养，并且在培养的过程中，充分尊重学生的自主性，教育的重点在于提供和维护学生的需要的相关教育环境，而更为注重学生在教育过程中的决定能力。所以，农业范式的教育重点是把学生看作庄稼，教育所做的就是施肥、浇水、松土、捉虫、除草等工作，至于学生的成长，如同庄稼一样，是自己天赋的成长。再厉害的农民，也只能让庄稼长得更好，而不能让玉米长成水稻。教育也同理，教育最重要的是为学生的成长服务，而不是去强制改造学生的成长类型和成长路径。

其次，在自由主义教育强势侵蚀的今天，中国必须加强维护基础教育的公共性。今天西方自由主义教育在世界领域占据强势地位，对中国基础教育的影

响很大，主要表现在对中国大一统的教育范式的冲击，可能会导致多元主义。在学生的教育教学管理上，自由主义强调学生的自由度，会对学校的教育秩序存在相当的冲击。另外自由主义教育在道德维度，提倡多元价值论，会对中国基础教育的主流价值观形成冲击。基于这些可能的冲击，中国基础教育必须高度注意维护基础教育的公共性，注意对西方自由主义教育的问题和缺陷一面的研究，以弱化其教育中的政治正确的形象。同时，必须坚持主流价值观，注重教育教学秩序的维护，最终与中国的社会逻辑相匹配。

最后，在教育的价值倾向上，中国基础教育需要从目前的严谨价值适度向创新价值进行倾斜性改革。“我们的教学总是以知识传授为主轴，以教材为蓝本；教材以知识结构和知识点构成体系，细化为章节、单元；通过教师的讲解传授，将知识信息输送进学生的大脑；以考试为检测手段，来衡量学生知识积累的多少、学习水平的高低。这样形成了一个完整的教学过程的封闭回路，不断地循环往复。”这种过度严谨的教学体系的弱点和缺陷也十分明显，学生的学习兴趣、积极性、主动性受到抑制，同时由于缺少能力的系统而全面的培养，因而无法开发出学生的发展创造能力。①

现代学校与传统学校存在一定的方向性差异变化，现代学校教育不再停留和满足于传递、继承人类已有知识，实现文化的“代际遗传”和社会生产力、生产关系的复制式再生，而是追求为社会更新性发展、为个人终身发展服务的存在价值，使教育成为人类社会更新性的再生系统。②这就使学校教育的主旨从以传递知识为主要直接目标转换到培养具有创新能力的人才。“只有所有潜在的能力都能得到发展和发挥的社会，才会在群体间的竞争中获得生存优势。”③近代以来，中国基础教育最重要的任务是追赶西方教育体系，包括知识体系、学科体系、学校体系、教育方法体系等，但在今天，中国基础教育在学校结构上和教育范式上已经基本建构完整，不能再局限于复制型了。基于今天中国的社会发展，中国社会最需要的不是简单的复制型人才，而是创新型人才，所以在未来的中国基础教育改革与发展中，必须逐步走向创新型教育范式。

---

① 冯文全：《关于当前基础教育改革中的几个问题的教育哲学思考》，《西华师范大学学报》（哲社版）2004 年第 3 期。

② 叶澜：《21 世纪社会发展与中国基础教育改革》，《中国教育学刊》2005 年第 1 期。

③［美］威尔·杜兰特、阿里尔·杜兰特著，倪玉平、张闶译：《历史的教训》，中国方正出版社 2015 年版，第 22 页。

第十三章 中国基础教育的优势、问题与比较

中国基础教育是世界上最大规模的基础教育体系，拥有1000余万中小学教师，1.66亿学生。[1]经过新中国成立后近70年奋斗，我国基础教育取得了巨大成就，教育总体发展水平已经跃居世界中上行列。2016年，学前教育毛入园率达到77.4%，九年义务教育巩固率为93.4%，高中阶段毛入学率达到87.5%，高等教育毛入学率为42.7%。[2]同时令人惊叹的是，中国的中小学在教学上、管理上都呈现出明显的同质性。这种同质性一方面说明了中国基础教育本身存在理论和实践上的内在规定性，同时也证明了中国基础教育范式的现实存在。如果不具有理论和实践上的范式体系，那么几乎不会出现这种有着明显方向性特色且如此庞大的学校体系和教育体系。“半个世纪的历史发展事实证明，中国的基础教育在哺育和培养了几代人的智慧人生的同时，逐渐形成了自己独特的优势和精华，为世界众多国家承认和效仿，取得了骄人的教育成就。”[3]近代以来中国国力衰弱，基础教育的重要使命就在于培养高素养的国民，致力于中华复兴，从这一角度上看，中国基础教育很好地完成了自己的使命，并形成了自己的优势和特色。

---

① 2016年统计我国义务教育阶段专任教师927.69万人，普通高中专任教师173.35万人，合计1101.04万人。义务教育阶段学生1.42亿，普通高中学生0.24亿，合计1.66亿。见教育部：《2016年全国教育事业发展统计公报》，来源网址：http://www.moe.edu.cn/jyb_sjzl/sjzl_fztjgb/201707/t20170710_309042.html。

② 陈宝生：《在全国教育工作会议上的讲话》，来源网站：教育部网站。来源网址：http://www.moe.gov.cn/jyb_xwfb/moe_176/201802/t20180206_326931.html。

③ 柳海民，孙阳春：《中国基础教育改革的理性诉求》，《教育学报》2005年第3期。

第一节　中国基础教育的优势

中国基础教育本身是一种现实的存在，在学生的基本教育假设、师生关系、教学模式和人性假设等诸多维度均区别于其他国家的基础教育。中国基础教育不仅是中国传统教育的延续，同时在改革与发展的过程中也不断吸收和学习他国教育教学中的精华，如美国的六三三学制、苏联的专业教育、德国的科学研究等。在这种不断扬弃学习的过程中，中国基础教育逐步形成了自己的范式。这种范式不只是体现在理论层面，还体现在实践层面，同时体现在心理层面。中国基础教育范式既有着时代的实践逻辑，同时还继承了中华民族教育领域的历史经验和教训。

一、中国基础教育的教育教学高效率

中国基础教育是一种有着高效率的教育体系，有着中国社会典型的强调实在的特点，即强调小投入和高产出，注重成本控制。中国古代更多的是私塾、学堂和书院，都是比较大规模的教育机构，像西方流行的私人家庭教师的教育模式极少。即使是请家庭教师，大多也是一个大家庭或者大家族集体邀请。从这一角度上看，中国强调教育效率。在今天的中国基础教育中，学校的学生班额一般都比较大，中小学普遍都是 50 人左右的班级，即使是在国家政策层面，对教师比例的认定也大致是 20:1。所以中国基础教育不管是在人力资源上，还是物质资本上，都强调学校教育的成本意识。从中国学生规模来看，中国教育投入也是远低于西方发达国家的。

从这个角度上看，中国基础教育教师群体非常值得尊敬，收入不高，但教育产出很高。在具体的学校教育结构中，中国中小学教师在教职工中的比例大多在 85% 以上，即学校内部绝大部分人员都是教师。每个班级设置一位班主任，统筹协调班级内部工作的开展。同时教师群体还会兼职负责部分财务、安全保卫、食堂等工作。中国基础教育阶段的教育投入相对来看非常有效率，教师与学生之间关系紧密，绝大部分教师对学生都非常了解，特别是班主任。在基础教育阶段，教师与学生之间的交流和指导几乎是全天候的，从课堂内部到课外活动，从学生学习到学生生活。同时，中小学学校大多都有班会课、课外活动课、课外兴趣小组、课外实践活动等提升学生专项能力的活动，这些活动也主要是由教师兼职承担和完成的。

中国基础教育的教育教学高效率还体现在具体的教学领域，在中国基础教育阶段的学校教育中，在学校的教学、行政管理、科研等工作中，永远都是以

教学为主。在课堂教学、课外活动、社会实践等教学中，强调以课堂教学为基础。在具体课堂中的直接经验和间接经验的教学中，也以间接经验为主。简而言之，中国基础教育在学校内部工作重心、教学模式选择和学生知识体系建构的过程中，都高度注重教育教学效率。

二、中国基础教育的结构化体系

中国基础教育有着全方位统一的结构化教育教学体系。在哲学思维层面，中国基础教育有着大一统的哲学思维特点，在各方面都力求统一。在学科知识上、课程标准上全国统一。在教师标准上，甚至于教室和学校的标准，全国也基本趋于一致。即使是在教学模式、教学理念、教育基本假设等教育精神层面的领域，全国也基本趋于一致。所以从全国角度上看，中小学在内在结构和外部形态上，都差不多是一致的。所培养的学生，在品德上、学识上、能力结构上也差异不大，主要教学内容也基本相同。这种全方位统一的教育教学体系，给予了中国社会统一的价值观和意识形态，这是中国社会能够保持高度团结一致的教育秘密和历史智慧。

结构化体系具体在学校教育教学层面也体现在多个维度。在班级建构上，所有的班级都有一个班主任全权负责班级建设与管理，班级内部的组织结构也几乎全国相同。学生所接受的学科教学也是结构化的，包括小学阶段的语文、数学、外语、科学、品德、音乐、体育、美术等课，中学阶段则是语文、数学、外语、政治、物理、化学、历史、地理、生物、音乐、体育、美术等。学生每天的课程表也几乎是结构化的，在中学阶段几乎每天都有语文、数学、外语。同时，学生的竞争也是结构化的，在考试试卷上，要求结构化的基础题和难度题型协调。考试的分数也是结构化的，包括占据优势地位的语文、数学、外语等分值较高，其他的按照结构化配置分数。这种结构化的体系，一个很重要的优势就在于强力推进了中小学教育教学的正规化和标准化，在很大程度上实现了中国基础教育的全国范围内的高度规范性。

三、中国基础教育的道德纯净度很高

整体上看，中国基础教育是一种非常正面的教育体系。中国基础教育在教育的政治方向、教育的价值观、对教师的严格要求以及学生的就学目标上，都非常的正面。中国社会崇尚核心价值观，这与西方多元价值观差异很大，所以中国基础教育非常重视对学生的价值观引导，不管是校园文化环境、学校自然环境还是班级环境，中国都强调正面引导、典型示范等教育理念。所以从这个角度上看，中国基础教育在道德纯净度上是非常高的。这一点也是中国作为伦理型社会的历史经验。中国社会哲学认为，如果学校教育的价值观趋于混乱，社会必将出现重大危机。

这一点也是中国教育历史传统的延续。在中国历史上，儒学经典的内容是非常正面的，几乎没有非道德的内容。在道德纯净度上，儒学经典是远超过基督教的圣经、佛教经典和伊斯兰教的古兰经的。对道德的纯净追求成了中国基础教育的历史选择，所以在中国基础教育的教材中，非常注重教材内容的选择。这一点也导致社会对教科书中的内容的诸多争议，甚至很多是吹毛求疵式的批评。如中国中学课本中的一篇朱自清的回忆父亲的文章《背影》，文中的核心价值观倾向是表述父亲与儿子之间的亲情，但也被批评为不守交通规则，因为在文中父亲竟然“翻过月台”。

这种对道德纯净的追求，是中国基础教育中的一项非常重要的传统。中国基础教育认为学生还处于心理不成熟的阶段，缺乏判断力。这种情况下，重点倾向于正面教育，是有其必要的。否则学生过多接触不良的道德价值观，很可能导致其走入歧途。当然，这种道德纯净度极高的教育的问题也是显而易见的，如学生缺乏社会经验、过度天真，甚至在一定程度上还可能缺乏道德免疫力。

四、中国基础教育的和谐指向

中国基础教育是一种非常和谐的教育体系。中国基础教育受中国“和为贵”的社会哲学思想的影响，所以中国基础教育几乎处处都强调和谐，各门科目之间的和谐，同学之间的和谐，同学与老师之间的和谐，学校与社会的和谐，教学过程中的和谐。这种和谐的思想最终成为学生的一种本能倾向。所以在中国的基础教育中，除了学生处于叛逆期的初中阶段，其他阶段都呈现出祥和的校园氛围。这也是中国社会所提倡的，因为在中国，学校教育阶段从来就被视为学生进入社会之前的预备环节。

中国的基础教育目标主要指向学生的德、智、体、美全面发展。德指的是道德发展，智指的是知识教育，体指的是学生的体育发展，美指的是对学生的审美教育。德智体美全面发展的重要内蕴还在于和谐发展，目的在于提升学生的正向社会化，具备社会必需的道德素养、知识能力、健康体魄和审美情趣。这种和谐发展的教育理念，其思维既可以上溯到中国古代的道家思想，所谓道法自然，也可以追溯到马克思主义的人的全面发展学说，最终构成了中国基础教育的一个特色和优势。

五、中国基础教育的高度确定性

中国基础教育是一种方向感非常明确的教育。中国基础教育几乎在任何一个阶段都是方向感非常明确的，中小学整体指向高考。在中小学，学生大都知道社会设定的一个基本完美的培养目标，即品学兼优。这种目标不管学生是否能够做到，但学生至少知晓和理解。在中国教育中，好人坏人一目了然，黑白分明，英雄与汉奸都是鲜明的形象。这种方向感强烈的教育，在很大程度上有利于社会正面价值观的弘扬，同时也有利于对腐朽思想的斗争。中国民众大都有着正义的价值观和家国情怀，不管在现实生活中能否做到，但在心理层面和认识层面，基本都能做到。

同时，中国基础教育还能够建构学生普遍的确定性的社会知识结构。这种确定性一方面是通过确定的结构化的教育内容而实现的。所有学生都需要学习语文、数学等学科知识，同时中国基础教育还通过确定性考试，要求学生必须达到及格线，也即学生必须掌握基础知识部分的内容，才能毕业，拿到相应学历的毕业证书。这是通过确定性的教育内容和确定性的教育评价，最终实现一个确定性的学生发展目标。

在中国基础教育中，在教育思维上也是追求确定性的。其目的在于，在学生还未完全心理成熟之前，建构一个正面的确定性的思维结构，如辩证统一观点、矛盾对立方法论、否定之否定方法论，基本都是需要中国学生掌握的。中国基础教育中的真理和知识都是黑白分明的，真理和谬误也十分明确。这确实能够有效减低学生的困惑，并增加学生对学习和生活的控制感。

第二节　中国基础教育的基本问题

“教育是教人们如何运用知识的艺术，这是一种很难掌握的艺术。”[①] 中国基础教育也有着自己的问题，但需要注意的是，这些问题与优势很大程度上都是一体两面，在具体分析和教育改革中，需要仔细甄别和研究。

一、中国基础教育的功利主义问题

中国基础教育强调知识的严谨性，注重学生掌握知识体系的准确性，这些本身是优势所在。但是，在这一教育过程中，中国基础教育阶段实际情况中一

---

①［英］怀特海著，庄莲平等译：《教育的目的》，文汇出版社2012年版，第52页。

个非常严重的问题就是：教师和学生很多时候都忘记了学生接受教育的终极目的，或者说学生读书是为了什么，这导致中国基础教育有着功利主义的内在问题。

中国基础教育存在一个很重要的指向就是高考，虽然在很大程度上积聚了积极的力量，但正如科举制度的金榜题名一样，也带来了巨大的负面效应，导致中国中小学教育中功利主义色彩浓重。“中国的基础教育显得过于强调教育的可比性价值，尤其是以分数作为替代性价值，将孩子们的品格、兴趣、能力、思维水平、技能等等全部转换成分数进行比较，最终淹没其他价值。”[①] 在具体的教育教学中追求具体的现实教育功利目标，最终导致很大部分学生缺乏远大志向，也失去了教育和科学研究必需的求真的精神。这实际上也导致中国很大部分学生成了“伤仲永”，“小时了了，大未必佳”，很多学生小的时候看来还好，长大后大都变得平凡和普通。

具体来说，就是教师和学生都只知道学生读书是为了取得优秀的高考成绩，升入理想的大学，但也仅此而已。真正的问题在于，学生接受教育的最终目的如果只是考上大学，那学生考上大学之后呢？因为考上大学这个功利性的目标，导致学生缺乏远大的人生理想和志向。最终的实际情况就是，中国很大部分学生升入大学之后，失去了对学习的热情和人生的方向。

同时，这种明确的功利主义的高考考上大学的教育指向，也让中国学生很大程度上存在一种内在的缺陷：缺乏自我发展的动力，或者说缺乏追求真理的终极动力。在教育过程中，必须有外在明确的物质动力或者管理压力，包括有教师严格管理，才愿意努力读书，最终导致中国学生缺乏内在的驱动力。在中国基础教育中，很多学生的智力、知识结构等外在素养很好，但缺乏成为卓越人才的精神层面的力量和素养：意志力、雄心壮志和对真理的终极追求的梦想。

二、中国基础教育对个性相对缺乏尊重

中国基础教育一定程度上有着压制个性的问题。中国基础教育强调和谐，强调一致性，这种倾向最终导致中国学生都习惯于顺从和听话，而缺乏探索和异见交流的勇气。基础教育阶段中小学确实存在教育教学中忽视学生的个性培养的问题，导致学生积极性、主动性得不到充分发挥，同时也对学生的生活世界和生命成长有所忽视。[②] 在中国社会和教育中，谦虚是一种重要的美德，这导

---

① 卜玉华：《当代基础教育的“基础性价值”之思——基于中国、加拿大基础教育学校的考察》，《基础教育》2011 年第 4 期。

② 柳海民，孙阳春：《中国基础教育改革的理性诉求》，《教育学报》2005 年第 3 期。

致大部分学生从外到内都谦虚。这种谦虚的精神，事实上严重影响了中国学生的勇气，长期只知道谦虚，到最后必然不敢创新，不敢立异。所以中国基础教育在思维层面对个性的压制相对比较严重。缺乏个性必然平庸，卓越必然带刺，大部分中国学生没脾气的背后，也相对缺乏勇气和独立意识。

压制个性的背后，事实上对整个社会的发展存在着严重的负面影响。“通往智慧的唯一途径是在知识面前享有绝对的自由；但是通往知识的唯一途径是在获取有条理的事实方面的训练。自由和训练是教育的两个要素。”① 创新必须要有自由的研究能力和研究勇气。社会发展必须有创新能力，而创新在本质上就是一种对已有的知识和思维结构的反抗。如果社会失去创新能力，则可能陷入停滞状态，并且可能因为停滞状态陷入混乱。因为社会需要用创新性发展去实现经济的发展，通过经济的发展去解决社会中的发展性问题。这是一种通过拓展社会空间，去提升解决社会问题的能力的路径。所以在中国基础教育的未来发展中，必须高度重视对创新的尊重，单靠听话哲学，是难以实现社会健康发展的。

这种对个性缺乏尊重的教育对中国整个社会的气质也构成了重要负面影响。社会个体都会接受基础教育，所以基础教育的气质一般都是整个社会的气质。对个性缺乏尊重的基础教育，必然导致社会气质中也不尊重个性。而在社会建构中，一个个性缺乏的社会，将会是平庸和无趣的社会。平庸的原因在于，优秀的社会个体大都有自己的特点，并且这种优秀是需要彰显个体的优势的，而这种“木秀于林，风必摧之”的哲学，将严重压制个体的优势特点。无趣指的是，这种缺乏个性的社会，都习惯于尊重社会的现实秩序和结构，最终导致社会过度保守，而缺乏基本的情趣。正如萧伯纳所说：理性的人让自己适应社会环境，非理性的人让社会环境适应自己；所以推动社会发展的人，不是理性的人，而是非理性的人。在美学中，常规和惯例谈不上美学，美学是需要创造性的，而创造性本身就是对原有秩序的一种突破和改造。

三、中国基础教育本身的粗放性和工业范式倾向

中国基础教育整体上是一种粗放型的教育体系。中国基础教育因为强调效率，所以非常缺乏教育深入度，学生培养相对缺乏精耕细作的农业思维，更多的是一种粗放型的工业范式。

这种工业范式有着典型的自以为是，不管学生的意愿，而最终把学生培养成为社会想要或者需要的类型。简而言之，社会需要什么，就要求学校培养什么，

① [英] 怀特海著，庄莲平等译：《教育的目的》，文汇出版社 2012 年版，第 41 页。

几乎不会追问学生个体是否愿意如此。所以，从这个角度上看，中国基础教育非常缺乏对学生天赋和个性的尊重。这是严重违背教育第一定律的。

中国基础教育的工业范式教育当然有着自己的历史逻辑。其一在于中国人口众多，不在乎学生成不成才，因为总有一部分人会成才。其二在于中国教育资源有限，所以不可能对学生都实施精耕细作的教育。但这两者在今天都面临结构化历史趋势的改变：其一是中国人口红利已经逐步降低并消失，青少年越来越少，老龄化越来越趋于严重。在未来，中国的每一个学生都是很重要的。其二是，中国的教育资源逐步增加，并在很多领域实现了教育资源的相对宽裕。这两点决定了，中国的基础教育的粗放性必须降低，中国的工业范式的教育必须转化为农业范式，尊重学生的天赋和个性，提升学生的个体培养质量。

工业化的教育范式还有着过度追求速度的内在问题。中国社会和教育哲学中都有着追求效率的一面，而效率在现实层面很多时候就呈现出追求速度的倾向。希望学生快速成才，快速成为最年轻的博士，最终导致学生在成长的过程中只重视速度，而缺乏严格的质量意识。教育本身应该是一项严谨的事业，学生接受教育的过程也应该是一项注重过程培养的事业，但过度快速的教育导致了中国基础教育缺乏必要的精品意识，而成为追求数量、速度的大作坊式的教育。在未来的发展中，中国基础教育需要重新理解教育中的慢哲学的价值，理解中国传统教育中的十年磨一剑的智慧，尊重并提升教育中的质量意识和过程哲学的价值。

四、中国基础教育实践中的高度同质性

中国基础教育存在明显的同质性的缺点。中国基础教育在大一统的哲学思维下，课程一致，教材一致，教学一致，德育一致，校园环境一致，最终培养出来的学生也几乎一致。所以中国基础教育的同质性非常严重。这种同质性的优点是确保了中国社会成员的合格率极高，但缺点是缺乏新意，整个社会成员创新能力不佳。

这种高度同质性的教育，在基础教育阶段也有着自己的存在价值，因为基础教育需要学生具备必要的知识、能力和情感态度价值观，所以同质性本身是不可避免的。真正的问题是这种同质性不能过高，过度强调同质性，必然导致社会的同质性，这会导致社会本身出现过度结构性的问题，社会缺乏创新的勇气，同时还可能对差异的过度敌视。最终导致社会规范性过度，学生个体失去必要的自由空间和自由路径。所以基础教育在秩序和自由之间需要一定的平衡，才能有效实现教育本身的可塑性，如果都是确定的高度同质性的教育，就只是模

式化教育，而缺乏可塑性的自由空间。

学校教育的一个主要目标确实是传授知识，但是教育还有另外一个要素——智慧，虽然模糊却伟大，而且更重要。[①] 在学校教育中不能只重视同质化的知识教学，还需要关注学生个体的智慧生成。

五、中国基础教育的严重的复制型范式

中国基础教育是一种高度复制倾向的教育体系。中国基础教育主要的是教师教学，学生学习。教师所教授的内容，也主要是固定的理论知识和书本知识。所以，中国的中小学教师的创新能力普遍不佳，大多都只是传授固有的知识。这种传授事实上是一种复制型的教学模式，而学生的学习，则更是一种复制型的学习。两者的结合，导致中国基础教育主要是一种复制型的教育范式，而缺失了对真理的探索精神和创新勇气。

以建构主义的视角看，学生个体都有着自身的独特经验，人创造着意义而不是获得意义，学习者是基于个人的经验和互动来构建自身的解释。[②] 虽然教育本身是一种传承，但也是一种面向未来的发展。如果人类的教育只局限于复制，当然对人类社会的发展是不利的。复制型的教育，会导致学生形成习惯性的思维：认为一切真理和知识都是确定的。这会严重危及学生的发展性眼光，也是对人类真理的误解。真理是一个永恒的追求过程，人类正是在这种追求的过程中不断反思和批判，最终实现对已有知识中的谬误的抛弃，从而实现对新知识的建构。在这一过程中，人类逐步接近真理。所以，知识一方面是确定的，是对已有的物质世界或人类社会的相关领域的认识和总结，但另外一方面又是不确定的，因为这种认识和总结也许是需要修正的。正是这种不断反思和批判，人类才能实现持续创新。在基础教育领域，也需要修正过度复制的倾向，塑造学生发展的视野，提升其对真理的认识论水平。

第三节　中国基础教育的比较特色

中国基础教育的实践范式，一方面是理论影响的结果，另外一方面又是实践经验的不断累积，最终形成了中国基础教育的特色，包括教育目标、教育内容、教育过程和教育价值观等维度。

---

① [英] 怀特海著，庄莲平等译：《教育的目的》，文汇出版社 2012 年版，第 40 页。

② [美] Peggy A. Ertmer，Timothy J. Newby：《行为主义、认知主义和建构主义（下）——从教学设计的视角比较其关键特征》，《电化教育研究》2004 年第 4 期。

一、中国基础教育指向品学结合的圣贤

中国基础教育基于社会传统，在教育目标指向上是品学结合的圣贤，其背后的社会逻辑是伦理本位的儒家思想占据社会主流意识形态，因为缺乏强有力的宗教影响，所以教育必须承担道德教化的社会使命。而近代以来，马克思主义传入中国,成为中国社会政治领域的主流意识形态。马克思主义强调社会公平，注重社会和谐，追求人类解放，关注无产阶级的阶级属性，强调对社会弱势群体的关注，也是一种高度注重政治的道德性的政治哲学。

马克思主义注重政治的道德性，决定了马克思主义指导下的中国基础教育强调道德教育、思想教育和政治教育的结合，这与中国传统教育是大体一致的。所以在中国基础教育的培养目标，最初强调又红又专，红指的思想政治正确，专指的是专业知识和专业能力，当前则表述为德才兼备。在中国的基础教育中，国家明确规定德育是学校教育的核心与关键，学校教育的根本目标是立德树人。在世界范围内，也许中国基础教育是最为重视德育的教育范式之一。

二、中国基础教育强调教育与教学相结合

在中国基础教育的常用词汇中，中小学教育教学是一个高频出现的词语。部分人也许觉得这个概念是一个错误概念，认为教育包括教学，所以中小学教育教学的概念不妥。事实上，这是中国基础教育界的常用词语。概念没有所谓的完全正确，每一个社会中语言都是在不断随着时代的变化而变化。在词典的编撰中，对每一个词语的界定和解释，也依据社会中的常用语和常用习惯而进行诠释。

中小学教育教学一词实际上是两个概念：其一是中小学教育，在中小学语境中实际上指的是学校的德育；其二是中小学教学，在中小学语境中实际上指的是学校的智育，也就是学科教学。这一概念实际上体现了中小学教育界对学校教育的认识：包括学校德育和学校教学两个领域，并且这是最重要的两个领域。如果学校德育质量不佳，则严重影响学校的学生个体的亲社会人格的培养，严重影响学校正常的教育秩序，并且会直接涉及班级建设、校园文化、课堂秩序等具体的学校教育领域。如果学校教学不佳，同样是严重问题，会严重影响到学生的知识教学和能力培养。这是涉及学生的个人发展和教师的专业发展等重要问题，所以教学本身也是学校教育的中心工作，教学不佳，学校的教育质量必然不好。基于这个逻辑，在中国基础教育中，传统以来都非常重视教育与教学的结合，两者不可偏颇，对于学校教育的建设来说，都非常重要。当然，

教育和教学也是存在一定的差异的，相对来看，教育更为柔性和内隐，需要注重持久和综合，更为关注和强调学生未来发展，所以中小学德育非常重要。教学则更为外显和直接，并且效果快速，容易走向短期化。[①] 这也是基础教育需要注意的地方，不能仅重视教学，更不能将德育作为智育的婢女。

三、中国基础教育有着师道尊严的特色

中国基础教育强调师道尊严，注重维护和建构教师的职业权威和道德权威。教师的职业权威来源于中国的社会结构，中国的家庭教育更为注重生活，而不注重知识和能力，所以中国社会中的儿童很少视父母为偶像或者英雄。在青少年的重要可塑期：6—18 岁期间，正是中国的基础教育阶段，这一时期青少年在人格品质、道德素养、知识结构、能力素质等领域，均具有很高的可塑性，而在这一段时间，外部最重要的影响力量就是教师。

中国社会强调确定性，在中国社会的逻辑中，有确定的偶像至少比没有偶像好，生活和学习中存在权威，至少能够给青少年带来确定的发展方向和模仿对象，对青少年的成长具有积极意义。所以中国社会强调教师职业本身的职业权威，其目的就在于引导学生健康发展。在道德权威上，中国教育自孔子以来，就注重教师的自我修养，社会也对教师职业有着道德上的高要求，目的在于提升学生的道德教化，在道德发展上健康成长。基于师道尊严的逻辑，中国青少年受教师的影响很深，特别是班主任，对班级学生的心理、气质、能力等维度影响很大，两者在一定程度上是契合的。在中小学阶段，班级学生的整体特点与班主任大多高度相似，班主任严谨，学生整体也会体现出严谨的特点，班主任如果比较散漫，学生整体大多也是散漫的。所以在中国基础教育阶段，家长极为关心学生的班主任的个人情况，经常面临选择优秀班主任的竞争。因为一个好班主任就是一个好班级，这是基础教育阶段一个非常显著的事实。

四、中国基础教育有着和谐与和平的内在特色

中国基础教育注重和谐，强调班级建设的和谐，教师群体的和谐，师生关系的和谐，学校与社会的和谐，学生内部的和谐等。这种和谐的理念，在中国基础教育阶段是深入骨髓的，所以中国学校教育中，很少有硬碰硬的教育教学方式，总趋向于调解、调节和冷处理等方式，以维持一个看上去和谐的教育世界。

---

①卜玉华：《当代基础教育的"基础性价值"之思——基于中国、加拿大基础教育学校的考察》，《基础教育》2011 年第 4 期。

这种和谐倾向的优势在于确保了学校教育的正常秩序，并训练了学生通过和平的方式去处理矛盾和冲突的能力，对于学生的成长来说，减少了不必要的可能的重大危险或者冲突。当然其不足也比较明显，客观上形成了大事化小小事化了的处理事情的惯例，在很多原则性事情的处理上可能不够明确，导致很多时候出现青少年的认识偏差问题。会导致青少年以为这种和谐也是社会的必然状态，最终从一个童话般的校园走出，在社会中碰得鼻青脸肿。

同时，中国基础教育还有着和平的取向，中国基础教育德育中并不崇尚武力，传统中国的知识分子形象，几乎就是一种手无缚鸡之力的书生形象。实际上中国基础教育阶段的体育需要大力提升，在古希腊的文化中，体育具有非常重要的地位，一个身体不够强健的人，也被视为不道德。这种文化观念在中国中难以想象，中国社会中的体育与道德基本不相关。但事实上，体育确实与个体的意志品质等深刻相关的，体育精神很大程度上能够训练和提升个体的勇敢、竞争和拼搏的意志品质。一个过度和谐的教育范式，最终呈现出来的教育文化实际上也过度文弱。这种和平取向的教育，确实维持了校园的和平，以及中国社会个体的和平倾向。但其问题也非常明显，缺乏对体育精神的尊重，国民的体育素养过度文弱，并且性格偏软，不敢于强力竞争，一定程度上缺乏敢于亮剑的精神。这对于民族发展来说，当然不是一件好事。

五、学以致用的巨大惯性

中国社会中的实用主义哲学根深蒂固，导致基础教育阶段有着明显的学以致用的巨大惯性。学以致用的思维，一方面给了中国基础教育存在的基本价值，因为中国基础教育阶段教学给学生的知识和能力都是有用的。但另外一方面，这也给中国基础教育套上了一个自我封闭的枷锁，导致中国基础教育画地为牢，缺乏对真理的终极追求。这一点对于国家整体发展实际上是存在严重问题的，因为任何知识体系都是发展的。一个国家的发展，需要有对这种终极真理的敬畏和追求。只在乎眼前看得见的确切利益，而缺乏对背后的真理的追求，这本身就是中国近代以来严重衰弱的重要原因。

近代以来的历史发展对中国是一个巨大的历史教训。中国自宋朝开始，就掌握了火药的制作，如果中国人拥有追求真理的高尚追求，去追寻火药爆炸的秘密，中国人一定会建立现代化学、现代物理，在科技上会大大领先于世界，但事实却是，中国人只满足于使用火药。正如美国著名的物理学家罗兰教授所说：“为了应用科学，科学本身必须存在。假如我们停止科学的进步而只留意科学的应用，我们很快就会退化成中国人那样，多少代人以来他们（在科学上）

都没有什么进步，因为他们只满足于科学的应用，却从来没有追问过他们所做事情中的原理。这些原理就构成了纯科学。中国人知道火药的应用已经若干世纪，如果他们用正确的方法探索其特殊应用的原理，他们就会在获得众多应用的同时发展出化学，甚至物理学。因为只满足于火药能爆炸的事实，而没有寻根问底，中国人已经远远落后于世界的进步。我们现在只是将这个所有民族中最古老、人口最多的民族当成野蛮人。”[①] 这种过度学以致用的问题和缺陷，是未来中国基础教育发展必须高度重视的问题，如果中国基础教育只满足于实用主义，这会导致中国在未来可能失去极端重要的创新能力。

第四节 中国基础教育的历史智慧与国际意义

中国基础教育范式，继承了中国传统教育的精华，同时也吸收了其他国家的教育经验，最终形成了独具特色的中国基础教育范式，并有着丰富的历史智慧和国际意义。整体上看，中国基础教育的整体质量较高，学习者具有扎实的基础知识和基本技能，同时也有着较强的逻辑思维能力，同时，中国基础教育还注重培养人的深厚历史感和厚重的文化底蕴。[②]

一、学习中心的典范

中国基础教育范式是典型的学习中心，基础教育的一切因素都指向学生的学习发展。学习中心是中国基础教育课堂教学中的基本逻辑，教师的课堂教学并非围绕教师的工作便利，而是一切服务于学生的学习。基础教育的质量主要取决于教师的质量，这也是中国社会的基本共识，因为教育本身就需要教师指导去发展学生的天赋，如果学生仅依靠自己就能够完全自我发展，那教师就没有必然存在的意义了。中国高度重视教师的质量，实际上也是努力提升学生学习的质量。中国教师在具体教学中，也非常重视学生的学习发展，既包括知识发展，也包括学习能力发展。即使是中国式讲授，也不是外行人眼中的简单灌输。在具体讲授过程中，教师注意教学对话，注意与学生的教学交往，注重启发诱导，注意学生的课堂实况，进而调节自己的授课内容和授课节奏。[③] “中国教师虽然把课程视为预设的物质化的教学内容，但是也赋予了教学以智慧的灵动和人性

① [美] 亨利·奥古斯特·罗兰：《为纯科学呼吁》，《前沿科学》2012 年第 3 期。
② 柳海民，孙阳春：《中国基础教育改革的理性诉求》，《教育学报》2005 年第 3 期。
③ 杨启亮：《守护家园：课程与教学变革的本土化》，《教育研究》2007 年第 9 期。

化的自由。”[①]

学校不是简单的青少年的集合，而是教师与学生之间的结合，其结合的目标，是坚定地指向学生的学习发展。今天西方的儿童中心论盛行，其背后的核心是西方的自由主义哲学，其哲学源头可以推论到古希腊的柏拉图的发展学生的天赋的教育思想，经过西方浪漫主义的洗礼，最终成为西方教育的基础性哲学。但这种儿童中心论的教育存在内在的致命缺陷：其一是教育效率的大幅降低，学生对于知识体系的严谨度远低于学习中心的教育范式。其二是教育资源的巨大浪费，需要围绕儿童的兴趣爱好而设置教育资源，而儿童的兴趣爱好本身就是零散的，这必然涉及巨大的教育资源浪费的问题。这两点都是中国教育所不能承受的。未来的发展中，中国基础教育范式仍然需要坚持学习中心论，但可以适度学习儿童中心论中的一些具体措施，提升学生的主动性和自我发展能力。

二、社会和谐建构的典范

中国基础教育范式的伦理基础是社群主义，其政治意识形态是马克思主义，所以中国基础教育在教育的伦理指向上是趋向于社会本位，在具体的教育实践中注重社会和谐建构。在中国文化中，每个人都是社会关系中的成员，是社会群体的一个构成分子，个人的命运和利益依附于群体，个人的价值只有通过群体的认同才得以体现，个人的存在只有通过对群体的负责才得以向社会昭示。[②]而学校教育也同样如此教育学生个体，促使学生进行社会本位社会化。

事实上，基础教育阶段在社会化层面存在一定的教育难题。中小学阶段，特别是初中阶段，面对学生的青春期前期，教育具有相当难度。青春期前期是青少年青春期最为危险的时期，青少年学生面临着众多的发展性矛盾。心理发展不成熟，但身体已经基本成熟，这是一个矛盾，同时还面临着身体成熟，渴望较高的社会地位，但事实上学生社会地位并不高，不具有相应的社会资源，这也是一个矛盾。在具体的学生之间的交往中，同样存在着大量的矛盾和社会冲突，所以会对学校教育教学秩序形成一定的冲突，严重的会导致校园暴力事件。学校教育中学生之间一定的冲突是难免的，同时还有利于提高青少年对冲突和他人感受的理解，但严重的冲突则不利于学校教育教学的开展。这是中学阶段的教育研究需要关注的基本规律。

中国式的基础教育范式强调教师的权威，注重教育教学秩序，在冲突中注

① 杨启亮：《守护家园：课程与教学变革的本土化》，《教育研究》2007 年第 9 期。
② 王祥云：《中西方传统文化比较》，河南人民出版社 2006 年版，第 68 页。

重和谐和和解，整体上看，中国基础教育相对于西方基础教育来说，更为和谐，也更为安全。

三、教育的社会化功能优秀的范例

中国基础教育范式在社会化领域，表现非常优秀。传统中国教育通过对儒家经典的教学，实现了儒家思想的三纲五常的社会意识形态化，成为指导中国社会个体行为规范的基本准则，并通过其政治正确化，在很大程度上构成了中华文化的基本内涵。这种社会化体系极为完整，也非常统一，最终构成了中华民族大一统的民族思想和国家想象，这是中国一直能够成为一个统一的政治体、文化想象体和民族认同体的教育基础。

当代中国基础教育秉持传统中国教育的精华，在教育教学中强调社会主义教育，注重马克思主义指导，注重传统文化的教育，强化社会主义核心价值观教育，并注重知识教学的体系化、确定化，实现了基础教育领域中的青少年优秀的社会化。在未来发展中，中国基础教育必须坚持统一的国家课程标准，注重社会意识形态的指导。在文化领域和意识形态领域，决不能走西方自由主义教育的道路，坚持中国自己的教育基本经验，建构中国基础教育逻辑体系，实现中国基础教育范式的科学化。特别是在国家课程标准上，必须坚持统一标准，如果课程标准走向多元化，在中国拥有强大的政治治理能力的情况下问题不算很大，但五十年、一百年之后，这种多元化的课程标准，极可能就是未来中国走向分裂的教育问题之因，这是中国不能承受的后果。所以基础教育在任何时候，不能仅简单地站在教育的逻辑上，还必须关注背后的社会逻辑、文化逻辑、历史逻辑和哲学逻辑。

结语

中国基础教育具有自己的基本理论体系和逻辑体系，这种体系本身也是中国社会、历史、文化和哲学的逻辑发展的结果。“教育体系是每个民族的民族意识、文化与传统的最高表现。”[①] 教育从来都不是一种单独的存在，而是涉及到整体国民素养的基础教育，更是与社会政治、文化和心理联系紧密。

从整体上看，中国基础教育并不是教育单一作用的结果，而是中国社会哲学、历史传统、文化价值观和社会智慧等因素的交织和集合。中国基础教育的实践范式的背后，有着其实践逻辑和实践智慧。在对中国基础教育的具体分析中，需要尊重其背后的逻辑和智慧，这既是中国基础教育研究中必须具备的方法论，同时也是中国基础教育改革与发展必须具备的方法论。不可简单和莽撞地认为基础教育不过如此，基础教育中的每一种教育实践存在都有其原因，首先需要去深入地理解它。

当然，需要注意的一点是，因为中国基础教育是教育领域众多历史文化传统的集合，而历史文化传统不只是有其智慧的一面，也有其脱离时代的一面，简而言之，也可能有其内在缺陷。所以在中国基础教育研究中，既不能对中国基础教育实践过度浪漫化，也不能过度妖魔化，需要的是客观和理性，并需要发展视野。没有任何教育实践是完美的，也没有任何教育理论是完美的。在教育改革的过程中，我们永远都可能是用一种不完美代替另外一种不完美。所以需要冷静，需要发展的视野，至少不能用一种更差的教育范式代替一种相对更好的教育范式。

---

① 联合国教科文组织国际教育发展委员会编著，华东师范大学比较教育研究所译：《学会生存——教育世界的今天和明天》，教育科学出版社1996年版，第218页。

第一节　中国基础教育基本理论体系的主要构成

中国基础教育的基本理论体系主要由以下六个部分构成：一是中国基础教育人性基本假设；二是中国基础教育个体发展理论基础，涵盖基础教育行为范式和学习范式；三是中国基础教育中的学习方法论；四是中国基础教育知识观；五是中国基础教育价值观体系和伦理基础；六是中国基础教育的师生观。

中国基础教育人性假设是人性亦善亦恶，既设定学生个体发展有善的潜能，同时也具有恶的可能趋向。人性假设的具体构成如下：首先，在人的天性的性质维度，中国基础教育人性假设为人性既有善的一面，也有恶的一面。其次，在人的天性的可能发展路径上，中国基础教育人性假设认为人性可能发展为善，也可能发展为恶。再次，在人的天性的可能外在影响维度上，中国人性假设非常注重学校教育的重要性，学校教育在中国社会中被设定为对人性影响最重要的因素，也是最主要的因素。最后，在人的天性的最终目标上，中国社会强调培养的是道德水平极高的圣贤或者君子。

中国基础教育个体发展理论的主要构成是：在行为范式的基本假设上，中国基础教育重视学校教育对学生的行为指导和规正，强调对学生行为规范的教育和练习，在行为发展上注重防微杜渐，重视教师的道德示范作用，基本假设是学生学习和实践德性行为，而发展成为有品质和德性的个体。所以从这个角度上看，中国基础教育个体发展的行为范式基本假设是一种典型的古典德性的基本假设。在学习范式上，中国基础教育重视经典知识的传承，强调教师的社会经验和知识经验在学校教育教学中的重要地位和中心地位，最终建立了教师指导下的学生学习发展的基本假设，注重经典知识体系，强调教师经验的重要性，是中国基础教育学习范式的最重要构成部分。在具体的学习过程中，中国基础教育强调学生在教师指导下的学习发展范式，这种学习范式既不是教师中心，也不是学生中心，而是以学习为中心。也即，在中国基础教育中，教师与学生的活动都服务于学生的学习。

中国基础教育学习方法论的主要构成如下：在教师教学方法论维度，教师的教学思维上是结构化教学，目的是提升教学的效率和严谨度；在教学方法上，是实用主义取向，目的在于提升学生的教育竞争力；在教学逻辑上，是追求有固定标准的教学模式，相对比较排斥不确定性。在学生学习方法论维度，学生的学习思维是体系化学习，强调快速高效地掌握知识体系；在学习方法上，是强调学科特色，而采取相对固定的已有的学习经验；在学习逻辑上，追求的是标准化模式，而相对排斥不确定性的探索模式。

当代中国基础教育知识观主要有以下构成：首先，中国基础教育的知识观主要是一种静态知识观，崇尚绝对正确。其次，中国基础教育在教学知识上强调固定边际和范围。再次，中国基础教育在知识的构成上更为重视学科知识，较为忽略经验性知识。又次，中国基础教育在知识的发展上更重视外在知识，而对知识的个体创生有所忽略，并且相对缺乏自信。最后，中国基础教育在知识的目的上，更为强调学以致用，而相对缺少知识的终极真理价值信仰。

中国基础教育的伦理体系主要有以下几个部分构成：其一是在社会伦理倾向上，由中国马克思主义伦理和儒家伦理构成的社群主义伦理；其二是在价值观体系上，由社会主义核心价值观体系构成的主流价值观体系；其三是在学校教育教学实践中，德育贯穿于学校教育教学所有环节和所有领域，服务于学校立德树人的根本任务，这是伦理体系在学校教育中的实践性存在。

中国基础教育师生观主要由以下基本构成：其一，教师在师生之间的关系上居于明显的权威地位，在辈分上与学生的父母类似，这是一种一定程度上的监护者的地位，在面对学生的时候有着明显的地位优势，所以在很大程度上，中国教师大多居于支配者地位。其二，教师与学生之间的关系不是简单的支配者与被支配者的关系，教师还在诸多方面和领域必须为学生负责，在学业、道德、人格甚至安全领域，教师必须维护甚至保护学生，如果学生在这些领域出现问题，社会大多归咎于教师的失职，从这一角度上看，教师与学生处于一荣俱荣一损俱损的利益共同体地位。其三，教师与学生之间除了教育教学之外，还存在明显的亲情关系，这种师生关系大多持续终身，即使关系不亲密，但很少有否认这种关系的存在。其四，在师生关系中，中国教师还扮演着奉献者的角色。学生在中国基础教育中，一方面是被支配者，在另外一方面，教师的言行也深刻影响着学生的发展。所以学生相对而言很少有与教师恶意对立的行为，因为学生自己也清楚，教师的绝大部分行为，都是为了学生的未来发展。

中国基础教育哲学逻辑的构成较为庞杂，在相关的领域对中国基础教育影响较大，主要如下：在教育目标指向上，中国教育哲学指向繁荣发展的和谐社会，简而言之，社会性目的是中国基础教育的首要选择。在教育价值层面，中国社会更为重视教育公平，而不是学生天赋的发展或者自由发展。在教育过程维度，中国基础教育哲学追求确定性，重视结构化。这种追求确定性的教育哲学，注重基础教育的教育内容和选拔范围都在一个确定性的范围之内，目的在于强调教师教学的确定性、学生学习的确定性、教育选拔的确定性，这种确定性的优势在于能够给教师和学生带来必要的控制感和安全感，并且能够照顾到教育公平。在教育思维层面，经验主义是中国基础教育的主要思维模式。最后，在个体教育哲学层面，中国基础教育追求个体全面发展和和谐发展两个维度的共同发展。中国社会并不是压制个体的发展，而只是要求这种个体的发展，需要适合于或者置身于社会发展的大背景之中。

基于中国社会结构和社会理念，中国基础教育的社会逻辑主要如下：其一是基础教育强调秩序和权威。中国基础教育因为社会气质上尊重秩序和权威，所以反映到中国基础教育中，中小学教育教学也非常尊重秩序和权威。其二是基础教育强调控制型倾向。中国人是以家庭思维思考一切，其个体存在方式也是以家庭的分子方式而存在，这种思维反映到教育层面，就呈现出非常浓厚的社群主义价值倾向。其三是中国基础教育追求社会存在的确定性。其四，中国基础教育指向社会的静态平衡，极端重视教育公平竞争。

中国基础教育历史逻辑的基本构成，主要有以下维度：教育是社会建构的重要构成部分，教育问题会导致社会问题。教育必须给予社会个体以明确的可能和希望。如果不能实现这种希望的存在，那么既对教育发展不利，同时社会个体必然会通过其他渠道维护这种希望。教育需要有明确的知识体系和政治正确方向，教育的混乱必然带来社会的混乱。教育需要有超脱于世俗的权威性和必要的保守性。教育必须具有保守性，需要从历史经验中审视自身的发展。

中国基础教育文化逻辑主要有以下构成：其一是儒家文化所赋予的中国教育的世俗主义重要社会职能；其二是儒家文化所要求的中国基础教育所承担的重要的社会道德教化的职能；其三是中国儒家文化所施加的中国教育的和谐与和平的理想社会价值观；其四是中国文化特有儒、道、佛三教并行的文化宽容逻辑。

中国基础教育实践逻辑有以下基本构成：首先，在理性维度上，中国基础教育注重实践理性，强调教育的现实感，以及具体教育理念的可操作性。其次，在学生的评价目标上，注重品学兼优的基本标准，而在现实层面，则表现为高度重视学生学业成绩。再次，在教师和学校的评定上，将学生的学业成绩作为考评教师和学校的基本依据，学生的学业成绩也是教师的工作业绩。又次，中国基础教育非常重视结构化的考试制度，建立了一套考试体系，其顶点则是高考。最后，中国基础教育在实践价值上强调严谨，注重知识体系的结构化，追求教育效率。

第二节　中国基础教育基本理论与逻辑体系的内在结构

任何教育实践都有着自己的哲学范式和理论框架，一般而言，教育理论框架大多已经是教育现实实践中的基本常态的存在。中国的基础教育实践，也是教育三大基本定律在中国基础教育领域中的彰显。中国教育注重教育竞争，其竞争的背后事实上就是学生个体的天赋。中国教育尊重学生天赋的教育第一定律，不是通过对个别学生的尊重实现的，而是体现在整体公平的教育竞争体系中。中国教育传统以来都极为重视教育的社会服务职能，古代如此，今天仍然如此，这是教育要服务于社会发展的第二基本定律的体现。中国古代尊重读书人，注重尊师重教，强调读书人的使命是修身、齐家、治国、平天下，要能够穷则独善其身，达则兼济天下。这是一种非常人性化的教育目标，也体现了中国教育尊重人性的教育第三基本定律。

整体上看，中国基础教育基本理论体系和逻辑体系，都体现了中国基础教育在理论维度的内在结构，主要表现在以下三个维度：

首先，中国基础教育是一种浓重经验主义色彩的教育范式，注重实用主义。古代强调学以致用，与今天注重理论联系实际，其内在的思维是趋于一致的，变化的只是指向的社会内容。这种经验主义既源于儒学，同时也跟中国社会的历史息息相关，因为历史总是实用主义的。教育在发展中，有着经验主义的必然性，某一种教育范式如果能够给社会带来利益，能够为社会个体的发展服务，也就会成为真理一般的存在。这种经验主义的教育范式，能够更好地贴近学校的实际情况和学生的现实生活，所以在教育实践中具有其合理性的一面。在未来的中国基础教育发展中，在教育实践领域仍然是需要经验主义的。不管教育理论如何发展，但都需要将哲学层面的理论落实到现实的教育实践，这个过程需要一种理论与实践相结合的经验主义的视野和能力。

其次，中国基础教育是一种有着强烈追求确定性的教育范式。中国社会本能地讨厌不确定性，所以在中国，预测和推演是一种流行的社会现象。确定性能够带来明确的教育内容、确定的教育路径以及给个体带来明确的教育指向利益，这有助于提升社会中普通人的教育热情。中国社会深知，任何一个社会的圣贤和天才都是极少的存在，教育主要是面向社会大众的，需要符合社会大众的心理。教育要受到或者得到社会大众的支持，必须具有确定性的教育结构和和现实性的教育利益，这样才能够给普通大众明确教育的发展路径和可能的教育收益。这种确定性的思维对于创新思维的发展存在一定的负面作用，但对于教育的普及性来说，具有很明显的优势。

最后，中国基础教育是一种注重结构化的教育体系。中国基础教育的学校结构、教学结构、教科书结构、教育考试体系都呈现明显的结构化，这种结构化能够简洁呈现教育的全貌，能够减少学生个体的焦虑，同时也有利于教育的整体管理和发展。这种结构化的体系，既是中国社会的静态平衡的思维充分体现，同时也有力地促进了中国教育的普及和同质化。同质化有利于推进教育本身的规模和质量，因为在教育发展过程中，同质化能够通过培训和学习，大范围地普及教育常规教学和常规教育管理。这种结构化同时也是一种中国全面发展教育理念的现实呈现。因为中国基础教育追求全面性，要求教育内容和教育过程的全面发展，所以在教育内容、教育竞争、教育体系中都贯彻着结构化的思维。即使是在中国社会中的就业选聘中，也几乎都是结构化考试。

第三节　中国基础教育的智慧

“每个伟大在成为现实之前都是一种远见。”[①] 中国悠久的历史，给予了中国基础教育良好的历史经验和智慧，强调长远的历史视野和眼光。在历史传承中，中国基础教育具有其丰富的历史经验和智慧，主要如下：

首先是教育结构与社会结构的同质性。教育植根于社会，教育的结构要符合社会的结构。任何社会要复制他国的教育，都是需要非常慎重的。其一在于这种复制本身是否具备可行性，意即教育背后的哲学、文化、政治、宗教等是否能够支撑这种改革。其次是教育的这种改革是否足够合理，或者说其具体教育实践能否可行，其背后是否具备必要的行政资源、政治意识形态、社会结构等领域的支持，还有特别重要的是教师群体是否会支持。一切教育改革，只要受到教师的群体反对，都会流于形式。因为教育本身的执行者和产品都是人，有着其难以考核的复杂性。同时教育规模极大，不可能仅仅通过外力强制而实现变革，教育需要具备内部变革的力量。这也是教育本身的现实性的表现，与社会差异较大的教育，很难得到社会的支持，同时也有着相当的风险，因为这种教育培养出来的学生个体会面临与社会现实差异很大的矛盾。整体上看，教育与社会两者相比较，教育主要受社会制约，所以教育如果想强力改变社会，需要慎重。

其次是教育本身需要植根于社会发展目标基础上的自我发展。教育本身没有自己的目标，因为社会发展目标才是教育的目标。教育本身指向人的发展，关键的问题在于人的发展也涉及其社会性的构成，离开社会去定义人的发展，只是无源之水、无本之木。所以教育在发展定位上，需要理解社会的发展目标，理解社会的需求，最终做出教育的应对。这种应对不是商业服务般的应对，而是教育自身的自组织的应对，同时需要符合教育本身的规律。

① [美] 亨利·基辛格著，胡利平等译：《论中国》，中信出版社2012年版，第518页。

这也是教育的第二定律的要求。教育不能仅指向抽象的个体人，按照马克思主义的观点，人的本质是一切社会关系的总和。教育需要在这种社会关系之中，寻找到教育的可能路径和理想目标，并致力于这种目标的实现。相对而言，现实的教育永远都是有缺陷的，因为永远都不可能实现人的完美发展，而教育必须在教育实践中不断做出选择，而每一次选择，都是对其他选择的抛弃。在没有选择之前，也许是没有错误的，但这种选择必须做出，每一次选择都是有缺陷的选择，或者根本就不存在没有缺陷的选择。教育的过程本身也是不断选择的过程。

再次是教育需要实践性与理想性的结合，并契合社会的有限资源和能力。任何社会的资源都是有限的，任何教师群体的精力和时间都是有限的，其能力也是有限的。所以不能过度浪漫化教育本身的资源和实力。教育只是一个现实的社会存在，其现实存在就决定了必然受现实性制约。所以在教育的发展和研究中，都不需要对教育实践浪漫化。这种浪漫化是一种毒品，会误导民众对教育本身的认识。不只是学校和教师，任何学生的时间、精力和智商也都是有限的，不可过度浪漫化学生。如“只有不会教的教师，没有教不好的学生”这种口号就是十足的谬误，对教师的能力、时间和精力无穷浪漫化夸大，对学生的时间、精力和智商也是无穷浪漫化夸大。而这两者在现实教育中都是根本不具备的。教育有其有限性，我们需要正视这种有限，不能对教育过度浪漫化，教师不是上帝，也永远不可能成为上帝，所以在能力上、学识上、时间上、精力上都是有限的。而对学生更不能浪漫化，学生的天赋存在差异，智力存在高低，品行同样存在善恶，不能天然地把学生个体设定为完美的、纯洁的、无限可能的个体，这世上就没有这种理想的学生个体。在教育的研究中，对这种事实性的存在不能选择性无视。

最后，教育在任何一个时期，都有着选择性的智慧。基于社会资源的有限性，基于教育的有限性，基于教师和学生的有限生命，在任何一个时代，教育本身都面临着必然的选择的智慧。也即，教育必须在诸多的目标和要求中，结合社会和教育的已有资源，选择能够实现的或者有希望实现的部分教育目标。如何选择和怎么选择，其中就蕴含着重要智慧。但这种选择至少要注意以下几点：其一是要充分注意到选择的现实性，不能过度浪漫化，同军队打仗一样，首先需要审视部队自身的构成和战斗力，而不是空喊“天下无敌、战无不胜”的口号。其二是必须结合社会发展的目标，这是教育需要服务于社会发展的第二教育基本定律。其三是必须要有发展的视野，既不能落后，也不能过度超前。过度落后是对教育资源的浪费，过度超前则是教育中的“极左路线”。过度超前的教育既可能导致教师的极重负担，也可能导致学生的无所适从。最后是需要思考教育体系本身的可能性，要具备对学校教育体系的现实感。如果教育决策中都不能理解学校层面的教育体系能否应对，不能清楚地知道教师师资的基本情况和基本能力，也无视学生的现实基础，而仅仅停留在想象中的学校层面。这种教育决策则是典型的纸上谈兵，必然会招致严重失败。这是在教育发展中需要避免的危险决策。

第四节　中国基础教育的发展与中国社会的挑战

对当代中国来说："建设教育强国是中华民族伟大复兴的基础工程，必须把教育事业放在优先位置，深化教育改革，加快教育现代化，办好人民满意的教育。"[①] 当前，中国基础教育的发展受到了诸多的挑战，如何应对这些挑战，既决定了中国基础教育的未来，也关系到中国社会的建构。

西方自由主义教育范式的冲击，是当前中国基础教育面临的最大的挑战。西方自由主义教育范式的自由空间、自由发展、自由成长等概念具有极强的蛊惑力，加上西方文化在当今世界的强势地位，导致今天中国基础教育改革几乎是言必称西方。如何发掘中国基础教育本土智慧，建构中国基础教育的理论自信和道路自信，这是当前中国教育界的历史任务和现实挑战。

世界多元化的历史趋势也对中国基础教育范式影响很大，如何在一个多元化的时代，建构一个统一的基础教育范式，这是中国基础教育的基本历史使命。不能坚持自己的文化特色和历史智慧，中国基础教育迟早会随波逐流，并在这种复制的过程中迷失自我，最终会走向多元化。这实际上会导致中国未来的文化分裂，文化的分裂必然会导致国家的分裂。所以，中国基础教育领域必须建立坚定的文化自信。中国基础教育的决策者，必须慎始慎终，具有坚定的决断能力和自信，否则难以扭转多元化的发展趋势。

另外，随着全球化时代的来临，教育领域中也存在意识形态的竞争。关于人类教育终极标准的建构，是教育领域中的相当重要的关注领域。事实上教育涉及社会意识形态、社会结构、社会历史、文化传统等诸多因素，难以拥有终极的完美标准。教育只可以拥有基本定律一类的基本理论领域中的标准范式，而不可以建构一个过度细致、精确的标准体系。

---

① 习近平：《决胜全面建成小康社会，夺取新时代中国特色社会主义伟大胜利——在中国共产党第十九次全国代表大会上的讲话》，人民出版社 2017 年版，第 45 页。

从人类历史发展角度上看，教育在未来发展中将面临两大基本难题：其一是必然面临越来越困难的选择，个体自我的觉醒与社会利益的必需协调，也即个体自由与社会利益之间的矛盾，就是教育时刻需要面对的但又不可能完全解决的矛盾。其二是在人类知识领域大爆炸的时代，如何选择相对统一同时又能被所有人接受的教育内容和知识体系。个体都有着追求自由、个性、权力、财富等的本能冲动，而社会资源永远都是有限的。但真正的麻烦在于，教育是社会结构中用来进行竞争和选择社会地位的重要机构和过程，这就注定了教育本身面临的困境。一方面必须面对个体的要求，另外一方面又必须面对社会的压力。所以教育永远都不是完全自由的，只能是在有限的资源内实现相对公平的选择。

对中国基础教育的发展来说，以下维度是未来中国基础教育必须注意的趋势：

首先，中国基础教育必须从当前的复制型教育走向创新型教育范式。中国基础教育有着强烈的复制型特征，教学内容的复制型、教学过程的复制型、教学竞争的复制型。这种复制型的背后，是对创新的相对忽视。因为当前的教育竞争不涉及创新的竞争，所以学生也就不需要去进行创新的探索，但长期偏执于复制型，最终会导致整个社会发展上的小富即安，缺乏视野和发展眼光。所以，从中国社会发展的历史视野和现实要求上看，中国基础教育范式必须走向创新型。

其次，中国基础教育必须从当前的工业范式转型到农业范式。当前中国基础教育追求的是大而全的发展模式，注重教育规模，漠视教育个体，在发展中是一种典型的粗放式的大工业生产的模式。注重数量，缺乏质量，并且严重缺失对教育个体的直接关注。教育本身应当是一种农业范式的结构，需要精耕细作，慎重对待每一个学生。在未来的发展中，中国基础教育必须从这种粗放的工业范式转型到农业范式，提升中国基础教育微观层面的科学性和艺术性。

再次，中国基础教育在价值观维度必须从当前的平庸取向转到卓越取向。当前中国的教育在伦理价值观维度存在一定的方向问题，所追求的平等、自由、民主、安全等几乎都属于奴隶道德，而对于卓越、竞争、荣誉、勇气等贵族道德严重缺乏。这可能导致基础教育在整体上呈现出一种平庸、阴柔的教育气质，会影响所有的学生的价值倾向，最终可能导致社会整体价值观趋向犬儒主义的平庸、阴柔和懦弱。这不是中华民族复兴所需要的民族气质。习近平同志在颁发中国人民抗日战争胜利70周年纪念章仪式上说："一个有希望的民族不能没有英雄，一个有前途的国家不能没有先锋。"[①] 未来中国的基础教育，在价值观体

---

① 习近平：《一个有希望的民族不能没有英雄》，新华网，2015年9月2日。来源网址：http://www.xinhuanet.com/ttgg/2015-09/02/c_1116452940.htm。

系的层面，必须从当前的平庸倾向，走向卓越倾向。这需要在现实的课程体系维度，增加贵族道德价值观维度的教育比例。

最后，中国基础教育必须从当前的现代主义走向现代主义的自我修正。现代中国基础教育是一种典型的现代主义的产品，强调规范性、同质性和确定性，这种现代主义极大地普及了中国基础教育，扩展了学生的受教育权利，但是同时也带来了现代主义必然的缺陷：缺乏必要的特色和个性。怀特海是这样认为的："教育的成就取决于对诸多可变因素的精妙的调整，因为我们是在与人的思想打交道，而不是与没有生命的物质打交道。激发学生的求知欲，提升其判断力，锻造其对复杂环境的掌控能力，使学生能够运用理论知识对特殊事例做出预见——所有这些能力的塑造，不是靠几张考试科目表中所体现的几条既定规则所能传授的。"[①] 简而言之，中国基础教育至少要认识到现代主义本身的问题，在此基础上才能做出修正的尝试，以提升中国基础教育质量。过度现代主义的世界是一个无趣的世界。在未来的基础教育发展中，中国基础教育需要注意从个体规范到尊重个性，提升教育美学的高度，提升教育个体的精神高度和审美情趣，对抗过度现代主义的无聊与无趣。

第五节 理论与实践中的基础教育的理想与现实

"教育是人类传承文明和知识、培养年轻一代、创造美好生活的根本途径。"[②] 当代中国基础教育承担着重要责任与使命，"要全面贯彻党的教育方针，落实立德树人根本任务，发展素质教育，推进教育公平，培养德智体美全面发展的社会主义建设者和接班人。"[③] 教育本身就有着自己的理想，一定的浪漫化是不可避免的，但基础教育本身却必须具备其良好的现实感，需要直面问题与困难。

教育本身是面向青少年的，具有指向未来的属性。所以基于对未来一代的美好祝愿，教育本身就必然具备其浪漫化的一面。既可能存在对青少年个体的天赋的浪漫，也可能存在对其品行的浪漫。在教育研究中明显地呈现这种令人不安的浪漫化，其重要原因在于很多教育研究者本身是不需要面对现实的教育教学和学生个体的，所以不了解真实的学校教育的难度，也不了解青少年身上具有向善的一面，也有其趋恶的一面。但这种教育的浪漫化却在相当程度上可

---

① [英] 怀特海著，庄莲平等译：《教育的目的》，文汇出版社 2012 年版，第 7 页。

② 习近平：《习近平谈治国理政》，外文出版社 2014 年版，第 191 页。

③ 习近平：《决胜全面建成小康社会，夺取新时代中国特色社会主义伟大胜利——在中国共产党第十九次全国代表大会上的讲话》，人民出版社 2017 年版，第 45 页。

能会给基础教育实践带来相当的麻烦。其麻烦在于教育标准的过高，教育理论的非实践性，以及教育评价指向教育实践的无能。所以基础教育的理论理想的浪漫化，需要注意其可能的负面性。“人类社会的悲情常常在于，理论和逻辑上的完美，要么没有或是无法演化到现实生活中去；要么演化进去了，却是不那么完美，甚至于很不完美。”[①] 教育理论要接受教育实践的不完美。同时，教育理论本身也需要注意，完美的理论在现实中大多有两个结局：其一是理论与现实实践距离遥远，根本没办法实践；其二是理论在现实实践中，暴露出了更多问题。

基础教育实践是现实的，其现实性在于教育过程是一个个教师和一个个学生的共同社会实践。在这一过程中，教师需要面对教学任务、教学条件、教学内容、教学评价、学校管理、社会评价、教育考核、社区治安、社区协作等一系列的社会现实，包括教师自己的社会地位、收入水平都会影响教师的教育教学行为。而学生也需要面对学习内容、学习活动、课堂管理、班级组织、学业成绩考核、升学选择、课外活动、校园暴力、朋友圈子、朋辈影响、家庭期望等。没有任何教育中的个体是生活在理论真空中的，不管教师还是学生，都是如此。基础教育实践必须尊重这种现实，并在这种现实中去寻找自己的选择。

因为理论研究都有着对形而上学追求的趋势，在研究中理想主义在所难免，而教育实践则是现实主义，强调可行性。最终就形成了必然的教育理论研究与教育实践之间的理想与现实的冲突。这种冲突一方面是负面的，但也有着正面的意义。负面的意义在于可能会导致教育实践中的矛盾与问题。其正面的意义则在于，能够让教育实践界适当跳出现实的圈子，而保持必要的教育理想。对于任何一个教育从业者来说，教育理想都是很重要的。没有教育理想的学校教育，是没有精神高度的，也是注定会沉沦的。同时，这种正面性还在于提醒教育研究必须具有充分的教育实践的现实感，如果对教育实践完全不懂，则不应当从事与教育实践相关的研究，否则这种理论是害人害己。正如一位不懂军队没有军营生活经历的人，可以成为军事理论家，但不能作为与军队指挥相关的决策者和指挥者，否则其后果将是灾难性的。

基础教育涉及面极广，并且关系到国运，是社会稳定和社会发展的重要基石。基于这种重要性，基础教育本身的发展需要注意三个维度：稳定、保守与传承。稳定指的是基础教育的发展必须平稳，因为基础教育涉及两千万教师、两亿学生，过于激进的改革很可能遇到极大麻烦，所谓治大国若烹小鲜，在发展中必须稳重。教育是国家重器，在教育发展中，步子要稳，方向要准，行驶一定要稳，不能

① 陈彩虹：《我们需要什么样的繁荣》，《读书》2016 年第 3 期。

犯颠覆性错误。[①]其二是基础教育发展中需要适度保守。基础教育既需要勇于改革、敢于改革，同时也需要适度的保守。基础教育的发展本身就是不断继承历史经验和智慧，同时选择他国的经验和智慧的过程，其存在有其智慧性和合理性，在教育发展中需要适度保守，能用就不要大幅改革，以此减少改革中的错误，避免过高的代价。其三是基础教育需要重视传承。基础教育本身就是传承的历史文化的精华，同时这种传承还是与现实的社会一体的。简而言之，教育范式本身还与背后的社会习俗、法律体系、政治结构、民族气质等相承接，如果教育只知道复制他国的理论和文化，而忽视了传承，这必然会造成结构上的严重问题，因为教育将可能与本国的社会结构、法律体系、政治结构和民族气质等不相匹配。不管是教育理论研究，还是教育实践，基础教育的发展都必须保持现实主义与浪漫主义的平衡。教育理论需要关注教育实践中的智慧、逻辑，教育实践也需要注意提升自己的视野和高度。中国基础教育范式本身就是理论与实践的结合体，在未来也需要继续深入建构中国教育理论体系，实现中国基础教育的科学发展。

今天，中国特色社会主义进入了新时代，中国基础教育进入了新的发展时期。在全国教育大会上，习近平总书记指出：在党的坚强领导下，全面贯彻党的教育方针，坚持马克思主义指导地位，坚持中国特色社会主义教育发展道路，坚持社会主义办学方向，立足基本国情，遵循教育规律，坚持改革创新，以凝聚人心、完善人格、开发人力、培育人才、造福人民为工作目标，培养德智体美劳全面发展的社会主义建设者和接班人，加快推进教育现代化、建设教育强国、办好人民满意的教育。[②]在这次大会上，习近平总书记站在新时代坚持和发展中国特色社会主义的战略高度，提出了“九个坚持”重要教育思想：坚持党对教育事业的全面领导，坚持把立德树人作为根本任务，坚持优先发展教育事业，坚持社会主义办学方向，坚持扎根中国大地办教育，坚持以人民为中心发展教育，坚持深化教育改革创新，坚持把服务中华民族伟大复兴作为教育的重要使命，坚持把教师队伍建设作为基础工作。[③]“九个坚持”教育思想，是对新时代中国特色社会主义教育改革与发展战略思想的重要阐述，为加快推进教育现代化、建设教育强国、办好人民满意的教育提供了明确发展方向和根本遵循原则。在未来发展中，中国基础教育将进一步改革发展，科学建构中国基础教育理论体系，彰显中国基础教育的中国特色、中国风格、中国气派。

① 习近平：《习近平谈治国理政》，外文出版社 2014 年版，第 101 页。
② 习近平：习近平出席全国教育大会并发表重要讲话，新华社 2018 年 9 月 10 日电。
③ 习近平：习近平出席全国教育大会并发表重要讲话，新华社 2018 年 9 月 10 日电。

参考文献

一、著作类

1. 马克思、恩格斯著，中共中央马克思恩格斯列宁斯大林著作编译局译：《马克思恩格斯选集》（第 1 卷），人民出版社 2012 年版。
2. 马克思、恩格斯著，中共中央马克思恩格斯列宁斯大林著作编译局译：《马克思恩格斯选集》（第 2 卷），人民出版社 2012 年版。
3. 马克思、恩格斯著，中共中央马克思恩格斯列宁斯大林著作编译局译：《马克思恩格斯选集》（第 3 卷），人民出版社 2012 年版。
4. 邓小平：《邓小平文选》（第一卷），人民出版社 1994 年版。
5. 邓小平：《邓小平文选》（第二卷），人民出版社 1994 年版。
6. 邓小平：《邓小平文选》（第三卷），人民出版社 1994 年版。
7. 习近平：《习近平谈治国理政》，外文出版社 2014 年版。
8. 习近平：《习近平谈治国理政》（第二卷），外文出版社 2017 年版。
9. 习近平：《决胜全面建成小康社会，夺取新时代中国特色社会主义伟大胜利——在中国共产党第十九次全国代表大会上的讲话》，人民出版社 2017 年版。
10. 冯友兰著，赵复三译：《中国哲学简史》，新世界出版社 2004 年版。
11. 张岱年：《中国哲学大纲》，江苏教育出版社 2006 年版。
12. 葛兆光：《中国思想史》（第一卷），复旦大学出版社 2007 年版。
13. 葛兆光：《中国思想史》（第二卷），复旦大学出版社 2007 年版。
14. 顾明远：《教育：传统与变革》，人民教育出版社 2004 年版。
15. 鲁洁：《德育社会学》，福建教育出版社 1998 年版。
16. 鲁洁、王逢贤著：《德育新论》，江苏教育出版社 2010 年版。
17. 鲁洁：《当代德育基本理论探讨》，江苏教育出版社 2010 年版。
18. 叶澜：《教育概论》，人民教育出版社 2006 年版。
19. 叶澜：《基础教育改革与中国教育学理论重建研究》，经济科学出版社 2009 年版。
20. 钟启泉、黄志成编著：《西方德育原理》，陕西人民教育出版社 1998 年版。
21. 钟启泉等：《解读中国教育》，教育科学出版社 2000 年版。
22. 钟启泉：《革新中国教育》，教育科学出版社 2004 年版。
23. 吴康宁：《教育社会学》，人民教育出版社 1998 年版。
24. 陆有铨：《躁动的百年》，山东教育出版社 1997 年版。
25. 石中英：《教育学的文化性格》，山西教育出版社 2005 年版。
26. 檀传宝：《德育美学观》，教育科学出版社，2006 年版。
27. 郑金洲、瞿葆奎：《中国教育学百年》，教育科学出版社 2002 年版。
28. 金生鈜：《德性与教化》，湖南大学出版社 2003 年版。
29. 项贤明：《泛教育论——广义教育学的初步探索》，山西教育出版社 2004 年版。
30. 余英时：《中国思想传统的现代诠释》，江苏人民出版社 1989 年版。
31. 黄书光：《变革与创新——中国中小学德育演进的文化审视》，山东教育出版社

2007 年版。

32. 阎亚军：《中国教育改革的逻辑》，浙江大学出版社 2016 年版。

33. 沈有禄：《中国、印度基础教育比较研究》，人民出版社 2011 年版。

34. 王定华：《美国基础教育：观察与研究》，人民教育出版社 2016 年版。

35. 李政涛，李云星：《百年中国基础教育改革的方法论探析》，教育科学出版社 2011 年版。

36. 冯建军：《中国教育哲学研究》，北京师范大学出版社 2015 年版。

37. 王祥云：《中西方传统文化比较》，河南人民出版社 2006 年版。

38. 联合国教科文组织编著，联合国教科文组织总部中文科译：《教育——财富隐藏其中》，教育科学出版社 1996 年版。

39. 联合国教科文组织，王晓辉、赵中建译：《为了 21 世纪的教育——问题与展望》，教育科学出版社 2002 年版。

40. 联合国教科文组织国际教育发展委员会编著，华东师范大学比较教育研究所译：《学会生存——教育世界的今天和明天》，教育科学出版社 1996 年版。

41. [古希腊] 柏拉图著，郭斌和等译：《理想国》，商务印书馆 1986 年版。

42. [古希腊] 亚里士多德著，苗力田译：《尼各马可伦理学》，中国人民大学出版社 2003 年版。

43. [古希腊] 亚里士多德著，吴寿彭译：《政治学》，商务印书馆 1965 年版。

44. [美] 奥苏伯尔著，余星南等译：《教育心理学——认知观点》，人民教育出版社 1994 年版。

45. [美] 小威廉姆 E・多尔著．王红宇译：《后现代课程观》，教育科学出版社 2004 年版。

46. [美] 埃伦· 康德利夫· 拉格曼著，花海燕等译．:《一门捉摸不定的科学：困扰不断的教育研究的历史》，教育科学出版社 2006 年版。

47. [美] 安乐哲著，彭国翔译．:《自我的圆成：中西互镜下的古典儒学与道家》，河北人民出版社 2006 年版。

48. [美] 本杰明・史华兹著，程钢译：《古代中国的思想世界》，江苏人民出版社 2004 版。

49. [美] 杜威著，王承绪译：《民主主义与教育》，人民教育出版社 2001 年版。

50. [美] 约翰・杜威著，赵祥麟等译：《学校与社会・明日之学校》，人民教育出版社 2005 年版。

51. [美] 理查德・D. 范斯科德等著，北京师范大学外国教育研究所译：《美国的教育基础——社会展望》，教育科学出版社 1984 年版。

52. [美] 理查德・沙沃森、丽萨・汤编，曹晓南、程宝燕等译：《教育的科学研究》：教育科学出版社 2006 年版。

53. [美] 古得莱得著，苏智欣译：《一个称作学校的地方》，华东师范大学出版社 2006 年版。

54. [美] 威廉 F. 派纳著，张华等译：《理解课程（上）》，教育科学出版社 2003 年版。

55. [美] 威廉 F. 派纳著，张华等译：《理解课程（下）》，教育科学出版社 2003 年版。

56. [美] 亚瑟・K. 埃利斯著，张文军译：《课程理论及其实践范例》，教育科学出版社 2005 版。

57. [美] 费正清等著，陈仲丹等译：《中国：传统与变革》，江苏人民出版社 1992 年版。

58. [美] 郝大维等著，何刚强译：《先贤的民主——杜威、孔子与中国民主之希望》，江苏人民出版社 2004 年版。

59. [美] 吉尔伯特・罗兹曼主编，国家社会科学基金《比较现代化》课题组译：《中国的现代化》，江苏人民出版社 2005 年版。

60. [美] 塞缪尔・亨廷顿、劳伦斯・哈里森主编，程克雄译：《文化的重要作用——价值观如何影响人类进步》，新华出版社 2010 年版。

61. [美] 塞缪尔・亨廷顿著，周琪等译：《文明的冲突与世界秩序的重建》，新华出版社 2002 年版。

62.［美］约瑟夫·列文森著，郑大华等译：《儒教中国及其现代命运》，广西师范大学出版社2009年版。
63.［美］詹姆斯·R.汤森、布兰特利·沃马克著，顾速、董方译：《中国政治》，凤凰出版集团江苏人民出版社2007年版。
64.［美］小威廉姆E.多尔等编，张文军等译：《课程愿景》，教育科学出版社2004年版。
65.［美］诺丁斯著，许立新译：《教育哲学》，北京师范大学出版社2008年版。
66.［美］亨利·基辛格著，胡利平等译：《论中国》，中信出版社2012年版。
67.［美］牟复礼著，王立刚译：《中国思想之渊源》，北京大学出版社2009年版。
68.［美］黄仁宇：《中国大历史》，生活·读书·新知三联书店1997年版。
69.［美］苏源熙著，卞东波译：《中国美学问题》，江苏人民出版社2011年版。
70.［德］卡尔·雅斯贝尔斯著，李雪涛等译：《大哲学家》，社会科学文献出版社2010年版。
71.［德］恩斯坦·卡西尔著，甘阳译：《人论》，上海译文出版社2004年版。
72.［德］马克斯·韦伯著，洪天富译：《儒教与道教》，江苏人民出版社1993年版。
73.［英］马丁·雅克著，张莉等译：《当中国统治世界：中国的崛起和西方世界的衰落》，中信出版社2010年版。
74.［英］以赛亚·伯林著，潘荣荣、林茂译：《现实感》，译林出版社2004年版。
75.［英］以赛亚.伯林著，胡传胜译：《自由论》，译林出版社2003年版。
76.［英］罗博·麦克布莱德主编，洪成文等译：《教师教育政策：来自研究和实践的反思》，北京师范大学出版社2009年版。
77.［英］怀特海著，庄莲平等译：《教育的目的》，文汇出版社2012年版。
78.［英］阿诺德·汤因比著，刘北成、郭小凌译：《历史研究》，上海世纪出版集团2005年版。
79.［英］B.霍尔姆斯、M.麦克莱恩著，张文军译：《比较课程论》，教育科学出版社2001年版。
80.［英］安迪·格林著，朱旭东、徐卫红译：《教育、全球化与民族国家》，教育科学出版社2004年版。
81.［英］埃德蒙·金著，王承绪等译：《别国的学校与我们的学校》，人民教育出版社2001年版。
82.［加］马克斯·范梅南著，李树英译：《教学机智——教育智慧的意蕴》，教育科学出版社2001年版。
83.［加］大卫·杰弗里·史密斯著，郭洋生译：《全球化与后现代教育学》，教育科学出版社2000年版。
84.［加］卡伦·芒迪等编，徐辉等译：《比较与国际教育导论：教师面临的问题》，教育科学出版社2009年版。
85.［加］迈克尔·富兰著，宣苗等译：《变革的力量——透视教育改革》，教育科学出版社2004年版。
86.［法］谢和耐著，耿昇译：《中国社会史》，江苏人民出版社1995年版。
87.［南非］保罗·西利亚斯著，曾国屏译：《复杂性与后现代主义：理解复杂系统》，上海世纪出版集团上海科技教育出版社2006年版。
88.［日］佐藤正夫著，钟启泉译：《教学原理》，教育科学出版社2001年版。

二、论文类

1. 涂艳国：《人的自由本性与教育的基本追求》，《华中师范大学学报》（人文社会科学版）1999年第9期。
2. 方兰然：《“第二手的教化”：工业时代的教育价值观及其批判》，《前沿》2009年第10期。
3. 李政涛：《论当代中国基础教育改革的思维方式》，《基础教育》2009年第10期。
4. 黄书光：《论中西融通对中国当代基础教育改革的意义》，《比较教育研究》2001年第5期。
5. 张荣伟：《论中国基础教育改革的四种话语类型》，《中国教育学刊》2009年第10期。
6. 吴康宁：《中国教育改革为什么会这么难》，《华东师范大学学报》（教育科学版）2010年第4期。

7. 姚玉香：《本土生长：教育基本理论的创生之路》，《教育研究》2013 年第 2 期。
8. 叶澜：《世纪初中国教育理论发展的断想》，《华东师范大学学报》（教育科学版）2001 年第 3 期。
9. 闫世贤、扈中平：《教育理论的“本土生长”：社会人类学的观照》，《教育发展研究》2013 年第 15 期。
10. 杨进：《基于本土的教育理论原创研究》，《东北师大学报》（哲学社会科学版）2004 年第 5 期。
11. 李强、鄢一龙：《中国特色教育现代化与全面现代化》，《教育理论与实践》2014 年第 13 期。
12. 吉标等：《教育理论：走向交往和对话——关于重塑我国教育理论主体地位的思考》，《教学研究》2005 年第 1 期。
13. 郑金洲：《中国教育理论研究的世纪走向》，《华东师范大学学报》（教育科学版）2003 年第 2 期。
14. 柳海民、王澍：《重大成就：教育基本理论的创新发展》，《教育研究》2013 年第 2 期。
15. 曹雁飞、侯洁：《趋向“合理”的基础教育发展实践范式》，《教育理论与实践》2017 年第 7 期。
16. 郭向宁：《基于“接受学习理论”指导教学意义探析》，《陕西师范大学学报》（哲学社会科学版）2011 年第 3 期。
17. 屈林岩：《学习理论的发展与学习创新》，《高等教育研究》2008 年第 1 期。
18. 邢红军：《再论中国基础教育课程改革：方向迷失的危险之旅》，《教育科学研究》2011 年第 10 期。
19. 郑太年：《知识观·学习观·教学观——建构主义教育思想的三个层面》，《全球教育展望》2006 年第 5 期。
20.［美］Peggy A. Ertmer，Timothy J. Newby：《行为主义、认知主义和建构主义（下）——从教学设计的视角比较其关键特征》，《电化教育研究》2004 年第 4 期。
21. 张金梅：《什么知识最有价值？——当代中国幼儿教育主流知识观的嬗变》，《南京师大学报》（社会科学版）2002 年第 3 期。
22. 郭向宁：《基于“接受学习理论”指导教学意义探析》，《陕西师范大学学报》（哲学社会科学版）2011 年第 3 期。
23. 丛立新：《中国基础教育三级教研组织研究》，《教育科学研究》2011 年第 9 期。
24. 阚维：《中国基础教育课堂教学实践的独特优势何在？》，《人民教育》2017 年第 2 期。
25. 卜玉华：《当代基础教育的“基础性价值”之思——基于中国、加拿大基础教育学校的考察》，《基础教育》2011 年版第 4 期。
26. 傅冰：《从中美教育比较的视角看如何培养学生的创造力》，《思想理论教育》2005 年第 10 期。
27. 潘洪建：《知识观的概念、特征及教育学意义》，《江苏大学学报》（高教研究版）2005 年第 4 期。
28. 孙喜亭：《再谈“基础教育的基础何在”》，《教育理论与实践》2003 年第 8 期。
29. 潘洪建：《我国教育家视野中知识观与教学观的探讨》，《青海师范大学学报》（哲学社会科学版）2005 年第 4 期。
30. 江峰：《客观与主观：当代课程哲学的两种知识观评析》，《北京大学教育评论》2006 年第 4 期。
31. 王本陆：《学校制度建设的伦理基础与基础教育课程改革》，《教育研究》2004 年第 7 期。
32. 王本陆：《教育伦理哲学刍议》，《高教探索》2002 年第 4 期。
33. 王炳照：《传承与创新—从新民主主义教育方针到社会主义教育方针》，《北京大学教育评论》2009 年第 1 页。
34. 王本陆：《学校制度建设的伦理基础与基础教育课程改革》，《教育研究》2004 年第 7 期。
35. 杨清溪、柳海民：《合理发展：基础教育发展的新路径》，《东北师大学报》（哲学社会科学版）2017 年第 2 期。
36. 石中英：《如何理解基础教育的“基础性”》，《人民教育》2005 年第 24 期。
37. 叶澜：《千舟险过万重山——改革开放 30 年中国基础教育发展研究概述》，《基础教育》2009 年第 1 期。

38. 石中英：《关于当前基础教育改革的几点认识论思考》,《人民教育》2002 年第 1 期。

39. 黄忠敬：《全球化背景下中国基础教育发展道路论纲》,《教育发展研究》2016 年第 22 期。

40. 魏兆锋：《21 世纪中国基础教育的传统文化使命》,《教育学报》2010 年第 4 期。

41. 黄书光：《凯洛夫 < 教育学 > 在中国的理论辐射与实践影响》,《复旦教育论坛》2010 年第 3 期。

42. 裴嵘军：《凯洛夫教育学对我国基础教育的影响原因与反思》,《教育理论与实践》2015 年第 17 期。

43. 冯文全：《关于当前基础教育改革中的几个问题的教育哲学思考》,《西华师范大学学报》(哲社版)2004 年第 3 期。

44. 杨必武：《"应试教育" 和 "素质教育" 的辩证审视》,《教育科学研究》2006 年第 7 期。

45. 叶澜：《21 世纪社会发展与中国基础教育改革》,《中国教育学刊》2005 年第 1 期。

46. 杨启亮：《守护家园：课程与教学变革的本土化》,《教育研究》2007 年第 9 期。

三、外文文献

1. Sadovnik A.Sociology of Education. London and New York: Routledge, Taylor & Francis Group,2007.

2. Carr D.Spirituality, Philosophy and Education. London and New York:Routledge, Taylor & Francis Group, 2003.

3. Grossman D.Social Education in Asia: Critical Issues and Multiple Perspectives. Charlotte, North Carolina:Information Age Publishing, Inc, 2007.

4. Hannum E.Education and Reform in China. London and New York:Routledge, Taylor & Francis Group, 2007.

5. Silver H. Education as History. London and New York: Routledge, Taylor & Francis Group,2007.

6. Banks J.Cultural Diversity and Education : Foundations, Curriculum, and Teaching.Boston:Pearson,2006.

7. Mok K. Education Reform and Education Policy in East Asia. London and New York:Routledge, Taylor & Francis Group, 2006.

8. Lall M.Education as a Political Tool in Asia. London and New York:Routledge, Taylor & Francis Group, 2009.

后记

研究中国基础教育基本理论与逻辑体系，对一位学者来说，或者是功成名就之后的收山之作，或者是莽撞的探索。任何人面对这个研究，几乎都会倒抽一口凉气，因为这太困难，太有争议了。

争议在于，对于还没有足够自信的学界来说，中国基础教育有自己的理论体系吗？能够建构中国基础教育基本理论体系吗？

直面这个课题，当然也有着自己的缘由。与单纯的学院派不同的是，18 岁到 28 岁，我人生中的黄金岁月，在一线中小学有过十年教育教学工作。十年时间内，自己任教过小学，也任教过中学，教过语文、物理、历史、政治、地理、体育、音乐，做过普通教师、班主任、教研组长、团委书记、副校长、校长兼党支部书记。多个职位的经历，让我全方位认识了学校教育，多个学科的任教经历，让我理解了中国教学的基本逻辑。

之后则是三年硕士研究生、三年博士研究生的读书经历，最终又回到师范大学任教，但我却开始担忧起中国基础教育了。

近代以来，随着国力的衰弱，国人对于中华文化、哲学、传统都非常不自信。学界同样如此。在今天的教育中，西方发达国家的教育措施只要是翻译到了中国的，几乎都被认为是好的，是真理。对于“西方教育”，给国人感觉上就有一种先验真理的光辉，而中国自己的教育传统和教育经验则是土经验，上不了台面。

正如钱穆所说：历史经验都在那，关键是你看还是不看，关键是你把历史当不当历史。中国基础教育在世界层面，也属于非常优秀的教育范式。中国基础教育严谨的学术标准和要求，教师的奉献精神和投入，安全的学校和和谐的师生关系，这些都是世界级的优秀。同时，中国的班主任制度和教研组制度，都是非常优秀的实践智慧存在。

中国基础教育怎么可能没有自己的理论体系呢？中国基础教育的实践不同于其他任何一个国家的教育范式，同时，中国基础教育有着明显的同质性。没有任何实践是随机产生的，都有其背后的逻辑。这种逻辑可能是理论逻辑，也可能是实践逻辑，还可能是经验逻辑。但不管是实践还是经验,都有着背后的精神层面的支撑。这些支撑来自于哲学、社会、文化、历史，这些就是中国基础教育的外在逻辑体系。而最终反映到教育内部的理论逻辑，就是中国基础教育的基本理论体系。

对中国基础教育的基本理论体系和逻辑体系的研究，本文也只是一个探索。但正如有孩子的家庭都明白一个道理：有了苗苗，长起来就很快。有了前面的探索，后面自然会有更多人参与探索，最终中国基础教育的基本理论体系和逻辑体系自然会越来越结构化、体系化和更接近真理。今天看来很粗糙的理论框架，再过五十年、一百年，可能就很丰满很美了。

西方有句谚语：好心人做错事，上帝也会原谅。对中国基础教育基本理论体系和逻辑体系的探索，自然会出现很多的不足和争议。但学者都要学会面对批评，没有人永远正确，也不可能有人永远掌握真理，有错就改就好了。

学术研究是痛苦的，需要自己去独立探寻，但也是学术人生最重要的构成部分，决定了自己的存在价值。本书从 2013 年开始写作，之后的每一个假期都致力于此。我总结自己的生活是：一年 365 天，我有 360 天都在办公室。书稿基本完成后，想到研究的艰辛日子，感受很多，但一切都是值得的!

只有写过书的人才知道写作的艰辛，教过书的人才更能理解中小学教师的职业能力和职业智慧。基于自己的职业经历，有责任为中国基础教育探索理论体系和逻辑体系，向学界和社会提供少为人知的基础教育的智慧和逻辑。

教育是需要保持安静的行业，需要平静，需要适度保守，需要传承。在任何国家和社会,激进的教育都不一定是好事,因为任何国家发展的排头兵,都很难是教育。教育的首要职责，更多的可能是传承，是基于人类已有的智慧和知识的传承。

对于中国教育来说，希望能坚持自己的智慧和逻辑；对中国教师来说，希望拥有必要的职业荣耀和职业尊严；对于中国学界来说，希望能够更多一些道路自信、理论自信、制度自信、文化自信。我们不需要成为西方教育的复制者，也不应当以此为荣。

是为记!

2018 年 7 月于重庆